Alexander Alekhine

Traduzido do original por
Thales Bond Dias Ferreira

Minhas Melhores Partidas de Xadrez

1908 - 1937

Parte 1/3

Contém 54 jogos comentados

EDITORA CIÊNCIA MODERNA

Minhas Melhores Partidas de Xadrez – 1908 – 1937 (Parte 1/3 - Contém 54 jogos comentados)

Editor: Paulo André P. Marques
Produção Editorial: Dilene Sandes Pessanha
Capa: Daniel Jara
Diagramação: Daniel Jara
Copidesque: Equipe Ciência Moderna
Tradutor: Thales Bond Dias Ferreira

FICHA CATALOGRÁFICA

ALEKHINE, Alexander, 1892-1946
My Best Games of Chess, 1908-1937, London: G. Bell & Sons, 1939, traduzido do original por Thales Bond Dias Ferreira

Rio de Janeiro: Editora Ciência Moderna Ltda., 2025.

1. Xadrez
I — Título

ISBN: 978-65-5842-491-8 CDD 794.1

Editora Ciência Moderna Ltda.
R. Alice Figueiredo, 46 – Riachuelo
Rio de Janeiro, RJ – Brasil CEP: 20.950-150
Tel: (21) 2201-6662/ Fax: (21) 2201-6896
E-MAIL: LCM@LCM.COM.BR
WWW.LCM.COM.BR

09/25

Notas do Editor

AUTOR

Alexander Alekhine (1892 – 1946)

Nacionalidade: Russo (posteriormente naturalizado francês).

Título mundial: Conquistou o título em 1927, derrotando José Raúl Capablanca em Buenos Aires, e tornou-se o 4º Campeão Mundial oficial de xadrez.

Estilo de jogo: Brilhante tático e extremamente criativo. Famoso por combinações complexas e por criar posições ricas em possibilidades, forçando os adversários a cometer erros.

Defesa Alekhine: Deu nome à Defesa Alekhine (1.e4 Nf6), uma abertura hipermoderna que convida o adversário a avançar os peões centrais para depois contra-atacar.

Reinado:

- Campeão de 1927 a 1935 (perdeu para Max Euwe).
- Recuperou o título em 1937 (derrotando Euwe) e manteve até sua morte em 1946.
- Foi o único campeão mundial a morrer ainda detentor do título.

Legado: Considerado um dos maiores gênios combinativos do xadrez. Escreveu livros influentes, como My Best Games of Chess.

TRADUTOR

Thales Bond Dias Ferreira é Mestre Nacional de Xadrez pela Confederação Brasileira de Xadrez. Atua como professor de xadrez há mais de uma década, formando e inspirando novos jogadores. É criador do Instituto Avance, escola voltada para o desenvolvimento cognitivo e ensino de xadrez, e tem experiência como organizador de torneios e circuitos escolares, promovendo o esporte em diversas cidades do Espírito Santo. Além da atuação em sala de aula e eventos, também é produtor de conteúdo digital no canal "MN Thales Bond", no YouTube, onde compartilha análises, partidas e dicas sobre o universo do xadrez.

Nota Biográfica

Alexander Alexandrovitch Alekhine nasceu em Moscou em 19 de outubro de 1892. Quando tinha apenas dezesseis anos, venceu o primeiro prêmio no Torneio Russo de Xadrez Amador, realizado ao mesmo tempo que o grande Torneio de São Petersburgo de 1909. Ao ingressar na Escola Militar de São Petersburgo em 1909, suas oportunidades para jogar em torneios foram raras, mas conseguiu conquistar o primeiro prêmio em três eventos internacionais entre 1909 e 1914.

Desde a Revolução, ele fez de Paris sua residência permanente e obteve o título de Doutor em Direito em Paris.

Sua rápida ascensão à fama como enxadrista desde a guerra é bem conhecida, e ele foi provavelmente um dos três maiores mestres de xadrez.

Um breve resumo de seus sucessos em torneios e partidas está apresentado na página seguinte.

Resumo de Resultados de Alexander Alekhine

As tabelas a seguir resumem os sucessos de Alekhin em torneios e partidas, com os valores nas últimas quatro colunas representando o número de jogos jogados, vencidos, empatados e perdidos, respectivamente.

Torneios

Data	Torneio	Prêmio	Jogadas	Vitórias	Empates	Derrotas
1909	St. Petersburg Amateur Tournament	1	16	12	2	2
1910	Hamburg	7 eq.	16	5	7	4
1911	Carlsbad	8 eq.	25	11	5	9
1912	Stockholm	1	10	8	1	1
1912	Vilna All-Russian Tournament	6 eq.	18	7	3	8
1913	St. Petersburg Quadrangular Tournament	1 eq.	4	2	—	1
1913	Scheveningen	1	13	11	1	1
1913	St. Petersburg All-Russian Tournament	1 eq.	17	13	1	3
1914	St. Petersburg International Tournament	3	18	6	8	4
1914	Mannheim	1	11	9	1	1
1920	Moscow All-Russian Tournament	1	15	9	6	—
1921	Triberg	1	8	6	2	—
1921	Budapest	1	11	6	5	—
1921	The Hague	1	9	7	2	—
1922	Pistyan	2 eq.	18	12	5	1
1922	London	2	15	8	7	—
1922	Hastings	1	10	6	3	1
1922	Vienna	4 eq.	14	7	4	3
1923	Margate	2 eq.	7	3	3	1

1923	Carlsbad	1 eq.	17	9	5	3
1923	Portsmouth	1	12	11	1	—
1924	New York	3	20	6	12	2
1925	Paris	1	8	5	3	—
1925	Berne	1	6	3	2	1
1925	Baden-Baden	1	20	12	8	—
1926	Hastings	1 eq.	9	8	1	—
1926	Semmering	2	17	11	3	3
1926	Dresden	2	9	5	4	—
1926	Scarborough	1	8	7	1	—
1926	Birmingham	1	5	5	—	—
1927	New York	2	20	5	13	2
Totais	—	—	406	235	119	51

Partidas

Data	Adversário	Jogadas	Vitórias	Empates	Derrotas
1908	v. Blumenfeld	8	7	1	—
1911	v. Levitzki	10	7	—	3
1921	v. Teichmann	6	2	2	2
1921	v. Samisch	2	2	—	—
1923	v. Muffang	2	2	—	—
1927	v. Euwe	10	3	5	2
Totais	—	38	23	8	7

Sumário

PARTE 1

PARTE 1

CAPÍTULO 1
TORNEIO ABERTO DE XADREZ AMADOR DA RÚSSIA EM SÃO PETERSBURGO, FEVEREIRO DE 1909

JOGO 1
Abertura Vienense
Brancas: A. Alekhine
Pretas: B. Gregory

1. e4 e5
2. Cc3 Cf6
3. Bc4 Cc6

A melhor jogada é 3. ... Cxe4! (ver partida nº 41)

4. d3 Bb4
5. Bg5 Cd4

Esta manobra não é recomendada e, como a sequência mostra, só resulta na obstrução do bispo da dama. A melhor continuação é: 5. ... h6; 6. Bxf6, Bxc3+; 7. bxc3, Dxf6, etc., com chances iguais.

6. a3

A mais simples, por enquanto, seria 6. ... Bc5; seria inferior por causa de 7. b4, seguida de 8. Cd5, etc. A linha 6. f4, considerando o peão em d3, 7. Cf3 também merecia consideração.

6. ... Bxc3
7. bxc3 Ce6

Posição após o 7º lance das Pretas.

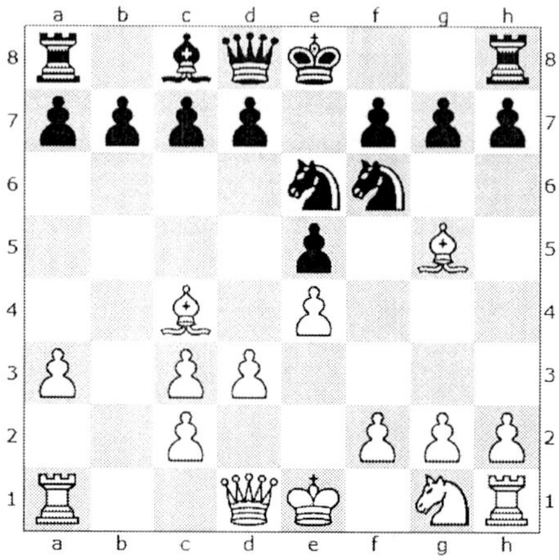

8.h4!

Um lance forte.

Se em vez disso 8. Bd2, d5; 9. exd5, Cxd5; 10. De2, f6, enquanto que depois de 8. h4, h6; 9. Bd2, esta manobra não é vantajosa para as pretas, por exemplo: 9. ... d5; 10. exd5, Cxd5; 11. De2, Dd6; (se 11. ... f6; 12. Dh5+) 12. Cf3, f6; 13. De4, Ce7; 14. e4, e as brancas têm a posição melhor.

8. … h6

Claramente não 8. ... Cxg5; 9. hxg5, Cg8; por causa de 10. g6!

9. Bd2 d6

10. Df3

O plano de avançar o peão para g4, iniciado pelo último lance, é um tanto superficial e desprovido de significado real. O simples desenvolvimento por 10.

Ce2, seguido de 11. Cg3, teria dado às brancas a posição melhor sem qualquer complicação.

10. ... Bd7
11. g4 De7
12. g5

Posição após o 12º lance das Brancas.

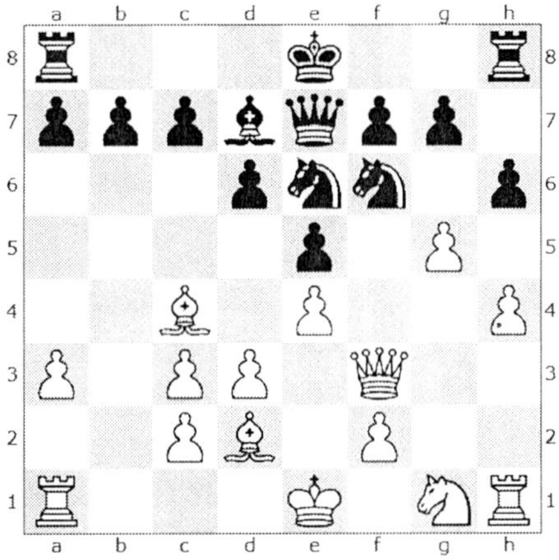

12. ... Cg8

Aqui as pretas deveriam ter aproveitado a oportunidade de trocar seu Ala do Rei inativo, após o que teriam uma posição satisfatória; por exemplo:

12. ... hxg5; 13. hxg5, Txh1 Dxh1 (se em vez disso 14. gxf6 Txg1+; 15. Re2 Txa1; 16. fxe7 Tg1! ; e as pretas teriam a vantagem), 14. ... Cg8; 15. Dh7, roque; etc. As pretas poderiam ter repelido o avanço um tanto arriscado do adversário por uma manobra ao mesmo tempo precisa e enérgica; mas, pelo contrário, justificam-se pelos lances inferiores adotados aqui.

13. Tb1 Bc6
14. Ch3

O desenvolvimento insatisfatório deste cavalo é a consequência direta dos lances arriscados anteriores.

14. ... Rd7

A continuação indicada era: 14. ... hxg5; 15. hxg5, 0-0-0; 16. De3, Rb8; 17. Tg1, com uma posição complicada que mantinha chances para as pretas.

15. Dg4!

A intenção era trazer o cavalo para o centro após uma troca de peões em f4.

15. ... Tf8

Preparando o contra-ataque 16. ... f5; que, no entanto, as brancas refutaram com um belo sacrifício; de qualquer forma, o jogo das pretas já estava comprometido em consequência do erro cometido no 14º lance.

16. f4 f5

Se 16. ... h5; 17. Dg3, exf4; 18. Cxf4, Cxf4; 19. Bxf4, Bxe4; 20. 0-0! etc., com um ataque vencedor.

Posição após o 16º lance das Pretas.

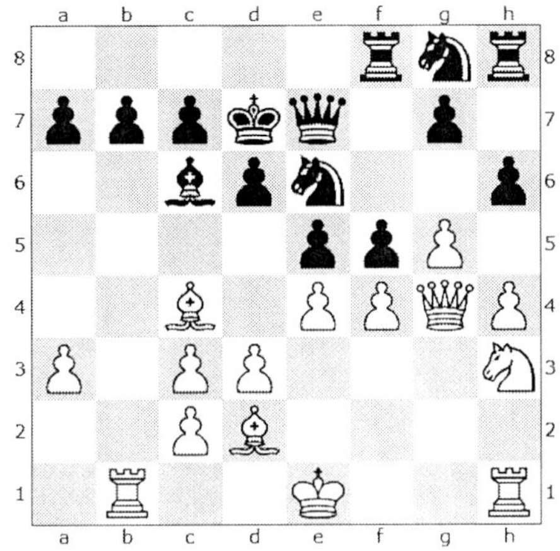

17. exf5!

A ideia básica deste sacrifício, cujas consequências não eram fáceis de determinar, é afastar o bispo da dama das pretas. Além disso, as brancas visam o avanço do seu peão da dama (21º e 22º lances), o que tornará indefensável o peão de cavalo da dama das pretas.

17. ... Bxh1
18. fxe6+ Rc8

Se 18. ... Re8 (Rd8 é evidentemente ruim por causa de 19. Dg1 e 20. Dxa7, ameaçando mate); 19. Dg1, d5; 20. Bb5+, Rd8; (se 20. ... c6; 21. Bxc6+!) 21. Bd7, e as brancas vencem.

19. Dg1!

A dama branca avançará imediatamente até os pontos vitais da posição inimigo.

19. ... c6!

Um recurso engenhoso. Se agora 20. Dxh1, d5; Bb3, Dxe6; as pretas assumem a iniciativa. É claro que, após 19. ... b6 ou Rb8, as brancas, tendo capturado o bispo, teriam mantido o ataque, além da vantagem material.

20. Dxa7! c5

A única maneira de impedir 21. Txb7

Posição após o 20º lance das Pretas.

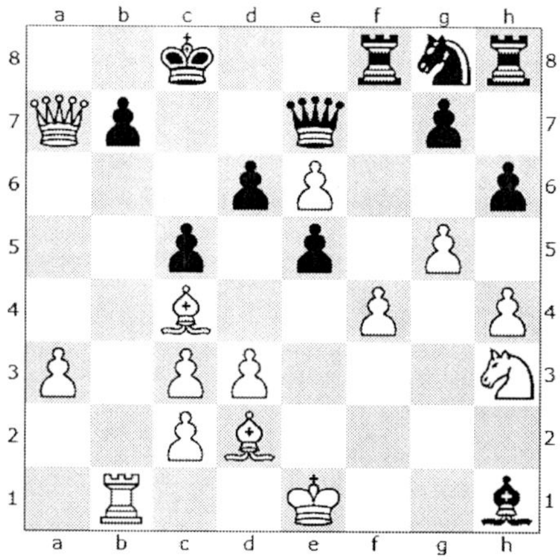

21. d4!

Apenas esta manobra pode demonstrar claramente a solidez da combinação iniciada pelo 17º lance das brancas. As pretas não podem capturar o peão, pois após 21. ... exd4; 22. cxd4, cxd4; 23. Ba5! o mate não pode ser evitado.

21. ... Dc7
22. d5

Agora a ameaça 23. Txa7 é inevitável. Se 22. ... Dg8; 23. Da4, Td8; (ou 23. ... Dc7; 24. Tb5! seguido de Ta5, etc.) 24. Txb7! Rdb7; (se Qxb7; 25. Ba6!) 25. Da6+, Rc7; Dxc6 mate.

22. ... Ce7
23. Txb7 Dxb7
24. Ba6 Bxd5
25. c4!

Ganhando outro peão, com o bispo das pretas contido pela ameaça de 26. Ba5 e mate no próximo lance.

25. ... Dxa6
26. Dxa6+ Bb7
27. Dxd6 Cc6
28. gxh6 gxh6
29. f5!

O caminho mais curto. As pretas são obrigadas a capturar o peão de f5, o que implica a perda de uma peça.

29. ... Txf5
30. Dd7+ Rb8
31. e7 Cxe7
32. Dxe7 Thf8
33. Dd6+ Ra8
34. Bxh6 T8f6
35. Dd8+ Ra7
36. Be3 Tf3
37. Bxc5+ Ra6
38. Db8 Abandonam

JOGO 2

Ruy Lopez

Brancas: B. Verlinski

Pretas: A. Alekhine

1. e4 e5
2. Cf3 Cc6
3. Bb5 a6
4. Bxc6 dxc6
5. d4 exd4
6. Dxd4 Dxd4
7. Cxd4 c5
8. Ce2 Bd7
9. b3

Esta jogada foi realizada pelo Dr. Lasker no primeiro jogo de seu match contra o Dr. Tarrasch (Düsseldorf, 1908). Este último continuou: 9. ... Bc6; 10. Cd2, Be7; 11. Bb2, Bf6; levando a uma troca de bispos e à perda de sua melhor chance — a ação combinada dos dois bispos.

Posição após o 9º lance das Brancas.

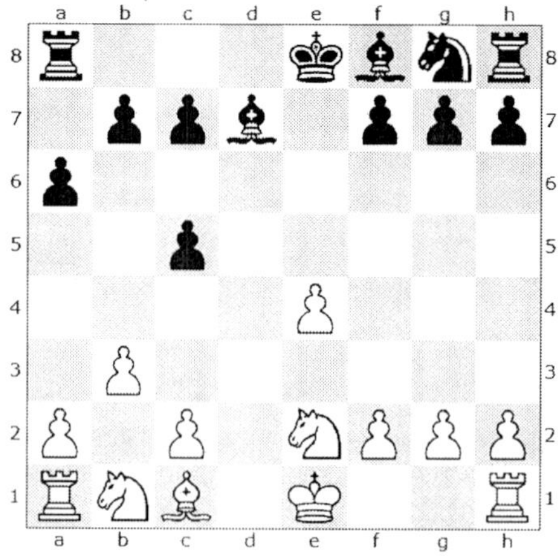

9. ... c4!

Se as pretas não conseguirem recuperar o peão assim sacrificado, terão compensação suficiente na desorganização da posição de peões das brancas no flanco da dama. Mas, como a sequência mostra, as brancas não conseguem manter por muito tempo sua vantagem material, o que tende a provar a insuficiência do último lance delas. Considero que a resposta 9. ... c4 refuta o 9º lance das brancas.

10. bxc4 Ba4
11. c3 0-0-0

Posição após o 11º lance das Brancas.

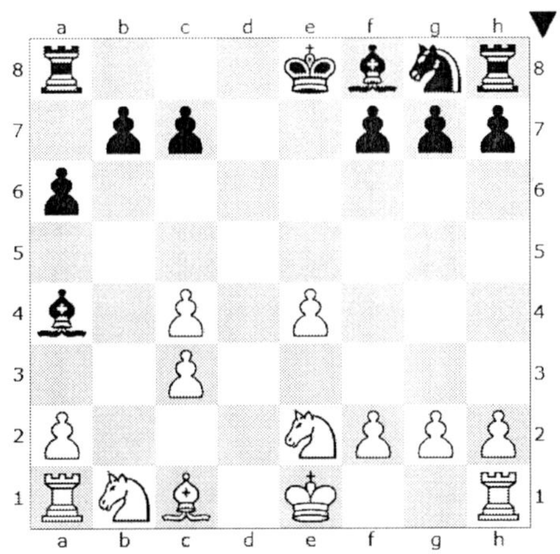

12. Cd2

Outros lances não seriam melhores; por exemplo: 12. Cd4, c5; 13. Cb3, Te8; 14. f3, f5; 15. Cd2, Cf6; e as pretas teriam a posição melhor. Ou 12. 0-0, Bc2; 13. Cd2, Cf6; 14. Cg3 (se 14. f3, Bc5; seguido de 15. ... Bd3), Bc5; e as pretas recuperam o peão com um jogo excelente.

12. ... Bc2
13. f3
13. 0-0 conduz à segunda variante mostrada acima.
13. ... Bc5

Oposição a 14. Cd4 (à qual a resposta é 14. ... Txd4! etc.) e forçando as brancas a perder tempo precioso para contra-atacar a ação deste bispo.

14. a4 Cf6
15. Ba3

O bloqueio do bispo de casas pretas mostrará ser insuficiente. A seguinte variante oferecia melhores chances de empate: 15. Cd4, Bxd4; 16. cxd4, Txd4; 17. Bb2, Td3, embora, nesse caso, a pressão das pretas na coluna d teria sido muito incômoda.

15. ... Be3!
16. Cf1 Ba7
17. a5

Se 17. c5 imediatamente, então 17. Bxa4.

17. ... Td3
18. c5 Thd8
19. Rf2

As brancas poderiam ter resistido por mais tempo com: 19. Bb4, Td1+; 20. Txd1, Txd1+; 21. Rf2, Cd7; 22. Cfg3, Txh1; 23. Cxh1, Cxc5; 24. Bxc5 (se 24. Re1, Cb3; seguido de 25. ... c4), Bxc5+; 25. Cd4, b6; 26. axb6, axb6; mas a questão não teria ficado em dúvida, já que as pretas permanecem com seus dois bispos e um peão passado. O lance da partida possibilita chance de um final elegante.

20. ... Cxc5!

Ameaçando mate em 5 se as brancas capturarem o bispo, por exemplo: 21. Cxc2, Cxe4+; 22. Re1, Td1+; 23. Txd1, Bf2+!; 24. Rf1, Txd1+; 25. Ce1, Txe1#.

Posição após o 20º lance das Brancas.

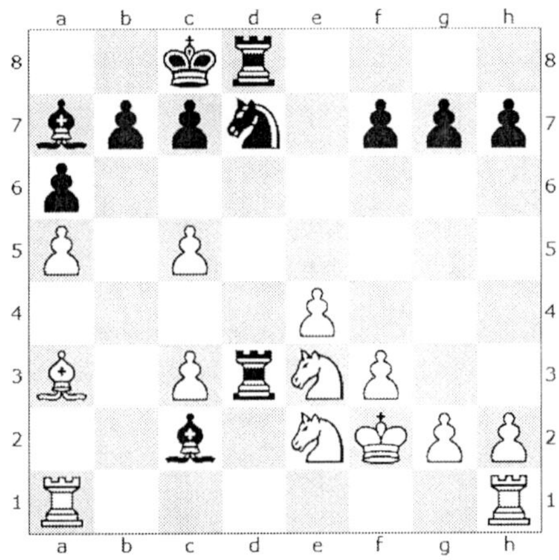

21. Cd4 Bb3

Isto conquista o peão do bispo da dama, pois se 22. Thc1 ou Bb2, então 22. ... Rd3xd4; seguido de 23. ... Cd3+ e as pretas vencem.

22. Re2 Txc3
23. Bb2

As brancas poderiam ter evitado a perda de uma peça com 23. Cdf5, o que, no entanto, não teria influenciado o resultado.

23. ... Txe3
24. Rxe3 Ce6

25. Ta3

Ou 25. Thd1, Bxd1; 26. Txd1, Cxd4; 27. Bxd4, Bxd4+; 28. Txd4, Txd4; e o final é facilmente vencido pelas pretas.

25. ... Cxd4
26. Rf4 Bc5
27. Tha1 Ce2+
28. Rg4 Be6+

Brancas desistem.

CAPÍTULO 2

TORNEIO INTERNACIONAL EM HAMBURGO
JULHO DE 1910

JOGO 3

Defesa Francesa

Brancas: A. Speyer

Pretas: A. Alekhine

1. e4 e6
2. d4 d5
3. Cc3 Bb4

Este lance é muito melhor do que sua reputação. Seu objetivo é simplificar a posição, pelo menos na variação geralmente adotada pelas brancas, começando com 4. exd5, uma simplificação que permite às pretas desenvolver suas peças com mais facilidade. Foi adotado com sucesso em várias ocasiões por Nimzowitsch.

4. Bd2

Posição após o 4º lance das Brancas.

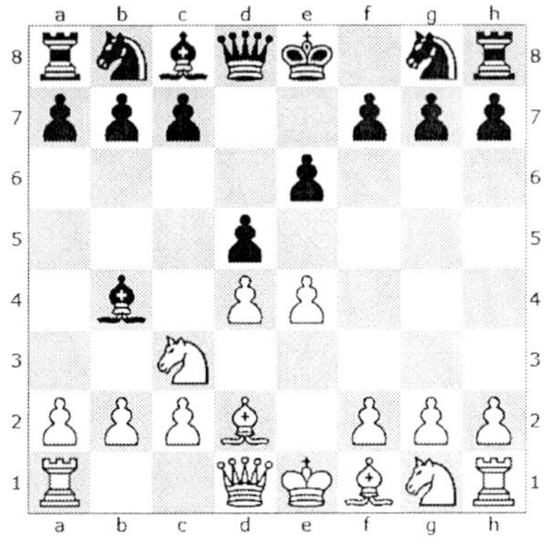

Esta ideia é interessante, mas não produz nenhuma vantagem se as pretas fizerem a resposta correta. O lance mais usual aqui é 4. exd5, sendo que as consequências de 4. e5, c5 parecem favorecer bastante as pretas (compare Dr. Lasker x Maróczy, Nova York, 1924).

4. ... Ce7

Mais simples, pois as complicações resultantes de 4. ...dxe4 5. Dg4 dariam às brancas chances de ataque, por exemplo:

1) 5. ... Cf6 6. Dxg7 Tg8 7. Dh6 Dxd4 8. 0-0-0, ameaçando 9. Bg5.
2) 5. ... Dxd4 6. Cf3 Df6 7. Dxe4, seguido de 0-0-0, com boas chances de ataque para as brancas.

5.exd5

As brancas estavam ameaçadas por: 5. ... dxe4 e 6. ... Dxd4.

5. ... exd5
6. Df3

Este não é um lance normal de desenvolvimento. Como a sequência mostrará, a maioria das peças brancas se encontrará em casas desfavoráveis. Teria sido melhor jogar 6. Bd3, seguido de 7. Cge2; 8. 0-0, etc.

6. ... Cbc6
7. Bb5

Forçado após o último lance.

7. … 0-0
8. Cge2 Bf5

As peças pretas, por outro lado, estão bem colocadas para uma ação coordenada.

9. 0-0-0

O objetivo das brancas ao jogar 6. Df3 era rocar no flanco da dama; porém, trata-se de um erro estratégico, pois no flanco do rei as brancas não têm perspectiva que possa compensar o ataque das pretas no flanco da dama. 9. Tc1, seguido de 10. 0-0, certamente não teria sido tão ruim.

9. … a6!

O bispo b5 das brancas deve ser eliminado para permitir que um cavalo preto ocupe c4.

10. Bd3 Bxd3
11. Dxd3 Ca5!
12. a3

As brancas aproveitam a oportunidade para forçar a troca de uma das peças de ataque das pretas, pois 12. ... Bd6 falha devido a 13. Cxd5, desmascarando o bispo branco.

12. … Bxc3
13. Bxc3 Cc4
14. Tde1

Posição após o 14º lance das Brancas.

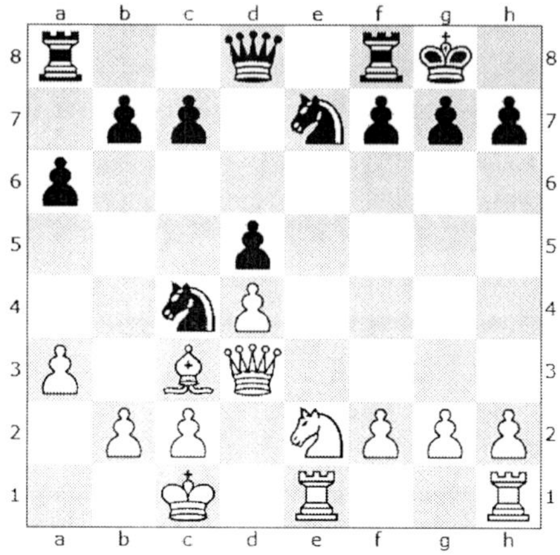

14. ... Cc6

Estrategicamente, o jogo já está ganho pelas pretas, mas estas cometem aqui um pequeno erro tático, que permite ao adversário trocar damas. O plano de ataque simples para conduzir a uma vitória fácil seria: a5, seguido de b5, b4, etc. O resultado da partida poderia e deveria ter sido obtido por um ataque direto ao rei.

15. Cf4 Dd6

Contra qualquer outro lance, a resposta das brancas 16. Df3 teria sido ainda mais desconfortável para as pretas.

16. Df3 Tad8

O plausível Tfd1 teria sido errado, pois então 17. Cxd5 e se ...Dxd5; 18. Te8+, etc. No entanto, agora as brancas conseguem trocar as damas.

17. Cd3 a5

Melhor tarde do que nunca!

18. Df4

Caso contrário, o ataque das pretas se tornaria indefensável.

18. ... Dxf4+

Se 18. ... Dd7; as brancas já poderiam tentar uma manobra de resposta com 19. h4, seguido de Th3.

19. Cxf4 b5

Este avanço continua forte mesmo após a troca de damas, pois o bispo branco está muito mal colocado.

20. Cd3 Tb8
21. Ce5

Não parece haver outro método para salvar o peão. Mas, após a troca de cavalos, as pretas encontram novos recursos para o ataque, com a ajuda do peão c7.

21. ... C6e5
22. dxe5 c5

Seria menos eficaz: 22. ... b4 23. axb4, axb4 24. Bd4, Ra8 25. b3, etc.

23. b3

Novamente, a única chance contra a ameaça de b4, etc.

Posição após o 23º lance das Brancas.

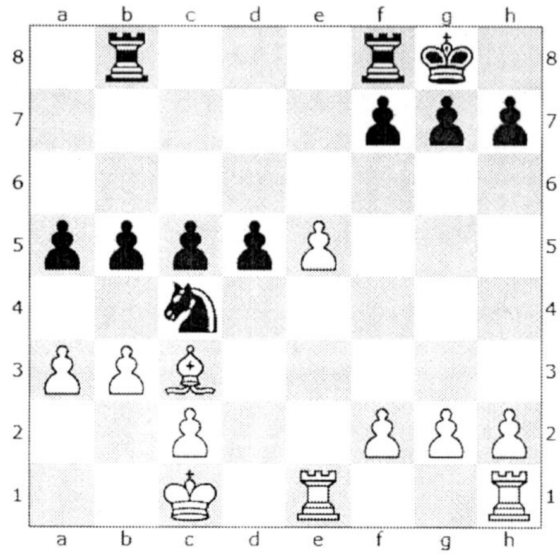

23. … d4

O lance vencedor, pois este peão exercerá uma pressão decisiva no final de torres que se seguirá. Se as brancas evitam a troca de peças com 24. Bb2, as pretas obtêm uma vantagem vencedora por: 24. ... Cb6, seguido de ...a4.

24. bxc4 dxc3
25. Te3

Obrigatório, pois após 25. cxb5, Txb5, este lance não seria viável devido a 26. ... Tfb8.

25. … b4
26. a4 Tbd8

Posição após o 26º lance das Brancas.

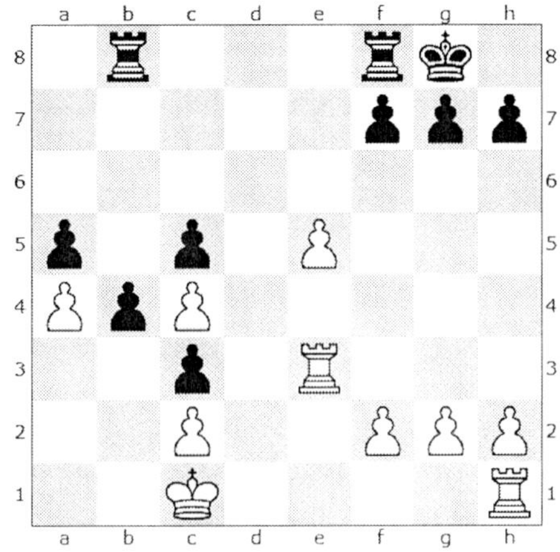

Para melhor compreensão deste final, pode-se apontar que as brancas não podem aqui oferecer a troca de ambas as torres; por exemplo:

27. Td1, Txd1+ 28. Rxd1, Td8+ 29. Td3, Txd3+ 30. cxd3, g5 31. h3, h5 32. g3 (se f3, então ...h4), g4, seguido de Rf8, Re7, Re6 e Rxe5, ganhando. Os lances subsequentes das brancas são, portanto, forçados.

27. The1 Td4
28. Te4 Txe4
29. Txe4 Td8
30. e6

Se 30. Te2, as pretas ganham um peão com 30. ... Td4.

30. ... fxe6
31. Txe6 Td2

Após esta investida da torre preta, o restante da partida é puramente uma questão de técnica.

32. Te5 Txf2
33. Rb1 Tf1+
34. Ra2 Tc1
35. Txc5 Txc2+
36. Rb1 Tb2+
37. Rc1 Txg2
38. Tb5

Para neutralizar a ameaça de … b3.

38. … Rf7
39. c5 Re6
40. c6 Rd6
41. c7 Rxc7
42. Txa5 Txh2
43. Tb5 Tb2
44. a5 Rc6
45. Tb8 Rc5
46. a6 Ta2
47. Tc8+ Rb5
48. Tb8+ Rc4

Brancas desistem

JOGO 4

Gambito da Dama Recusado

Brancas: A. Alekhine

Pretas: F. D. Yates

1. d4 d5
2. c4 e6
3. Cf3 Cf6
4. Bg5 Be7

5. e3 Cbd7
6. Cc3 0-0
7. Dc2

Este lance, seguido do roque no flanco da dama, foi muito popular de 1903 a 1911, até que Teichmann, em uma conhecida partida contra Rotlevi (Carlsbad, 1911), provou sua inferioridade. Por si só, o lance 7. Dc2 não é ruim, mas se as pretas fizerem a melhor resposta, 7. ... c5, as brancas, em vez de fazer o roque, deveriam jogar 8. Td1.

A posição torna-se então idêntica a do jogo 4 e do jogo 10 do match Capablanca-Lasker (com transposição de lances) e oferece chances tanto para as brancas quanto para as pretas.

7. ... b6

Após esta resposta, o roque no flanco da dama oferece às brancas ótimas chances de ataque, pois o peão em b6 impede um contra-ataque imediato das pretas, obstruindo Da5 e Db6 para a dama e Cb6 para o cavalo.

8. cxd5 exd5
9. Bd3 Bb7
10. h4!

Um lance importante, que impede o lance libertador 10. ... Ce4, o qual seria jogável se as brancas fizessem imediatamente o roque no flanco da dama.

10. ... c5
11. 0-0-0 cxd4

Se 11. ... c5, as brancas teriam assumido a iniciativa com 12. Bf5, a6; 13. e4.

12. Cxd4

Com este lance, as brancas desejam assegurar possibilidades de ataque contra o peão isolado da dama, como mostrado, por exemplo, na seguinte variação: 12. ... Ce5; 13. Bxf6, Cxd3+; 14. Dxd3, Bxf6; 15. Rb1, seguido de 16. Tdc1, 17. g3 e 18. Ra1. Em vez de 12. Cxd4, as brancas poderiam igualmente ter jogado 12. exd4.

12. ... Te8

Provavelmente jogado para poder recolocar o bispo em f8 se as brancas o atacarem por Cf5, mas esta manobra faz as pretas perderem tempo. Elas deveriam ter tentado um contra-ataque no flanco da dama com a6 e b5 sem demora.}

13. Rb1

Para impedir que as pretas façam a tática resposta 14. ... Ce5, ameaçando capturar o bispo das brancas com xeque, após o planejado 14. g4.

13. ... a6
14. g4 b5

Este lance, jogado após cuidadosa consideração, mostra-se, no entanto, insuficiente, por causa de um sacrifício de torre das brancas em seu 22º lance, que as pretas dificilmente poderiam ter previsto nesta fase da partida.

Entretanto, se as pretas, em vez do lance do texto, tivessem jogado 14. ... Cf8, as brancas igualmente teriam obtido uma vantagem clara com 15.

Thg1, b5; 16. Cf5.

15. Bxf6 Cxf6
16. g5 Ce4
17. Cxe4 dxe4
18. Bxe4 Bxe4
19. Dxe4 Bxg5

Neste momento as pretas conseguiram a posição pela qual jogaram 14. ... b5. Posição após o 19º lance das Pretas.

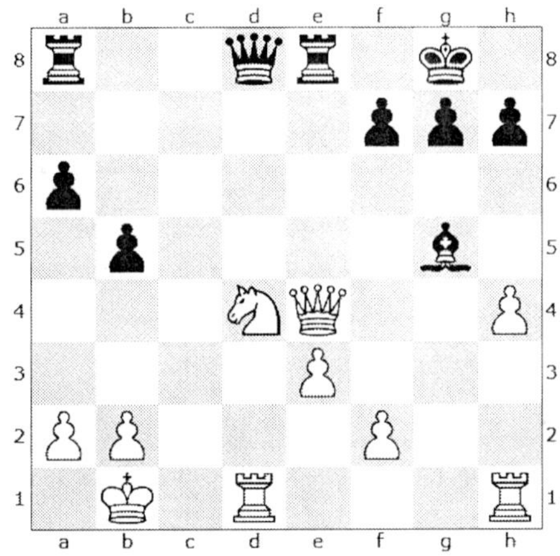

20. Ce6!

Essa combinação acaba obrigando as Pretas a ceder um peão, permitindo que as Brancas obtenham a vitória após um final interessante.

20. ... De7
21. hxg5 h6

Forçado, pois após 21. ... g6, as Brancas têm um ganho imediato com 22. Txh7, Dxe6, 23. Dh4, De4+, 24. Dxe4, Txe4, 25. Tdh1; este é o ponto central do ataque iniciado com 16.g5.

22. gxh6 Dxe6
23. h6

Se as brancas trocarem as damas imediatamente, a torre das pretas recapturaria em e6, onde ficaria bem posicionada. O objetivo do lance do texto é forçar a torre a recapturar em e4, uma casa menos favorável.

23. ... De4+
24. Dxe4 Txe4
25. hxg7 Rxg7

Com um peão a mais e melhor posição, as Brancas certamente deveriam vencer; no entanto, o final de torres que se segue apresenta certas dificuldades técnicas.

26. Tdg1+ Rf6
27. Th6+ Re7
28. Tc1 Ta7
29. Tcc6! a5

Os últimos lances das Pretas foram forçados; 29. ... Te6 teria sido desastroso por causa de 30. Tcxe6+, seguido de Th7+, etc.

30. Ta6 Txa6
31. Txa6 a4
32. Tb6 Te5
33. Rc2 Tc5+
34. Rd3 Rd7

Se 34. ... Td5+; então 35. Re4, Tc5; 36. a3, seguido de 37. b4 e 38. Rd4, etc

.

35. a3 Tf5

Para jogar Rc7.

36. f4 Rc7
37. Th6 Td5+
38. Rc3 f5

Com este lance, que é sua última chance, as Pretas impedem 39. e4.

39. Te6! Rd7

Posição após o 39º lance das Pretas.

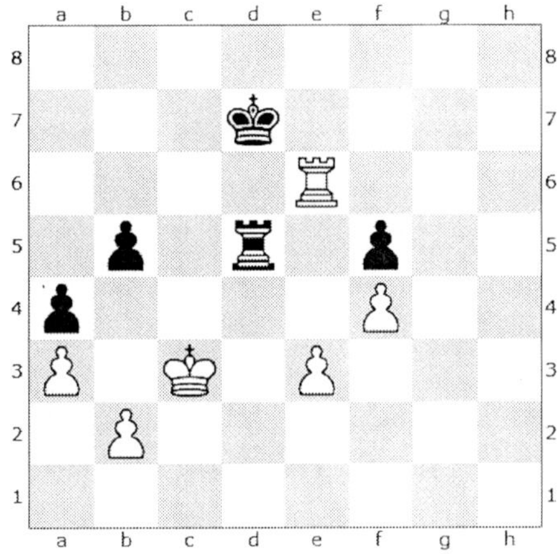

Esta é a fase mais interessante do final. À primeira vista, uma troca de torres parece de valor duvidoso, pois após 40. Te5, Txe5; 41. fxe5, Re7! as Brancas não podem jogar 42. Rd4 por causa de 42. ... Re6. Por outro lado, a variante 42. Rb4, Re6; 43. Rxb5, Rxe5; etc., leva apenas a um empate, já que o peão f das Pretas promove uma jogada antes do peão f das Brancas. O final, no entanto, é vencido pelas Brancas, graças a um pequeno artifício.

40. Te5! Txe5
41. fxe5 Re7
42. Rd3 Rd7
43. e4 f4
44. Re2!

Obrigando as Pretas a atacar o Peão.

44. ... Re6

Caso agora 45. Rf3?, Rxe5 e as Pretas vencem! O próximo movimento das Brancas soluciona o problema.

45. Rf2!, e as Pretas abandonaram.

CAPÍTULO 3

TORNEIO INTERNACIONAL EM CARLSBAD
JULHO-AGOSTO DE 1911

JOGO 5

Abertura dos Quatro Cavalos

Brancas: A. Alekhine

Pretas: Dr. Vidmar

1. e4 e5
2. Cf3 Cc6
3. Cc3 Cf6
4. Bb5 Bb4
5. 0-0 0-0
6. Bxc6 bxc6

Após o melhor lance, 6. ... dxc6; as Brancas podem obter um empate fácil com 7. Cxe5, Te8; 8. Cd3, Bxc3; 9. dxc3, Cxe4; 10. Df3; ou podem tentar um ataque no flanco do rei com 7. d3, seguido de Ce2, Cg3, h3, Ch2, f4.

No entanto, na minha opinião, as Pretas podem repelir esse ataque, pois possuem dois bispos e boas chances de contra-ataque na coluna da dama.

7. Cxe5 De8

Após 7. ... Te8; 8. d4, Bxc3; 9. bxc3, Cxe4; 10. Df3, etc.; as Brancas obtêm uma leve vantagem.

8. Cg4

Aqui a seguinte linha é considerada mais forte: 8. Cd3, com a continuação 8. ... Bxc3; 9. dxc3, Dxe4; 10. Te1, Dh4; 11. Df3 e 12. Bf2. No entanto, é incerto se essa linha de jogo é suficiente para prevalecer contra uma defesa correta. A falha está na variação 6. Bxc6, que, nesta abertura, mostra-se enfadonha e sem vida.

8. ... Cxe4

Com 8. ... Cxg4 9; Dxg4 d5 10. Dh4 Bxc3 11.bxc3 (ameaçando 12.Ba3) 11. ... Dxe4 12.Dxe4 dxe4 etc., as pretas trariam um empate. As complicações que elas procuram com o lance do texto acabam com a sua derrota.

Posição após o 8º lance das Pretas.

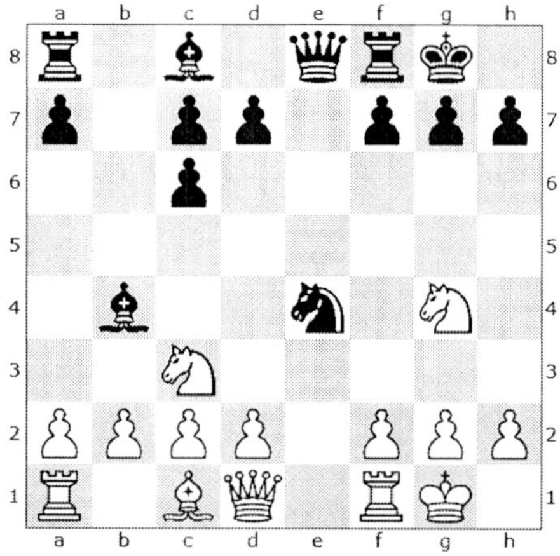

9.Ch6+!

Com essa investida inesperada, as brancas assumem completamente a iniciativa. Seria relativamente melhor para as pretas eliminar o audacioso cavalo; ainda assim, a posição das brancas permaneceria superior após: 9. ... gxh6 10. Dg4+ Rh8 11. Dxe4 Dxe4 (ou 11. ... Bxc3 12. Dxe8 Txe8 13. dxc3, etc.) 12. Cxe4 Be7 13. d3 f5 14. Cc3 f4 15. Te1 seguido de Te4.

9. ... Rh8
10. Te1

Esta cravada que, no lance anterior, não teria sido favorável por causa da resposta 9... d5 (ameaçando 10. ... Bxc3, etc.), agora causa sérias dificuldades às pretas.

10. ... d5
11. d3 De5

A alternativa era: 11... Cxc3 12.bxc3 Be7 13.Dh5 Be6 14.f4, etc., com boas perspectivas para as Brancas.

Ao dar preferência ao lance do texto, o Preto provavelmente não considerou suficientemente as consequências de 16.Tb1.

12. dxe4 d4
13. a3 dxc3
14. axb4 cxb2
15. Cxf7+

O lance jogado na partida é igualmente bom a 15. Tb1, com a sequência: 15. ... De6; (se 15. ... bxc1=D; 16. Cxf7+ e Cxe5) 16. Txb2, gxh6; 17. Tb3, e as pretas, forçadas a evitar Bb2+ seguido de Tg3 ch, perderão assim o peão de h. No entanto optei por 15. Cxf7+ porque eu não quis dar às pretas nenhuma chance de contra jogo com a coluna g aberta diante do rei branco rocado. Além disso, as consequências de 15. Cf7+ pareciam ser mais simples e igualmente seguras.

15. ... Rg8

Posição após o 15º lance das Pretas.

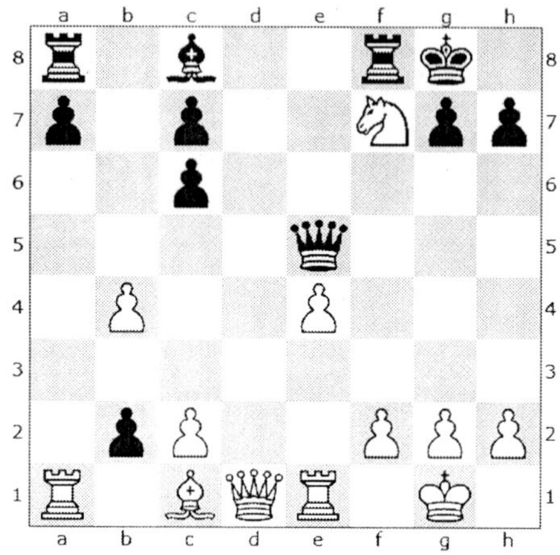

16. Tb1!

Com este lance, as Brancas asseguram uma vantagem material. De fato, as Pretas não têm nada melhor do que entrar em um final com bispos de cores opostas, pois a variante 16... bxc1=D; 17. Cxe5, Df4; 18. Cd3, etc., não lhes deixa a menor chance. Pelo contrário, as Brancas têm chances de obter ainda mais vantagem, baseadas não apenas na posse de um peão a mais, mas também na clara maioria de peões no flanco do rei. No flanco da dama, o peão extra das Pretas é praticamente insignificante, já que dois de seus peões estão dobrados.

16. ... Txf7
17. Bxb2 Dg5
18. Dd3

Evitando 18. Bh3.

18. ... Be6
19. Bd4

Ameaçando 20. Td1, etc. As únicas ideias restantes para as Pretas residem na troca das Damas, ou na perda de um outro peão.

19. ... Td8
20. De3

Posição após o 20º lance das Brancas.

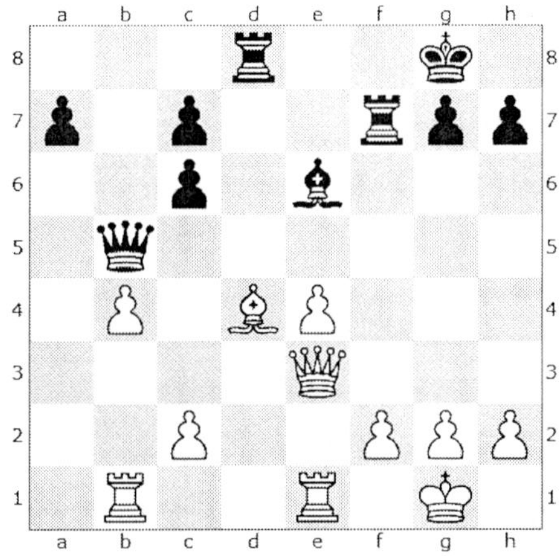

20. ... Db5

Com a esperança de criar complicações com as damas ainda no tabuleiro. Após 20. ... Dxe3; 21. Bxe3; a6; as Brancas teriam uma vitória tranquila, por exemplo: 22. Ted1; Tfd7; 23. Txd7; Txd7; 24. f3; Rf8; 25. Ta1; Bc4; 26. Rf2; seguido por Re1; Ta3; Tc3; Tc5; c4; etc.

21. Bxa7 Da4
22. c3 Bc4
23. Bd4

Ele poderia ter ocupado agora a coluna a, mas as Brancas não têm pressa, pois o adversário não possui meios de impedir esta manobra.

23. ... Ta8
24. Dd2 h6
25. h3 Db5

Caso contrário, as Brancas jogariam 26. Db2, seguido de Ta1.

26. Ta1 Ta4
27. Dc2 Txa1
28. Txa1 Bd3
29. Ta8+ Rh7
30. Da2 Dh5

Se 30. ... Bc4; 31. Qa7, seguido de Dama ou Tb8, etc.

31. De6

A penetração da Dama na posição adversária decide a partida em poucos lances.

Posição após o 31º lance das Brancas.

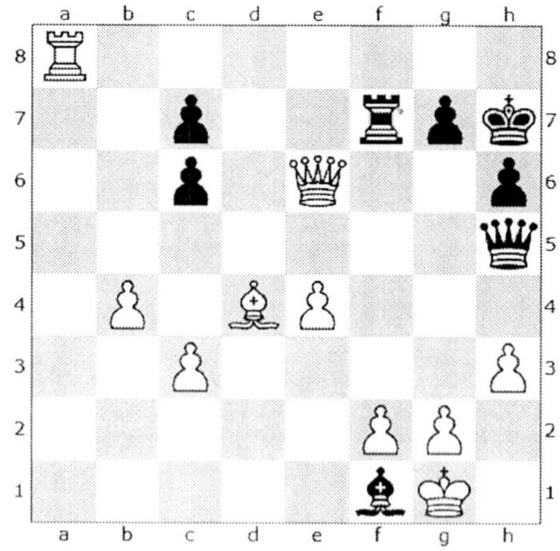

31. ... Bf1

As Pretas não têm uma defesa satisfatória e, assim, podem, sem perigo, permitir-se esta pequena jogada lúdica.

32. Ta5 Dd1
33. Rh2 Bxg2

A última chance. Se as Brancas capturarem a Torre, perderão a Dama por Dh1+, Dxh3+, e Df3+, etc.

34. Rxg2 Df3+
35. Rg1 Tf4
36. Ta8

Ameaçando mate em três, começando com 37.Dg8+

36. ... Tf7
37. Dg4 Dd3
38. Tf8

As Pretas abandonaram.

JOGO 6
Abertura dos Três Cavalos
Brancas: S. Alapin
Pretas: A. Alekhine

1. e4 e5
2. Cf3 Cf6
3. Cc3 Bb4

Essa variante (uma Ruy Lopez invertida) muitas vezes jogada, com sucesso, por Pillsbury. Parece suficientemente forte para igualar a posição.

4. Cxe5 De7

A continuação mais normal é 4. ... 0-0; 5.Be2 Te8; 6.Cd3 Bxc3; 7dxc3 Cxe4; 8.0-0 d6, com jogo igual. No entanto, 4. ...De7 é igualmente bom.

5. Cd3 Bxc3
6. dxc3 Cxe4
7. Be2 d5

Este último movimento não está totalmente no espírito da abertura, pois permite que as brancas desdobrem seus peões imediatamente. As pretas poderiam jogar 7. ...0-0; 8. 0-0 d6.

8. 0-0 0-0
9. Cf4

Posição após o 9º lance das Brancas.

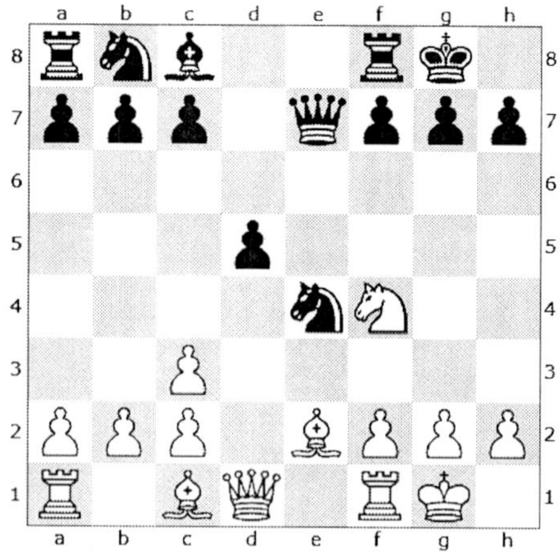

9. ...c6

Forçado, pois 9. ...Td8 seria ruim por conta de 10.Cxd5! De5 (ou 10...Dd6; 11.c4 etc.) 11.c4 c6 12. Bf4 De6 13.Bg4! f5 14.Bxf5 e se 14. ...Dxf5 15.Ce7+ e a Dama das pretas está perdida. Agora as brancas assumem a iniciativa.

10. c4 dxc4
11. Bxc4 Bf5
12. De2

Não 12. Te1 devido a 12. ...Dc5.

12. ...Te8
13. Te1

Essa cravada na coluna **e** é muito problemática para as pretas.

13. ...Dd7

Depois de 13. ...Df8 as brancas poderiam com 14.Dh5, provocar o enfraquecimento 14. ...g6.

14. Be3 b5

Para poder finalmente trazer o Cavalo da Dama para o jogo (via a6).

15. Tad1

As brancas jogaram bem a abertura, mas este é um lance um pouco fraco, e acabam perdendo a vantagem posicional que haviam conquistado. O lance indicado parece ser bom, pois traz para o jogo uma peça não desenvolvida sem perda de tempo. Mas permite que as pretas tragam seu Cavalo da Dama para uma casa mais favorável do que a6. A sequência lógica teria sido 15.Bb3 Ca6 16.Tad1 Dc7 (ou c8) 17.Dh5, e as brancas têm o melhor jogo.

15. ...Dc7
16. Bd3

Seria promissor 16.Bb3.

16. ...Cd7

Posição após o 16º lance das Pretas.

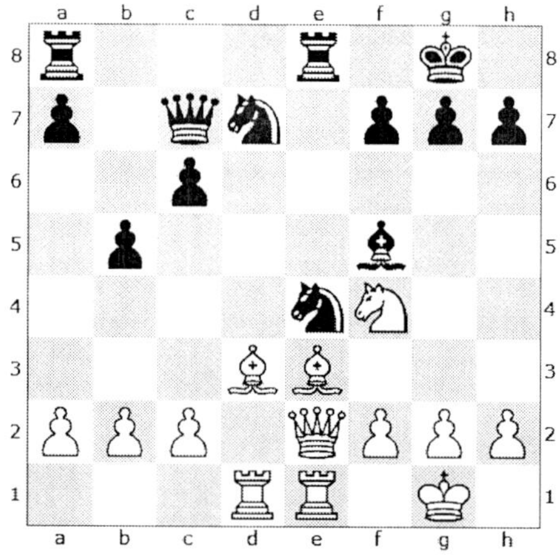

17.f3

Aqui, as Brancas parecem perseguir uma ilusão. O plano mais simples e correto teria sido tentar igualar e jogar pelo empate, por exemplo: 17.g4 Bg6 18.Cxg6 hxg6 19.Bxe4 Txe4 20.Bb6! Txe2 21.Bxc7 Txe1+ 22.Txe1, etc.

17. ... Cd6
18. g4

As Brancas imaginam de forma bastante equivocada que as pretas não possam trocar os Bispos sem perder uma peça.

18. … Bxd3
19. Dxd3

Posição após o 19º lance das Brancas.

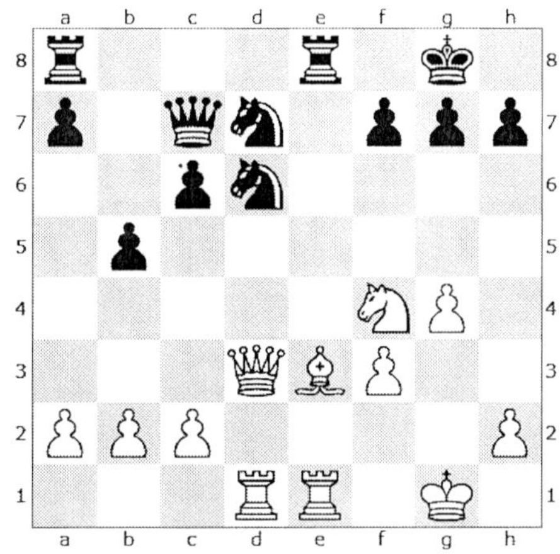

19. … Ce5

A solidez deste lance se apoia na seguinte variação principal: 20. Dxd6 Cxf3+ 21. Rf2 Dxd6 22. Txd6 Cxe1 23. Td2! g6 24. Te2 Txe3 25. Rxe3 Te8+ 26. Rd2 Cf3+ 27. Rc3 Txe2 28. Cxe2 f5, etc. Para evitar essa linha perdedora, as Brancas ficam reduzidas a uma manobra de recuo que lhes custará um peão.

20. Df1 Cdc4
21. Bc1 Da5

Isso ameaça 22... Cxf3+, e assim as Brancas devem se resignar à perda do peão de a. Em compensação, no entanto, após capturar esse peão de torre, a Dama das Pretas ficará momentaneamente fora de jogo, o que permitirá às

Brancas o tempo necessário para iniciar um contra-ataque.

22. Te2 Dxa2
23. Tde1

Agora as Pretas estão obrigadas a se defender contra **24. b3**, que ganharia uma peça.

23. ... f6
24. Cd3 Tf8
25. b3 Cd6
26. Cxe5 fxe5
27. Dg2

Ameaçando Txe5, pois agora o peão c das brancas está defendido pela dama.

27. ... Tae8

Posição após o 27º lance das Pretas

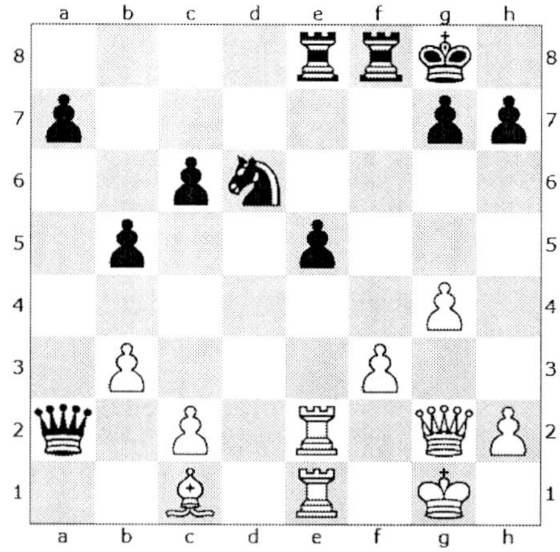

28. f4!

Ciente das suas chances, o Branco não demonstra falta nem de energia nem de astúcia. De fato, ele ainda conserva perspectivas de empate. Bem menos forte teria sido a linha: 28.Txe5 Txe5 29.Txe5 Da1 30.Te1 Df6 31.Tf1 a5, dando às Pretas uma vantagem clara.

28. ... e4

O único lance. Se 28. ... exf4; 29. Txe8, Cxe8; (ou 29. ... Txe8; 30. Txe8+, Cxe8; 31. Dxc6, etc.) 30. Dxc6, Da1; 31. De6+ seguido de 32. Dxe8, e as Brancas vencem.

29. f5 Da1

A única forma de devolver a Dama ao jogo.

30. Dg3

A ideia deste lance é clara: manter a Dama adversária fora do jogo; no entanto, isso concede às Pretas a oportunidade de contra-ataque. Uma alternativa melhor seria: 30. Bxf4, Dd4+; 31. Rh1, (não 31. Df2, por causa de 31. ... e3, seguido de 32. ... Ce4+, dando às Pretas vantagem); 31. ... Cb7; 32. Txe4, Txe4; 33. Dxe4, Dxe4+; 34. Txe4, Rf7; oferecendo boas chances de empate para as Brancas, apesar da maioria de peões das Pretas na ala da Dama.

30. ... Cf7
31. c3

Posição após o 31º lance das Brancas.

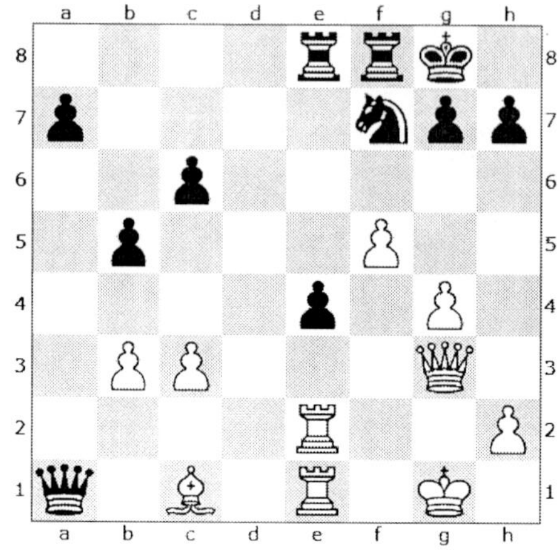

31. ... b4!

O início do ataque final. Ao sacrificar seu peão de e, as Pretas facilmente conduzem a Dama para o centro do tabuleiro, onde, em coordenação com o Cavalo, sua ação se mostra mortal, pois a posição do Rei das Brancas fica perigosamente exposta devido ao avanço de seus peões.

32. Bb2

Se as Brancas tivessem jogado 32. Bd2, a sequência teria sido a mesma, com a diferença de que o Cavalo das Pretas teria entrado por e5 em vez de g5.

32. ... Da5
33. Txe4 Txe4
34. Txe4 Dd5
35. Te2

Uma armadilha; se 35. ... Dxb3; 36. cxb4; Dxb4; 37. Dc3; Dxg4+ (ou se 37... Dxc3; 38. Bxc3; com um empate fácil); 38. Tg2; Dd1+; 39. Rf2; e as Brancas vencem.

35. ... Dd1+
36. De1 Dxb3+
37. cxb4 Cg5

A entrada do Cavalo definirá o jogo em poucos lances.

38. Dc3 Ch3+
39. Rf1

A única resposta; pois se 39. Rh1; Dd5+; e se 39. Rg2; Cc4+; vencendo em ambos os casos.

39. ... Dd1+
40. De1 Dd5

Ameaçando ...Dh1 mate; o que só pode ser evitado por Te4.

41. Te4

Posição após o 41º lance das Brancas.

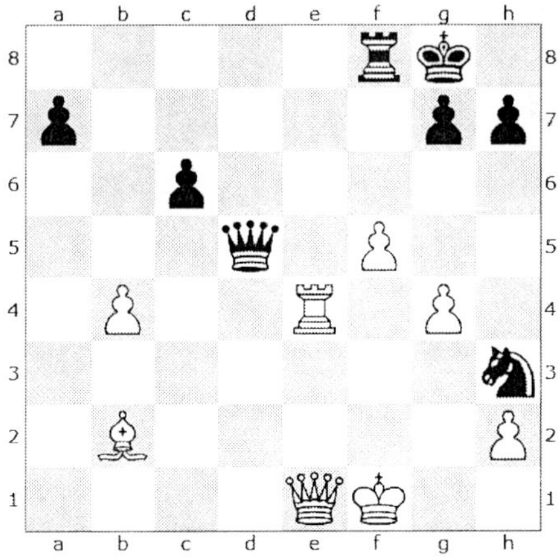

41. ... Cg5

Este lance garante a vitória ao final; no entanto, a sequência lógica do ataque iniciado com 31...b4 seria: 41...h5; 42.Dc3 (evidentemente, não há nada melhor); 42...Txf5+; 43.gxf5 Dxf5=; 44.Rg2 Dxe4+; 45.Rxh3 Dg4 mate. O lance do texto permite às Brancas ainda lutar por algum tempo.

42. Dc3 Tf6
43. Td4 Dh1+
44. Re2 Dxh2+
45. Rd1 h5
46. Td7

Logicamente ameaçando Txg7+, etc.

46. ... Cf7

Posição após o 46º lance das Brancas.

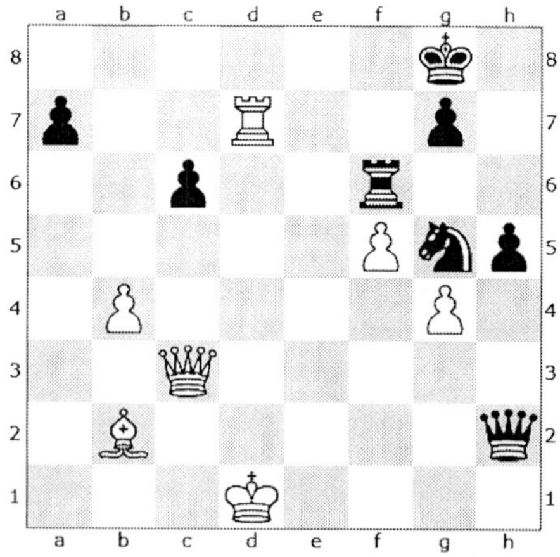

47. g5

Uma investida desesperada que só resulta na perda dos peões do flanco do rei das Brancas. A armadilha é a seguinte: 47...Dg1+; 48.De1, Dxe1+; (ou 48.Dxg5; 49.De8+, etc.); 49.Rxe1, Txf5; 50.g6, etc.

47. ... Dg1+
48. De1 Td6+!

Levando a um final facilmente vencedor.

49. Txd6 Dxe1+
50. Rxe1 Cxd6
51. f6 gxf6
52. Bxf6

Evidentemente, 52.exf6 não seria melhor, pois o peão não poderia ser defendido.

52. ... Rxg5
53. Bd4 a6
54. Re2 Rg6
55. Rd3

Ou 55. Bf6, Ce4, etc.

55. ... Rxg5
56. Be5 Cf5
57. Rc4 h4
58. Bh2 Rg4
59. Rc5 Rh3

60. Bc7 Rg2
61. Rxc6 h3
62. Rb6 Cg3
63. Rxa6 h2
64. b5 h1=D
65. b6 Ce4
66. b7 Cc5+

As Brancas abandonaram.

JOGO 7

Abertura Inglesa

Brancas: A. Alekhine

Pretas: O. Chajes

1. c4 e6
2. e4 c5

Mais simples e melhor seria 2…d5 3. cxd5 exd5 4.d4 Cf6, levando a uma boa versão da Defesa Francesa. Após o lance da partida, as Brancas podem obter um jogo muito bom, por meio de 3. Cc3 Cc6 4.d4, etc.

3. Cc3 Cc6
4. Cf3 g6

O melhor lance aqui seria 4. …Cd4 (como jogado na partida Alekhine-Leonhardt na mesma competição), após o qual as Pretas conseguem pelo menos um jogo equilibrado. O lance desta partida enfraquece as casas das Pretas, e as Brancas aproveitam esse erro de forma enérgica para obter vantagem.

5. d4 cxd4
6. Cxd4 bg7
7. Cdb5!

Isso evidencia a fraqueza deixada pelo lance 4 das Pretas. Neste momento, para proteger a casa g6, elas precisam gastar tempo movendo o seu Bispo.

7. … Be5
8. f4

Com o objetivo de responder a 8. … Bb8 com 9. c5, etc., bloqueando assim a posição de forma permanente.

Posição após o 8º lance das Brancas.

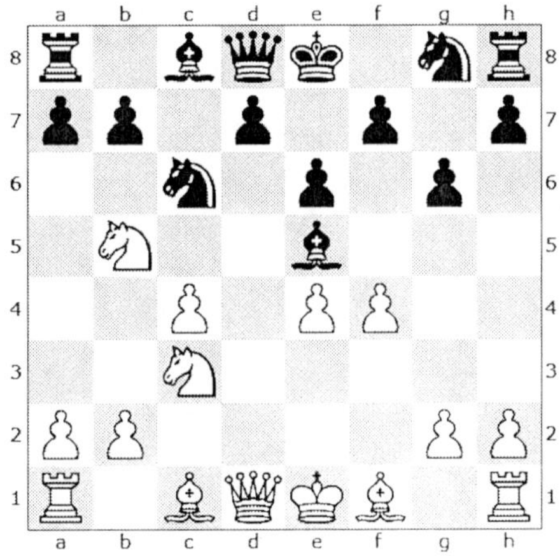

8. … a6

As Pretas tentam criar complicações que se voltariam a seu favor ao menor erro das Brancas.

9. fxe5 axb5

10. Bf4 bxc4
11. bxc4

As Brancas agora apresentam um desenvolvimento harmonioso e ameaçam 12. Cb5 (após possivelmente 11. ... Db6) ou 12. 0-0, preparando um ataque vigoroso na coluna f.

11. ... Ta5

Como resposta a 12. Cb5, as Pretas podem jogar 12. ... Txb5 13. bxb5 Da5+, etc., ameaçando também 12. ... d5.

12. 0-0! b5

12. ... Cxe5 seria desastroso por causa de 13. Bxe5, Txe5; 14. Dd6! seguido de Cb5, etc.

Posição após o 12º lance das Pretas.

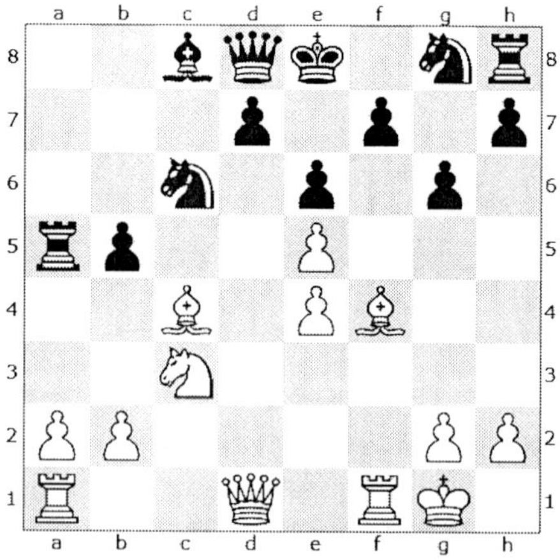

13. b4!

Esta combinação, elegante e sólida, proporciona às Brancas um ataque vencedor. O sacrifício temporário de duas peças menores por uma torre permitirá que a Dama das Brancas entre de maneira decisiva no jogo. O ponto crucial é o 17º lance, Tb1.

13. ... Db6+
14. Rh1 Cxb4
15. Bxb5 Txb5

Logicamente as pretas não possuem alternativa.

16. Cxb5 Dxb5

Posição após o 16º lance das Pretas.

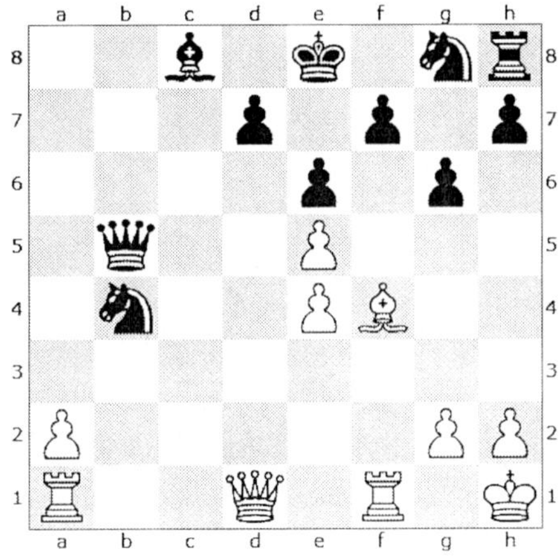

17. Tb1!

Essa cravada é decisiva, pois as Pretas não conseguem se livrar dele, por exemplo: 17. ... Dc5 18. Tc1; ou 17. ... Dc4 18. Da4; ou ainda 17. ... Da5 18. Bd2, vencendo em cada variante.

17. ... Ba6
18. Dd6

Jogado não com a intenção de capturar imediatamente o Cavalo da Dama, mas para impedir 18. ... Ce7 devido a 19. Cxb4, Dxb4; 20. Txb4, Bxf1; 21. Tb8+, etc.

18. ... f6
19. Tfc1 Dd3

Agora o Cavalo precisa ser capturado

20. Txb4 g5
21. Td4 Db5
22. a4 Db7
23. Tc7 Db8
24. Td1

As Pretas Abandonaram.

JOGO 8
Abertura Inglesa
Brancas: A. Alekhine
Pretas: F. Dus-Chotimitiski

1. c4 e5
2. Cc3 Cf6
3. g3

Com este lance, as Brancas obtêm uma variação favorável da Defesa Siciliana, com a vantagem adicional de possuir um lance a mais.

3. … d5
4. cxd5 Cxd5
5. Bg2 BE6
6. Cf3 f6

Este lance enfraquece a posição do bispo da dama das Pretas e lhe acarretará muitas dificuldades. O lance natural 6. … Cc6 teria sido bem melhor.

7. 0-0 Cc6

Ao jogar 6. ... f6, as pretas provavelmente tinham a intenção de continuar com 7. ... c5, mas perceberam a tempo que esse avanço seria francamente ruim por causa da réplica 8. Db3, ameaçando 9. Cxe5. Após o lance do texto, porém, 8. Da3 não teria o mesmo efeito por conta da defesa: 8. ... Db3.

8. d4

Após a troca do peão e das pretas, que agora é obrigatória, a fraqueza de 6. ... f6 torna-se manifesta.

8. … exd4
9. Cb5! Bc5
10. Cfxd4 Cxd4
11. Cxd4 Bf7

A alternativa teria sido: 11. ... Bxd4; 12. Dxd4, 0-0; 13. Td1, e o Bispo das Brancas exerce uma pressão esmagadora sobre o jogo das Pretas. O lance do texto, entretanto, não é muito melhor, pois priva as Pretas da possibilidade de fazer o roque.

Posição após o 11º lance das Pretas.

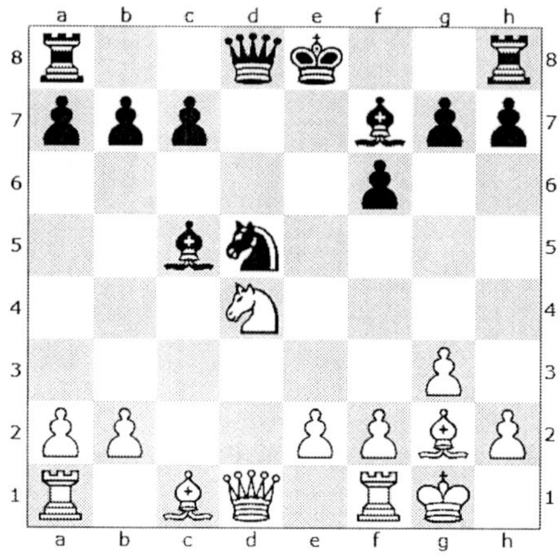

12. Da4+! Rf8

Obrigatório, pois se 12. ... c6; então 13. Cxc6; etc.; e se 12. ... Dd7; então 13. Dxd7+; Rd7; 14. Td1, ameaçando 15. e4, e a posição das Pretas estaria ainda mais comprometida do que foi de fato jogada.

13. Td1 De7
14. e4 Cb6
15. Dc2 Bxd4

Relativamente melhor, pois as Brancas ameaçavam ganhar uma peça com Cf5.

16. Txd4 c5
17. Td3 g5

As Pretas optam por este avanço desesperado na esperança de colocar sua Torre do Rei em ação. Naturalmente, a fraqueza causada por isso abrirá novas vias de ataque para as Brancas.

18. Be3

Aqui, 18. b3 deveria ser considerado, pois as Brancas poderiam então manter seus dois Bispos, por exemplo: 18. ... c4; 19. bxc4, Cxc4; 20. Tc3, Tc8; seguido de 21. Rg7. Mas, nesta variação, as Pretas têm mais recursos do que na partida real.

18. ... Cc4
19. Tad1 Cxe3
20. Txe3 Rg7
21. e5!

O início de um ataque que leva a uma vitória rápida.

21. ... Tad8

Desastroso seria 21. ... fxe5; 22. Tde1, etc. Mas 21. ... Te8; deixando ao Rei das Pretas um refúgio em h8, teria dado às Pretas melhores chances de defesa.

22. Tde1!

Insuficiente para vencer teria sido: 22. Txd8, Txd8; 23. exf6+, Dxf6; 24. Bxb7, Tb8; etc. Agora, as Brancas ameaçam: 23. exf6+, Dxf6; 24. Bxb7, Tb8; 25. Te7, etc.

22. ... b6
23. f4

A principal ameaça das Brancas é criar um peão passado muito forte com 24. e6, seguido de f5.

23. ... gxf4
24. gxf4 fxe5
25. Tg3+!

O xeque foi essencial exatamente neste momento para impedir o Bg6 das Pretas. Ele não poderia ser jogado agora por causa de 26. f5, que ganharia uma peça. O Rei das Pretas deve, portanto, se deslocar para uma casa onde ficará exposto ao ataque.

25. ... Rf8
26. fxe5

Posição após o 26º lance das Brancas.

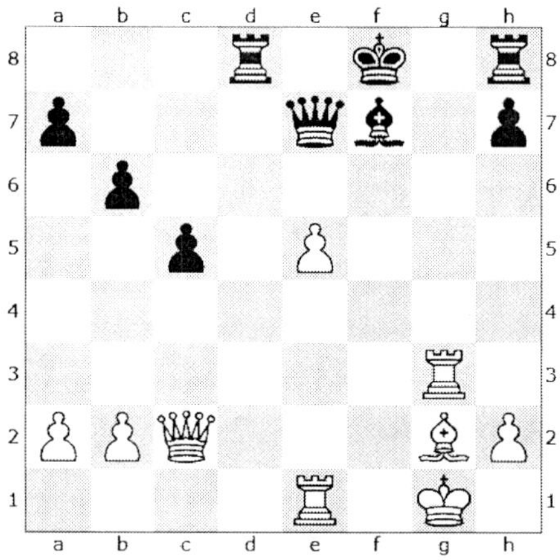

26. ... De6

As Pretas já não possuem defesa suficiente, por exemplo: 26. ... Bg6; 27. Txg6!, hxg6; 28. Dxg6 Dxe5; 29. Tf1+, seguido de Tf7, e as Brancas vencem. Ou 26. ... Be6; 27. Tf1+, Re8; 28. Bc6+, Bd7; 29. Dg2, e as Brancas vencem.

27. Bh3 Dc4
28. Df2 Dd4

Ou 28. ... Re8; 29. e6, Bg6; 30. e7, Tb8; 31. Tf3, Bf7; 32. Txf7, seguido de Bd7+, e as Brancas vencem.

29. e6 Dxf2+
30. Rxf2 Td2+
31. Re3 Txb2
32. Tf1 Txa2
33. Txf7+ Re8
34. Tb7 Ta3+
35. Re4 Txg3
36. hxg3 Tf8
37. Bg4

As Pretas abandonaram.

CAPÍTULO 4

TORNEIO INTERNACIONAL EM ESTOCOLMO
JUNHO DE 1912

JOGO 9
Defesa Philidor
Brancas: A. Alekhine
Pretas: G. Marco

1. e4 e5
2. Cf3 d6
3. d4 Cf6
4. Cc3 Cbd7

A defesa favorita de Marco, que eu também adotei em várias ocasiões (compare com a partida nº 47), mas desde então cheguei à conclusão de que, contra um jogo lógico e sólido, ela não é totalmente satisfatória.

5. Bc4 be7
6. 0-0

Sacrifícios combinatórios iniciados com 6. Cg5 ou 6. Bxf7+ acabam favorecendo as Pretas.

6. ... 0-0

Após o roque, o desenvolvimento das Pretas torna-se trabalhoso e elas não têm a menor chance de contra-ataque. Parece mais adequado ao espírito da defesa jogar: 6. ... h6 seguido de c6, Dc7, Cf8, g5 e Cg6. Este sistema foi adotado com sucesso pelo meu oponente em vários torneios recentes (Yates--Marco, Haia, 1921; Wolf-Marco, Pistyan, 1922). Esta linha de jogo obriga as Brancas a jogarem com grande cuidado, pois a manobra das Pretas no flanco do Rei pode evoluir para um ataque sério.

7. De2 c6
8. a4!

Nesta variante, é essencial, de uma vez por todas, impedir o avanço c5 das Pretas.

8. ... h6

A preocupação em se precaver contra Cg5 ou Bg5 é natural o suficiente, mas o enfraquecimento resultante da posição do Rei pode trazer consequências indesejáveis, já que o mau desenvolvimento das peças Pretas não justifica esse lance.

9. Bb3

Após 9. Be3, as Pretas poderiam ter jogado 9. ... Cxe4, seguido de d5. Ao impedir essa manobra, o lance do texto mantém a supremacia das Brancas no centro. Contudo, Ba2 teria sido ainda melhor (veja Bogoljuboff vs. Nimzowitsch, Estocolmo, 1920).

9. ... Dc7
10. h3

Para impedir que as Pretas joguem ...Cg4 em resposta a 11. Be3

10. ... Rh7

As Pretas adotam um plano insustentável em uma posição já difícil. O desenvolvimento do flanco da Dama por b6, Bb7 e Tad8, seguido de uma tentativa de estabilizar o centro com c5, teria sido mais recomendável.

11. Be3 g6
12. Tad1 Rg7

Toda essa manobra trabalhosa visa colocar a Torre do Rei em jogo.

Mas as Pretas não terão nem mesmo essa pequena satisfação, pois as Brancas, agora totalmente desenvolvidas, iniciarão um ataque direto contra o Rei das Pretas.

13. Ch2! Cg8

Se 13. … Ch5, então 14. Dh2 seguido de 15.g4 e f4, etc.

14. f4 f6

Posição após o 14º lance das Pretas.

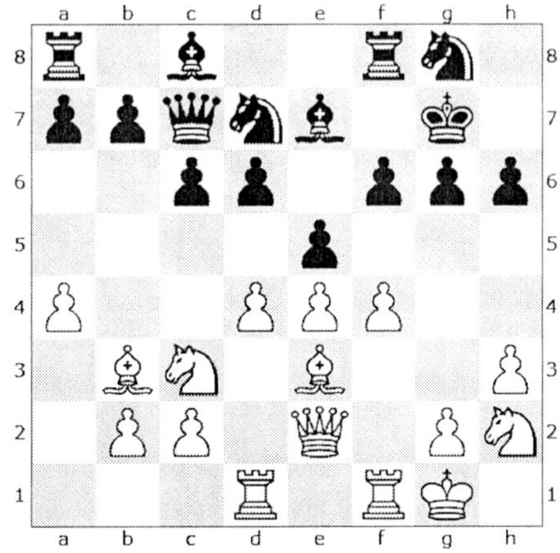

15. Dg4!

A continuação mais forte do ataque. O plausível 15. f5 seria menos enérgico, por exemplo: 15. ... exd4; 16. Bxd4, Ce5; 17. Bxe5, fxe5!; 18. Qg4, Bg5; e a posição das Pretas seria defensável. Após o lance do texto, as Pretas não têm nada melhor do que sacrificar o peão de g, o que lhes dará o tempo necessário para trocar o Bispo do Rei das Brancas.

Se no lance 9 as Brancas tivessem jogado Ba2, as Pretas não teriam nem mesmo esse pequeno recurso.

15. ... exd4
16. Bxd4 Cc5
17. f5! Cxb3

Ou 17. ... g5; 18. Bxc5 seguido de Dh5 vencendo.

18. Dxg6 Rh8
19. cxb3 Bd7

Se neste momento 20. Cg4? as Brancas perdem a Dama por meio de 20. ... Be8.

20. Dg3 Tf7
21. Cg4

Ameaçando 22.e5, etc.

21. ... Dd8
22. Ce2!

Esse cavalo agora inicia uma jornada até g6 e decide a partida rapidamente.

22. ... Tg7
23. Cf4 De8
24. Dh4 Df7
25. Td3

Aqui as Brancas poderiam ter ganhado um segundo peão com Cxh6, mas preferem jogar visando o xeque-mate.

25. ... Rh7
26. Cg6

Posição após o 26º lance das Brancas.

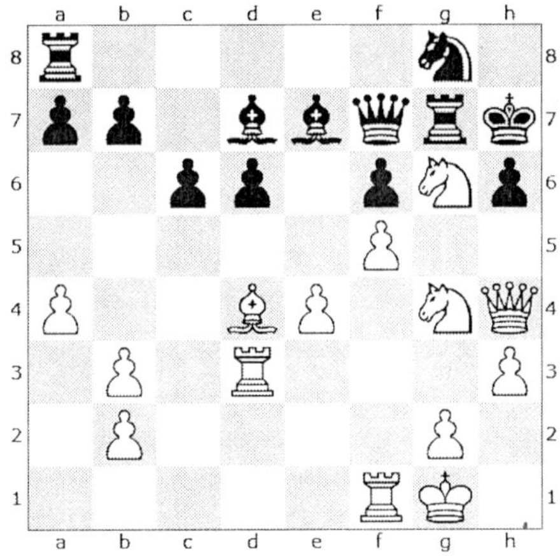

26. ... Txg6

Frustrante para as Brancas, a combinação que pretendiam, teria terminado a partida de forma brilhante. A ameaça era: 27. Tf4 seguido de 28. Cxh6, Cxh6; 29. Dxh6+; Rxh6; 30. Th4+, Rg5; 31. Be3 ou Tg3 mate.

Essa ameaça só poderia ser contida entregando a qualidade, o que, de qualquer forma, deixaria as Pretas sem esperança.

27. fxg6+ Dxg6
28. Bxf6 Bxg4
29. Bxe7 Te8
30. Txd6 Dg7
31. Bf6 Cxf6
32. Tfxf6

As Pretas abandonaram.

JOGO 10

Abertura Escocesa

Brancas: A. Alekhine

Pretas: E. Cohn

1. e4 e5
2. Cf3 Cc6
3. d4 exd4
4. Cxd4 Cf6
5. e5

Uma novidade teórica, da qual há pouco a elogiar; Primeiramente, as Pretas podem forçar um empate através de 5. ... Cxe5; 6. De2, De7; 7. Cf5, De6; 8. Cd4, De7; etc.; Além disso, podem jogar para ganhar com 7. ... Db4+; 8. Cc3, d6; 9. Ce3, Ce7; e parece duvidoso que as Brancas possam trabalhar em um ataque suficiente para compensar o Peão sacrificado; As Pretas podem e devem capturar o Peão.

5. ... De7

Ao contrário, este lance cria complicações que, ao menor erro das Brancas, podem se tornar vantajosas para elas no final.

6. f4 d6
7. Bb5 Bd7
8. Bxc6 bxc6
9. 0-0 dxe5

O lance 9. ... Cg4 imediatamente não seria eficaz por causa de 10. e6, etc.

10. fxe5 Cg4
11. Cc3

Agora 11. e6 seria um erro por causa de 11. ... Bxe6; 12. Cxe6, Dxe6; 13. Te1, Bc5+ etc.

11. ... Dh4

Com esse lance, as Pretas buscam obter vantagem, pois 12. Cf3 parece fraco devido a 12. ... Bc5+. Após 11. ... Cxe5, as Brancas ganham um ataque promissor com 12. Bf4 f6; 13. Ce4; etc.

Posição após o 11º lance das Pretas.

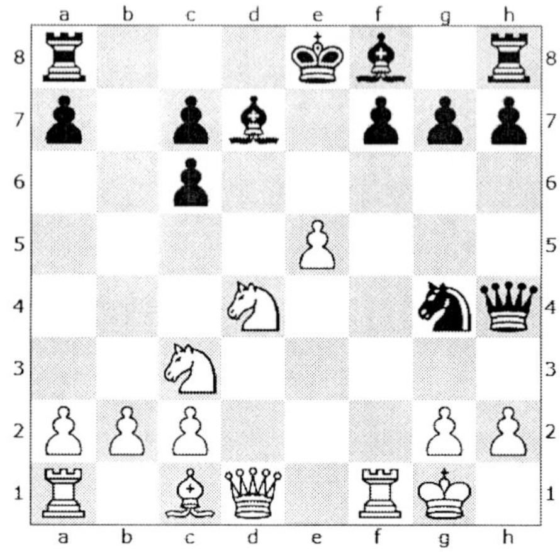

12. Cf3!!

Esse lance arruína o ataque das Pretas. Se 12. ... Bc5+; 13. Rh1, Cf2+; 14. Txf2, Dxf2; 15. Ce4; e as Brancas ganham a Dama. Essa era a combinação que as Brancas tinham em mente ao jogar 11. Cc3;

12. ... Dh5

Após 12. ... Bc5+; 13. Rh1; as Brancas ganhariam um tempo importante com Ce4; etc.

13. Ce4 Be7

Naturalmente não 13. ... Cxe5; devido a 14. Cxe5; seguido de 15. Cf6+; etc.

14. Dd4!

Defendendo o peão e prevenindo ...Rd8; que deixaria o peão de a desprotegido.

14. ... Be6
15. Bg5!

Após esse lance, as Pretas não conseguem evitar a perda de um Peão.

15. ... Bxg5
16. Cexg5

Posição após o 16º lance das Brancas.

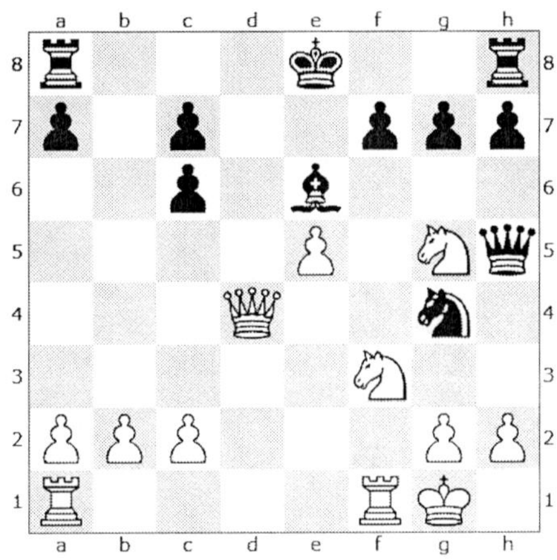

16. ... 0-0

Difícil imaginar uma alternativa melhor. Caso 16. ...Cxh2; 17. Cxe6, Cxf3+; 18.Txf3, fxe6; 19.Td1, as Brancas saem vitoriosas.

17. h3 Ch6
18. De4

Ganhando o Peão de c.

18. ... Bf5
19. Dxc6 Dg6
20. Dxg6 Bxg6

O jogo das Pretas ainda não está perdido, pois o adversário provavelmente não obterá um Peão passado rapidamente, e as Pretas possuem um Peão isolado. Por outro lado, é inegável que ter um Bispo representa uma vantagem no final de jogo. Por essa razão, as Brancas tentam, e com sucesso, aumentar sua vantagem material através de jogadas combinativas complicadas.

21. Cd4!

O principal objetivo deste lance é imobilizar as duas peças menores das Pretas; além disso, o Cavalo em d4 protege o Peão c, pois se agora 21. ... c5; 22. Nc6, Bxc2; 23. Rfc1, seguido de Rxc5; as Brancas obteriam um Peão passado na ala da Dama sem maiores problemas.

21. ... Tab8
22. b3 Tfe8

Essa demonstração mal cronometrada contra o Peão e, que não pode ser capturado devido a Cc6, sugere um novo plano para as Brancas; este consiste em atrair as Torres para longe da primeira fileira e aproveitar a posição desfavorável das peças menores para criar ameaças de mate.

23. Tad1 Tb6

A consequência lógica do lance anterior.

24. c4 Txe5

Posição após o 24º lance das Pretas.

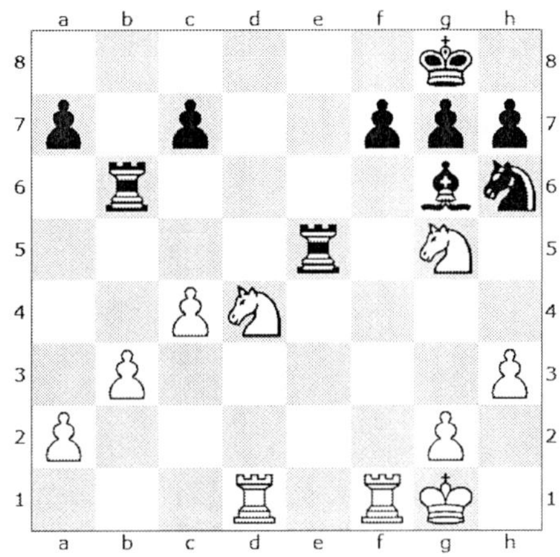

25. c5!!

As Pretas provavelmente esperavam 25. Cde6, contra o qual 25. ... RT8 fornece defesa suficiente; agora a Torre é obrigada a abandonar a coluna b, pois após 25. ... Txc5 a resposta das Brancas seria 26. Cde6, e após 25. ... Tb7 a resposta seria 26. Cc6, Te8; 27. Ce7+ Rf8 (se 27. ... Rh8 28. Cxg6+ fxg6 29. Td7) 28. Cxg6+ hxg6 29. Td7, Te7; 30. Td8+ Te8; 31. Ch7+ Re7; 32. Tdd1! e as Pretas não podem evitar a ameaça de mate sem uma grande perda de material. Os lances da sequência são forçados.

25. ... Ta6
26. Cde6 Rh8
27. Td8+ Cg8
28. Cxc7

Não 28. Tfd1, Taxe6; 29. Cxe6, fxe6; etc

28. … Txa2
29. Tfd1!

Essa linha é mais evidente do que a variante 29. Cxf7+, Bxf7; 30. Txf7, Te1+; 31. Rh2, Tee2; 32. Tff8, Txg2+; 33. Rh1, h6; 34. Txg8+, Rh7, em que as Pretas ainda teriam possibilidades de empate.

29. … f6

Lance único.

30. Txg8+ Rxg8
31. Td8+ Be8
32. Cxe8

Com a ameaça de mate em dois.

32. … Rf8
33. Cd6+ Re7
34. Te8+ Rd7
35. Txe5 fxe5

Depois de todas essas complicações, a posição se torna mais clara. Com dois Cavalos contra uma Torre, as Brancas provavelmente não terão problemas para vencer, ainda mais contando com um Peão passado.

36. Cc4 Re6
37. Ce4 Ta1+

Para levar o Rei adiante sem correr o risco de Nc3+, que capturaria a Torre.

38. Rf2 Rd5
39. Rf3

As brancas, ainda sob o efeito de uma sequência de lances ao estilo de problema, demonstram o desejo de prosseguir no final com a mesma busca por combinações extraordinárias. Entretanto, havia um caminho simples para vencer: 39. Ccd2, seguido de 40. Re3, com a ameaça de 41. Cb1 e 42. Cbc3+.

39. ... a5
40. Re2

Elegante, mas de pouca lógica prática. Também aqui, 40. Ccd2 seria o bastante para assegurar a vitória.

40. ... a4!

Naturalmente, não 40. ... Rxd4 em razão de 41. c6, após o que as pretas são forçadas a entregar a Torre pelo peão passado. O lance indicado no texto busca a simplificação e conduz ao empate.

Posição após o 40º lance das Pretas.

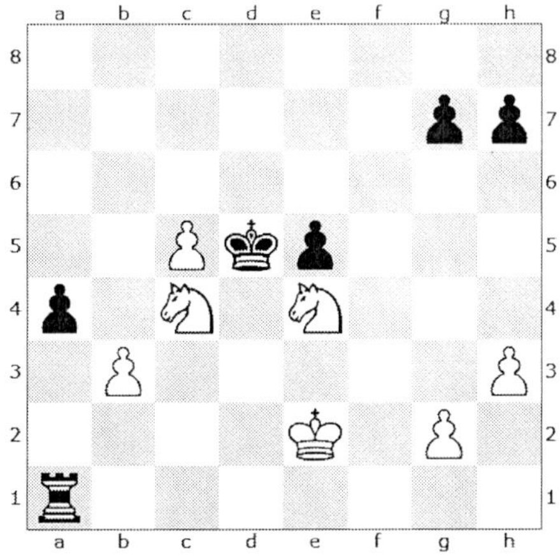

Eu não havia me preparado para este avanço e imaginei que a seguinte variante, que lembra um estudo de final de jogo, assegura a vitória: 41. b4 , Rxc4; 42. c6 , Rxb4; (ou se 42. ... Ta2+; 43. Rd1! , Rd5; 44. Cc3+, etc.) 43. Cc3! vencendo.

No entanto, percebi a tempo que, no lance 41, as Pretas poderiam capturar o Cavalo em e4, pois após 42. c6 , Tc1; o outro Cavalo não teria o apoio do Peão b. Um empate poderia ser facilmente forçado através de 41. Cc3+ , Rxc5; 42. Cxa4+ , Rd4; 43. Cab2.

No entanto, ao buscar a vitória a qualquer custo, optei por outra linha, cujas consequências acabaram se revelando extremamente perigosas para o meu jogo.

41. Ccc2 a3
42. b4

As brancas conseguiram dois peões passados, mas o peão da coluna a das pretas lhes custará uma peça.

42. … Tc1
43. Rd3 a2
44. Cb3 Td1+!

Ganhando um tempo muito importante, as pretas passam a vislumbrar a possibilidade de vantagem. Quando realizei meu 44º lance, esperava: 44. ... a1=D; 45. Cxa1 , Txa1; 46. Cc3+ , Rc4; com um final semelhante ao que de fato ocorreu na partida, mas somente devido a um erro do meu adversário.

45. Rc2 a1=D
46. Cxa1 Txa1
47. Cc3+

Posição após o 47º lance das Brancas.

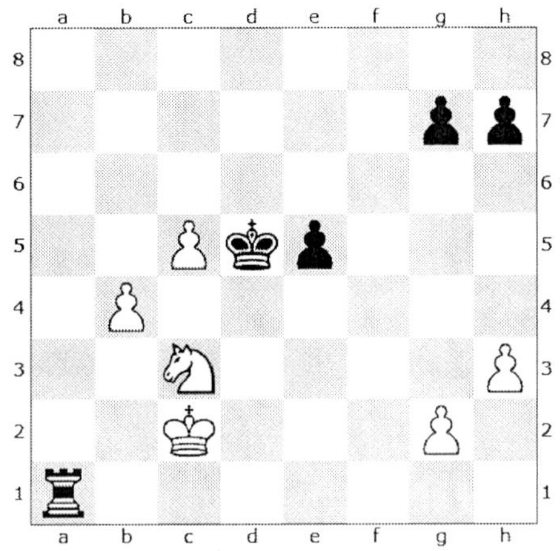

47. … Re6

O erro decisivo. As pretas poderiam ter jogado: 47. ... Rc4; 48. c6 , Ta3; 49. Ce4 , Ta7; e o peão branco seria contido, permitindo às pretas trazerem sua vantagem material para o jogo. Agora, porém, as brancas aproveitam esse presente do acaso e forçam a vitória.

48. Rd3 Tf1
49. g3

Assegurando a casa de c4 para o Rei.

49. … h5
50. Cc4 h4
51. b5+ Rd7
52. gxh4 Tf4+
53. Rd5 Txh4
54. c6+ Rc7

55. Rc5 Txh3

Nada mais pode ser feito.

56. b6+ Rb8
57. Cb5

As Pretas abandonaram.

JOGO 11

Abertura do Bispo

Brancas: R. Spielmann

Pretas: A. Alekhine

1. e4 e5
2. Bc4 Cf6
3. d4 exd4
4. Cf3 Bc5

Após 4. ... Cxe4; 5. Dxd4, etc., as Brancas obtêm um ataque muito forte pelo peão oferecido. Em princípio, na abertura, nunca tento obter vantagem material dessa forma. Isso só pode ser alcançado à custa de tempo ou de atraso no desenvolvimento, que frequentemente se mostra fatal.

5. 0-0

Após e5, as Pretas jogariam naturalmente: 5. ... d5 , etc.

5. … d6
6. c3

As Brancas insistem em jogar o gambito a qualquer custo!

6. … d3

Após 6. ... dxc3; 7. Cxc3 , seguido por 8. Bg5, as Brancas alcançam um desenvolvimento esplêndido. O lance indicado no texto devolve o peão, dificultando o desenvolvimento rápido e eficaz das forças Brancas. Isso está de acordo com o princípio geral mencionado acima sobre o perigo de tentar ganhar um peão na abertura.

7. Dxd3 Cc6
8. b4

Esse último lance enfraquece a ala da dama. A razão pela qual as Brancas, apesar disso, o jogam é que, na variante tranquila: 9. Bg5 , h6; 10. Bh4 , Bg4; 11. Cbd2 , Ce5, as pretas desfrutam de um jogo fácil.

8. … Bb6
9. b5 Ca5
10. e5

Esse avanço força as Pretas a jogarem com cautela, devido à posição exposta do rei. Além disso, frustra a ameaça de 10. ... Cxc4; que, em conjunto com o roque, daria às Pretas a melhor continuação.

10. … dxe5
11. Dxd8+ Rxd8
12. Bxf7 e4
13. Ce5 Bc5!

Essencial, pois as Brancas ameaçam 14. Ba3, com boas perspectivas de ataque. Caso essa possibilidade não se concretize, as brancas devem abandonar a ofensiva e desenvolver suas peças atrasadas.

14. Cd2 Tf8

Ameaçando cravar a peça por meio de 15. ... Bd6, etc.

15. Cdc4 Cxc4
16. Bxc4 Re7
17. Bg5 Bd6!

Forçando as Brancas a jogarem 18. f4, o que elimina a possibilidade de abrir a coluna e, eventualmente, prepara f3.

18. f4 Bf5!
19. g4

O objetivo desse lance é forçar o bispo da diagonal b1–h7. De fato, sem esse lance, as pretas, ao jogarem 18. ... h6; assegurariam a retirada do bispo para h7, tornando seu peão passado invulnerável e muito problemático para as brancas. Ao mesmo tempo, o lance indicado no texto apresenta sérios inconvenientes, pois enfraquece perigosamente a ala do rei.

19. ... Be6
20. Tfe1

As brancas têm em vista a seguinte variante: 20. ... Bxe5; 21. fxe5 , Bxc4; 22. Txe4! , etc., com vantagem. Por isso, não jogaram 20. Tae1, pois nessa linha a torre do rei ficaria capturável pelo bispo em c4.

Posição após o 20º lance das Brancas.

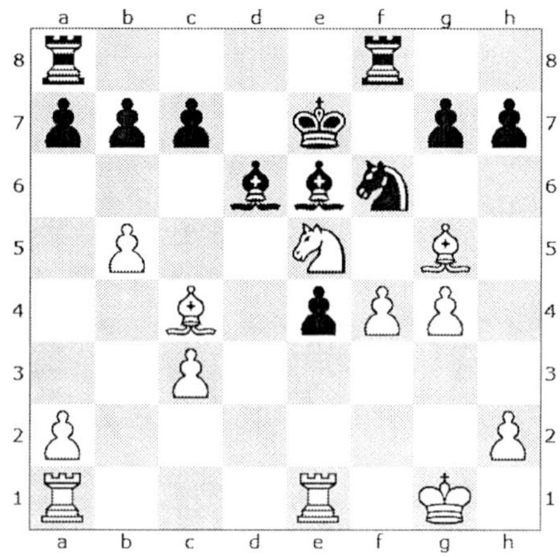

20. ... e3!

Agora, a inferioridade da posição das Brancas, enfraquecida pelo avanço dos peões em ambas as alas, torna-se evidente.

21. Bd3

Seria um pouco melhor para as Brancas livrarem-se do peão e para as Pretas, ao jogarem 21. Kg2, seguiria: 21. ... Bxe5; 22. fxe5 , Bxc4; 23. Txe3 , Rf7; 24. exf6 , gxf6; etc., mas o final ainda seria favorável às Pretas.

21. ... Re8

Este lance, aliviando a cravada do bispo, permite não apenas a defesa do peão de e pelas Pretas com Cd4, mas também ataca o peão de g das Brancas.

22. h3 Cd5

Agora, mais dois peões são atacados, demonstrando a inconveniência de tê--los avançado prematuramente.

Posição após o 22º lance das Pretas.

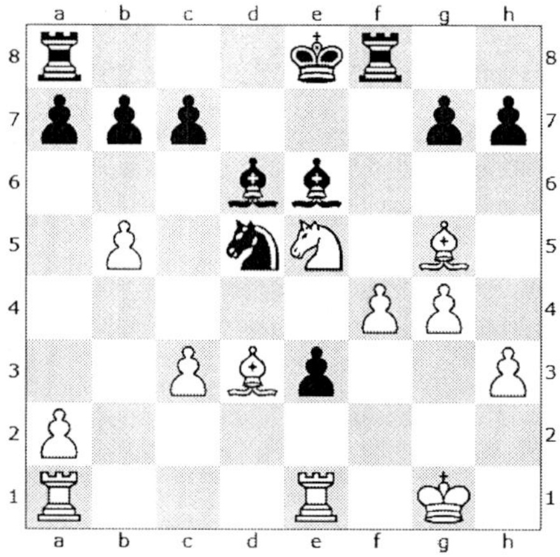

23. f5

Com 23. Bxh7, as Brancas poderiam momentaneamente ter evitado a perda de material, mas, após 23. ... Cxf4; 24. Bxf4 , Txf4; etc., sua posição permanece precária, se não desesperadora. É por isso que as Brancas preferem tentar uma combinação sacrificial para recuperar a iniciativa.

23. ... Bxe5
24. fxe6 Bxc3
25. Bxh7

Ameaçando ganhar a qualidade com 26. Bg6.

Posição após o 25º lance das Brancas.

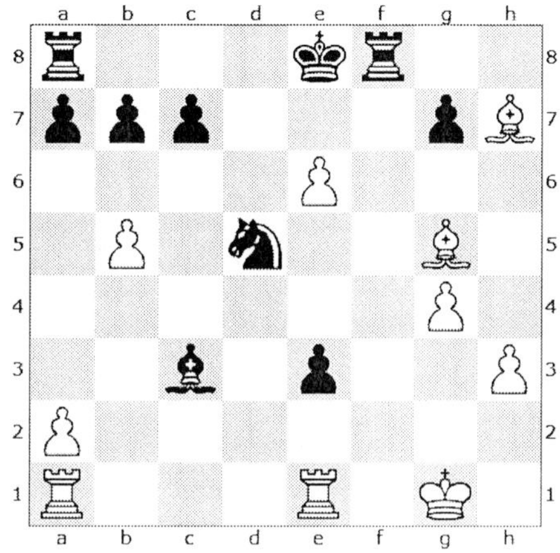

25. ... Cf4!

O único caminho para assegurar o sucesso definitivamente. Nem 25. ... Tf3; 26. g6+ , seguido de 27. Tf1; nem 25. ... Ce7; (cujo lance provavelmente Spielmann antecipou) 26. Tad1 , Bxe1; 27. Td7 , Bb4; 28. Bxe7 , seguido de Bg6+, teriam sido suficientes.

26. Tad1 Bxe1
27. Td7

Uma última esperança. Se agora 27. ... Ce2+; 28. Rg2 , Tf2+; 29. Rh1 , Bb4; as Brancas continuariam com 30. Txg7, ameaçando mate em três, e as Pretas teriam que se contentar com um empate por xeque perpétuo.

27. ... Bb4!

As Brancas abandonaram.

CAPÍTULO 5

TORNEIO INTERNACIONAL EM VILNA
SETEMBRO DE 1912

JOGO 12
Gambito da Dama Recusado
Brancas: O. Bernstein
Pretas: A. Alekhine

1. d4 d5
2. Cf3 Cf6
3. c4 c6
4. e3

Em resposta a 4. Cc3, joguei em várias ocasiões com sucesso 4. ... dxc4; e, se 5. e3 , b5; 6. a4 , Bf5! , seguido por 6. ... g5; ou se 5. a4 , Bf5! , etc., como joguei contra Rubinstein, Londres 1922. Após o lance do texto, as Pretas podem jogar 4. ... Bf5; 5. Db3 , Db6; com um bom jogo.

4. … g6

Jogado pela primeira vez por Schlechter no match contra Lasker, em Berlim, 1910. Entretanto, esse sistema tem pouco a se elogiar, pois, nessa posição, o bispo em g7 tem agora pouco espaço, enquanto o bispo da dama, embora não seja bloqueado pelo peão e, não tem casas úteis para desenvolvimento.

5. Cc3 Bg7
6. Bd3 0-0
7. Dc2 Ca6
8. a3

Até agora, a partida é idêntica à mencionada acima. Mas, no próximo lance, Schlechter jogou 8. ... dxc4; seguido por 8. ... b5; e 8. ... b4; após o que a sua ala da dama naturalmente se tornou muito fraca.

8. ... Cc7

Após esse lance, a posição das Pretas está restrita, mas sem nenhum ponto fraco. Elas agora podem ter esperanças de liberar sua posição por meio de avanços graduais.

9. 0-0 Be6
10. cxd5

Se 10. b3 , Tc8; 11. Bb2 , c5; e, se então 12. dxc5 , dxc; seguido por 12. ... Ca6, as Pretas têm uma posição satisfatória.

10. ... Cfxd5!

A resposta correta. Após 10. ... cxd5; as Brancas obteriam a vantagem, tomando a coluna c e explorando a ausência de mobilidade das peças das Pretas.

11. h3

O objetivo desse lance é evitar 13. ... Bg4; após 12. e4 , Cxc3; 13. bxc3. Mas as Pretas se aproveitam desse momento de descanso para iniciar, por sua própria conta, operações no centro.

11. ... Cxc3
12. bxc3 c5!

A posição agora lembra uma variante da Defesa Grünfeld: 1. d4 , Cf6; 2. c4 , g6; 3. Cc3 , d5, etc., a qual esteve na moda em recente torneio de mestres, com a diferença favorável às Brancas, entretanto, de que o cavalo das Pretas está em b7, ao invés de c6 ou d7.

13. Tb1 Tb8

14. Td1

Se 14. e4, então 14. ... cxd4; 15. cxd4 , Dd6! , etc., com bom jogo; por exemplo, 16. d5 , Bd7; ou 16. e5 , Dd7; seguido de 16. ... Tfc8. É claro que a captura do peão c, nem agora nem no lance anterior, resultaria desfavorável às Brancas, devido a 16. ... Dd5.

14. … c4

Com esse lance, as Pretas permitem ao seu adversário dominar as casas centrais para conquistar uma vantagem na ala da dama. Mais prudente e suficiente para igualar teria sido 14. ... Qd6; seguido de 14. ... Tfc8.

15. Be2 b5

Não 15. … f5 devido a 16. Da4!

16. Cd2

Após essa retirada desnecessária, as Pretas pegam a iniciativa. Era essencial ter jogado 16. e4, que poderia seguir com 16. ... Dd6; 17. Be3 , a6; com chances para ambos os lados.

Posição após o 16º lance das Brancas.

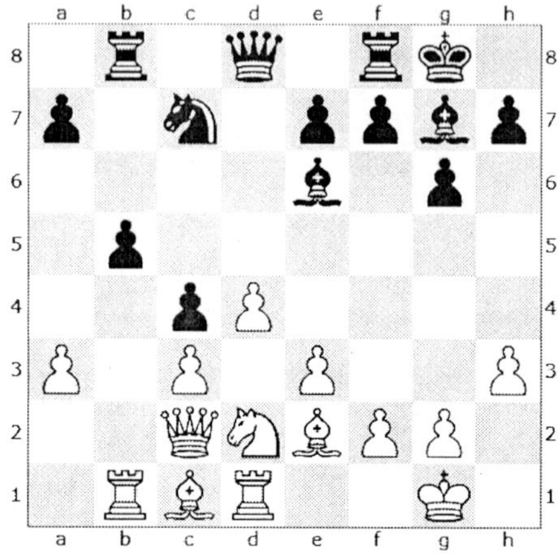

16. ... f5!

Controlando o centro de maneira permanente, já que a casa d5 permanece totalmente segura. Sob o ponto de vista estratégico, essa avaliação é fundamental.

17. Bf3 Bd5
18. e4

Essencial para finalmente desenvolver o Bispo da Dama, mas já tarde demais para melhorar o jogo das Brancas.

18. ... Ba8!

Para colocar seu Cavalo em d5 e impedir que o Cavalo das Brancas alcance c5 via e4.

19. Cf1 fxe4
20. Bxe4 Cd5

Agora as Pretas dominam o tabuleiro e podem, à vontade, iniciar um ataque em qualquer das alas. Se as Brancas jogarem 21. Cg3 (se 21. Ce3 , Cxc3 , etc., como na partida), as Pretas jogariam 21. ... Dd6; amarrando o Bispo da Dama à defesa do seu peão a, e então 21. ... h6; em seguida, dobrariam as Torres na coluna f, alcançando uma vantagem esmagadora na posição.

21. Bg5

Esse lance, embora plausível do ponto de vista estratégico, é refutado pelo jogo combinatório que se segue.

Posição após o 21º lance das Brancas.

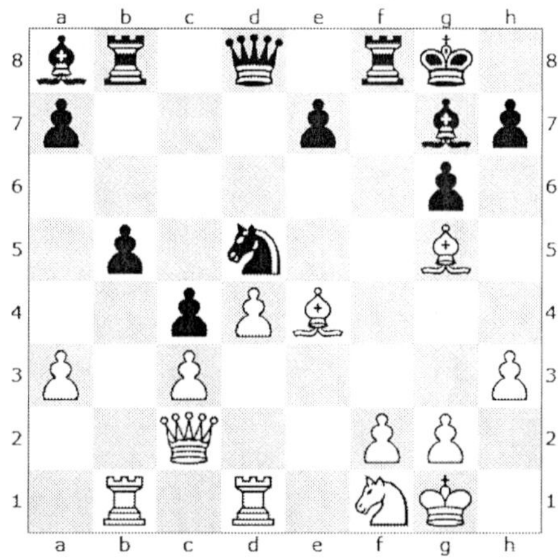

21. ... Cxc3!

Se as Brancas respondem 22. Bxa8, segue 22. ... Cxb1; 23. Be4 , Cxa3; seguido de 23. ... b4; e as Pretas ganham a qualidade. As Brancas então escolhem a melhor alternativa.

22. Bxg6! Dd5!

Não: 22. ... Cxb1; 23. Bxh7+ , Rh8; 24. Dg6 , De8; (de outra forma, Dh5 , etc.); 25. Dxb1; e as Brancas ficam com um peão e perspectivas de um ataque pela qualidade.

23. Bxh7+ Rh8
24. f4

Obrigatório.

24. ... Cxb1
25. Txb1 Dxd4+
26. Rh1

Se 26. Rh2, então 26. ... Txf4; 27. Bxf4 , Dxf4+; 28. Rh1 (ou 28. Cg3 , Be5 , etc.); 28. ... Tf8! (ameaçando 28. ... Dxf1+ e mate em três), com posição vencedora para as Pretas.

26. ... Dc3!

A maneira mais simples de forçar a troca de Damas, já que as Pretas agora ameaçam Dxh3+.

27. Rh2 Dxc2
28. Bxc2 e5

À primeira vista, isso parece arriscado devido aos três peões passados das Brancas no flanco do Rei, mas as Pretas haviam calculado que seus peões da ala da Dama promoveriam primeiro. A variação 28. ... Bf6; 29. Bh6, seguida de g4 e g5, não prometia mais do que o lance do texto.

29. f5 Bf6
30. Bxf6+

Se agora 30. Bh6 , Tg8; 31. g4 , a5; os peões das Brancas são detidos. As Brancas então decidem mobilizar o Cavalo e iniciar um ataque direto na ala do Rei com suas peças restantes.

30. ... Txf6
31. Ce3 a5
32. Td1

Se 32. Cxc4, as Pretas venceriam facilmente através de 32. ... Tc6; 33. Ce3,Tc3; 34. Te1, Txa3; etc.

32. ... Tff8

Para tomar a coluna d de uma vez, os poucos xeques das Brancas não têm consequência.

33. Td6 Tbd8
34. Th6+ Rg7
35. Tg6+ Rf7
36. Cg4

Meu adversário, que disputava com Rubinstein o primeiro lugar no torneio, oferece a máxima resistência e descobre recursos inesperados em uma posição desesperadora. Agora, as Brancas ameaçam mate em dois.

Posição após o 36º lance das Brancas.

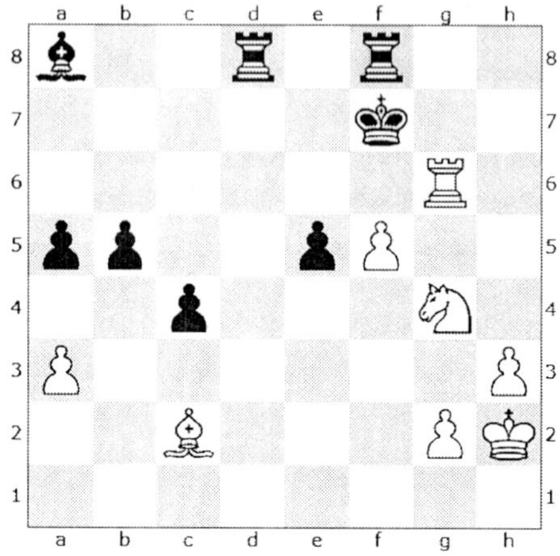

36. ... Td2

Esse lance, o clímax da combinação iniciada com 32. ... Tff8; não apenas estanca a ameaça de mate, mas, de forma inesperada, captura o Bispo da Dama, que não possui casa de fuga. Este é o fim.

37. Cxe5+ Re7
38. Bb1 Tb2
39. Te6+ Rd8
40. Td6+ Rc8
41. h4 Txb1
42. g4 c3
43. Td3 b4
44. axb4 axb4

As Brancas abandonaram.

JOGO 13

Abertura do peão da Dama

Brancas: A. Niemzovitch

Pretas: A. Alekhine

1. d4 d5
2. Cf3 c5
3. Bf4 Cc6
4. e3 Cf6

Aqui seria prematuro 4. ... Db6; 5. Cc3.

5. Cc3

Agora, entretanto, esse lance não tem harmonia. A linha de jogo usual 5. c3; 6. Bd3, certamente é melhor.

5. ... Bg4

Seria igualmente satisfatório 5. ... a6 seguido de 6. ... Bg4.

6. Bb5 e6
7. h3 Bh5

Esse lance permitirá às Brancas enfraquecerem a posição adversária em ambas as alas.

As Pretas têm dois caminhos para obter um bom jogo:

I. 7. ... Bxf3; 8. Dxf3, a6; 9. Bxc6+, bxc6, etc.

ou II. 7. ... cxd4; 8. exd4, Bh5; 9. g4, Bg6; 10. Ce5, Db6; 11. a4, Bb4.

8. g4 Bg6
9. Ce5 Db6

É claro, não 9. ... Tc8, devido a 10. Cxc6; seguido de 11. Ba6; etc. Entretanto, 9. ... Dc8, teria sido mais prudente.

10. a4!

Muito forte, pois as Pretas não têm tempo de jogar ...cxd4; seguido por ...Bb4; devido a 11. a5, etc. Então elas são compelidas a entregar a casa b4 para o seu adversário.

10. ... a5
11. h4 h5

Esse lance é relativamente melhor do que ...h6, pois força as Brancas a tomarem uma decisão rapidamente na ala do Rei.

12. Cxg6 fxg6
13. gxh5

A variante 13. g5, Cg8; 14. Dd3, Rf7; 15. Th3 parece mais forte do que realmente é, pois as Pretas podem neutralizar o ataque trazendo seu Cavalo do Rei via e7 para f5. O lance do texto facilita a defesa das Pretas. O Peão g delas está enfraquecido, mas, por outro lado, elas ganham perspectivas interessantes no centro.

13. ... gxh5
14. De2 0-0-0

A posição do Rei na ala da Dama ficará bastante segura, pois o Bispo das Brancas pode ser eliminado com facilidade.

15. 0-0-0!

Uma cilada muito bonita.

Posição após o 15º lance das Brancas.

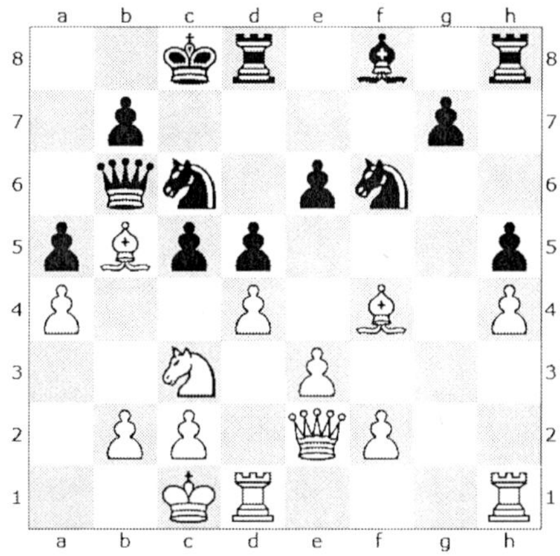

15. ... Bd6

As Pretas descobrem a tempo o plano sutil do adversário: 15. ... cxd4; 16. exd4, Cxd4; 17. Txd4, Dxd4; 18. Dxe6+, Cd7; 19. Dc6+, bxc6; 20. Ba6, mate. O lance do texto elimina completamente o perigo.

16. Bxd6 Txd6
17. bd3

As Brancas não avaliaram suficientemente as consequências desse lance; em particular, não imaginaram que o Cavalo não teria tempo de se estabelecer em b5, e, consequentemente, as Pretas obtêm uma vantagem significativa. Teria sido melhor 17. Bxc6, bxc6; 18. Thg1, Td7, etc., mas, mesmo assim, o jogo das Pretas continuaria superior.

17. ... c4!

Desalojando o Bispo e iniciando um ataque coordenado em ambas as alas.

18. Bg6

Naturalmente, não 18. Cb5, cxd3; 19. Cxd6+, Rd7; seguido de ...Rxd6, etc.

18. ... Ce7
19. Thg1 Db4
20. Rd2

Posição após o 20º lance das Brancas.

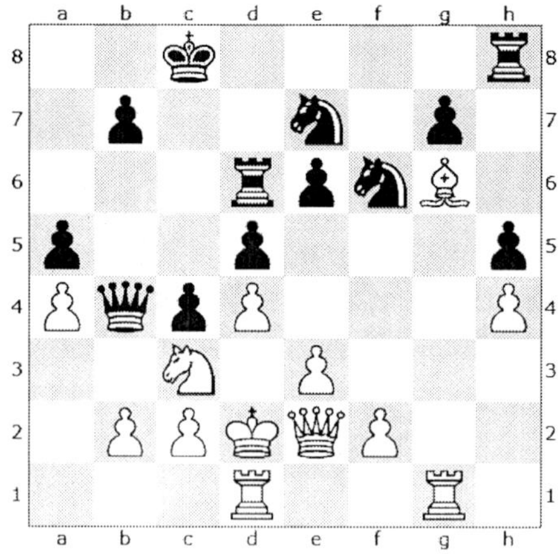

20. ... Tb6!

Uma resposta engenhosa à armadilha das Brancas no 15º lance. As Pretas, por sua vez, ameaçam mate com o sacrifício da Dama, um Roland para um Olivier! 21. ... Cxg6; 22. Txg6, Dxb2; 23. Tb1, Dxc3+; 24. Rxc3, Ce4, mate. Além disso, o lance do texto permite à Dama cooperar em uma ação decisiva contra o Bispo das Brancas.

21. f3

Escapando da ameaça.

21. … Th6
22. Bf7

Bispo em apuros, com apenas uma casa para se abrigar!

22. … Cf5
23. Dh2 De7
24. Cb5

Um lance desesperado. Após 24. Bg6, as Pretas venceriam imediatamente com 24. ... Cxh4, ameaçando, se 25. Dxh4, ganhar a Dama através de 25. ... Ce4+. Ao entregar o Bispo, as Brancas conservam uma vaga esperança de complicações caso a Dama alcance a casa b8.

24. … Dxf7
25. Ca7+ Rd7
26. Db8 Cd6

As Pretas poderiam continuar com 26. ... De8, mas o objetivo real, que conseguem alcançar, é a captura da Dama das Brancas.

27. Tg5 Cfe8
28. Tdg1 Tf6

Não, é claro, 28. ... Dxf3; devido a 29. Txg7+.

29. f4 g6
30. Rc1 Dh7
31. c3 Df7
32. Rb1 De7

Aproveitando-se do fato de que as Brancas não podem capturar o Peão g devido à cravada 33. ... Dh7.

33. Ra2 Tf8
34. Cb5 Cxb5
35. axb5 Cc7
36. Da7 Dd6

Se agora 37. Txg6, Cxb5; 38. Tg7+, Rc6; 39. Dxa5, Ta6, a Dama está perdida. As Brancas abandonaram.

JOGO 14

Defesa Siciliana

Brancas: A. Alekhine Pretas: O. Bernstein

1. e4 c5
2. Cf3 e6
3. Cc3

Agora estou convencido de que o melhor lance aqui é 3. Be2, permitindo jogar c4 se as Pretas adotarem a variante Paulsen (...a6, ...Dc7, etc.).

3. ... a6
4. d4 cxd4
5. Cxd4 Dc7

Essa defesa, adotada mais tarde com frequência por Saemisch, obriga as Brancas a jogarem com maior cautela.

6. Be2 Cf6
7. 0-0 Be7
8. f4 Cc6

Ameaçando 9. ... Cxd4; 10. Dxd4, Bc5, ganhando a Dama e, consequentemente, evitando 9. e5.

9. Rh1

Seria 9. Be3 mais simples? No entanto, o Rei está melhor posicionado em h1, e, em uma partida fechada como a Siciliana, a perda de tempo associada não traz grandes consequências.

9. ... d6
10. Bf3 Bd7
11. Be3 0-0
12. De2

Uma posição típica do Sistema Paulsen. No momento, as peças das Brancas possuem mobilidade superior, mas, em seguida, a coluna c aberta pode se tornar um fator decisivo favorável às Pretas.

12. ... Tac8

Teria sido preferível ocupar essa coluna com a Torre do Rei, pois a ala do Rei, no momento, não está ameaçada. Provavelmente, as operações das Pretas na ala da Dama seriam mais eficazes se apoiadas por ambas as Torres.

13. Df2

Um lance importante que previne 13. ... Ca5, ao qual as Brancas podem responder 14. Cxe6; e, se 14. ... fxe6, 15. Bb6, recuperando a peça. Dessa forma, as Pretas são obrigadas a perder tempo para permitir essa manobra do Cavalo da Dama.

13. ... b5
14. Cb3 Ce8

Após esse último lance, que fecha a Torre do Rei, a vantagem das Brancas se torna evidente. As Pretas não têm alternativa melhor do que reconhecer o erro no seu 12º lance, jogando 14. ... Tb8; seguido de 15. ... Tfc1. O lance ...Ce8 deveria ser realizado apenas em caso de absoluta necessidade.

15. Tad1 Tb8
16. Td2

Jogado em antecipação a 16. ... Ca5, pois as Brancas preveem o ataque a seguir. O lance do texto não tem como objetivo dobrar as Torres na coluna d; em vez disso, visa posteriormente defender o Peão a com a Torre do Rei.

16. ... Ca5
17. Cxa5 Dxa5

Posição após o 17º lance das Pretas.

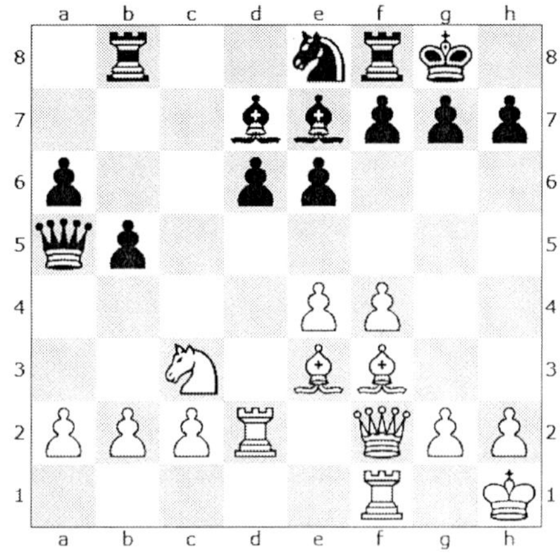

18. e5!

Com esse lance inesperado, as Brancas assumem a iniciativa. Seria desvantajoso para as Pretas responderem 18. ... d5 devido a:

I. 19. Bxd5!, b4; 20. Bb3, bxc3; 21. Txd7;
II. 19. Bxd5!, exd5; 20. Cxd5, Dd8; 21. Bc5, Bxc5; 22. Dxc5, e as Pretas não teriam defesa contra as várias ameaças;
III. 19. Bxd5!, exd5; 20. Cxd5, Bd8; 21. Bc5, Be6; 22. Bxf8, Rxf8; 23. Dc5+, Rg8; 24. f5, Bxd5; 25. Dxd5, com evidente vantagem posicional;
IV. 19. Bxd5!, exd5; 20. Cxd5, Bd8; 21. Bc5, Be6; 22. Bxf8, Rxf8; 23. Dc5+, Rg8; 24. f5, Bxf5; 25. b4, vencendo;
V. 19. Bxd5, exd5; 20. Cxd5, Bd8; 21. Bc5, Be6; 22. Bxf8, Rxf8; 23. Dc5+, Rg8; 24. f5, Dxd2; 25. fxe6, vencendo.

Por outro lado, o lance realmente escolhido é meramente uma improvisação, oferecendo ao Cavalo adversário uma casa particularmente útil.

18. ... b4
19. Ce4 d5

20. Cc5 Bb5
21. Ta1

Veja o comentário referente ao 16º lance.

21. ... Cc7

Através de uma demonstração enérgica, aproveitam imediatamente a manobra imprudente. Certamente teria sido melhor 16. ... Dd8 ou 16. ... Dc7, embora, em ambos os casos, a posição das Pretas permanecesse bastante precária.

Posição após o 21º lance das Pretas.

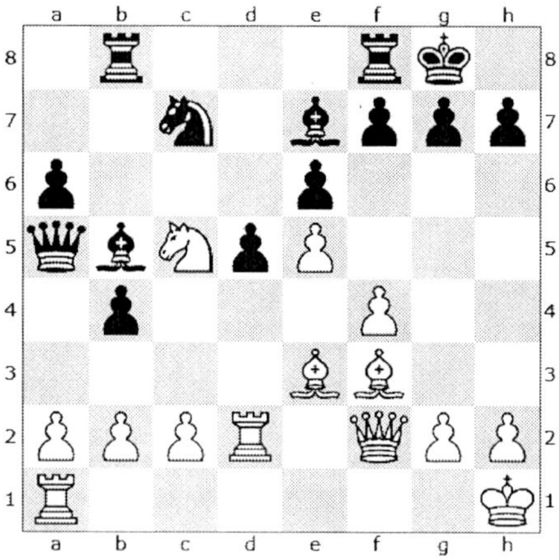

22. a4

Ameaçando ganhar a Dama através de 23. Nb3. As Pretas são obrigadas a se submeter à perda da qualidade, pois, após:

I. 22. ... bxa3; 23. Txa3, Db4; 24. c3, Dc4; 25. Be2, sua Dama está perdida; e, após:

II. 22. ... Bxc5; 23. Bxc5, Tfc8; 24. c3, Bxa4; 25. Bd1, bxc3; 26. b4, as Brancas vencem de maneira similar.

22. ... Bc4

As esperanças das Pretas de conseguirem alguma chance ainda residem em trazer o Cavalo a c4, após avançar o Peão a b3, mas as Brancas não lhes concedem tempo para consumar essa manobra.

23. Cd7

Não 23. b3, devido a 23. ... Bb5!, etc.

23. ... b3
24. Cxb8 Txb8
25. c3 Ca8
26. Be2

Preparando, em seguida, o ataque contra a posição do Rei das Pretas.

26. ... Tc8
27. f5 Bxe2
28. Txe2 Bc5
29. Tf1 Bxe3
30. Txe3 Db6
31. a5 Dc6
32. Tf3

Teria sido mais simples 32. f6, g6; 33. Dh4, De8; 34. Th3, h5; 35. Dg5, Df8; 36. Txh5, etc.

32. ... exf5
33. Txf5 Cc7
34. Txf7 Ce6

Posição após o 34º lance das Pretas.

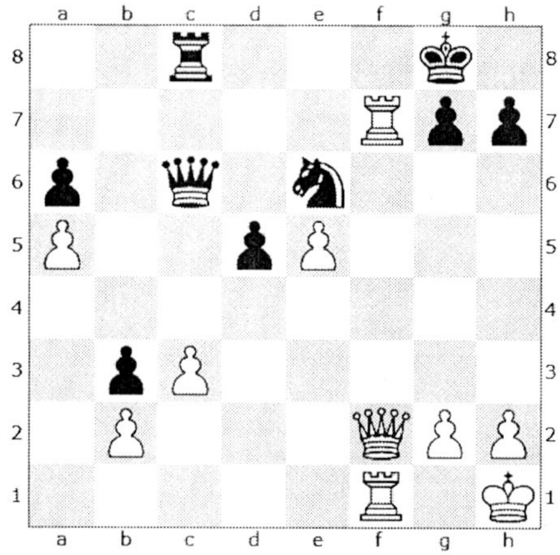

35. Da7!

Ameaçando 36. Txg7+, Cxg7; 37. Df7+, Rh8; 38. Df8+, Txf8; 39. Txf8, mate. Se, no entanto, as Brancas jogarem diretamente 35. Txg7+, então 35. ... Rxg7, e não há mais do que o empate.

35. ... h6
36. Te7 Dc4

As Pretas não possuem defesa adequada contra 37. Tff7.

37. Tff7 De4!

Dificultando o lance Txg7+ e ao mesmo tempo ameaçando ...d4!.

38. Dxa6 Tc6

A resposta a 38. ... Tc4 é 39. Dxe6!, etc.

39. Df1

Novamente ameaçando o lance Txg7+.

39. … Rh7
40. Tf6!

O golpe final, pois, se 40. ... Cd8, 41. Td6; e, se 40. ... Dxe5, 41. Dd3+, vencendo.

40. … d4
41. Tfxe6 Txe6
42. Txe6 dxc3
43. bxc3 b2
44. Tb6 Dc2
45. a6 Dc1
46. Dg1

As Pretas abandonaram.

JOGO 15

Abertura Ruy Lopez

Brancas: H. Levenfish

Pretas: A. Alekhine

1. e4 e5
2. Cf3 Cc6
3. bb5 a6

4. Ba4 Cf6
5. De2

O lance de Alapin. Sem ser ruim, ele dá às pretas várias maneiras de igualar a partida.

5. ... Be7

Igualmente bom é 5...b5, seguido de 6...Bc5 (ver a partida nº 16).

6. c3 d6
7. h3

Esse lance, que à primeira vista parece evitar a cravada do Cavalo do Rei após 7. ... Bg5, faria sentido se as Brancas tivessem em mente jogar d4, o que exige a livre movimentação do Cavalo. Contudo, como veremos mais adiante, as Brancas apenas jogaram d3, tornando essa medida de precaução desnecessária. O lance teria mais lógica depois de ...Bg5, quando as intenções do Bispo já estivessem mais claras.

7. ... Bd7
8. d3 0-0
9. Bc2

Para evitar a possível ameaça de ...Cd4, e continuidades semelhantes.

9. ... Rh8!

A maneira cautelosa com que as Brancas conduziram a abertura permitiu às Pretas elaborar de imediato um plano de ataque.

10. 0-0 Cg8

Jogada aparentemente feita para prosseguir com ...c5. As Brancas se antecipam a essa possibilidade colocando a Torre na coluna e, dessa forma, buscam obter compensação central por meio de d4.

11. Te1 De8

As Pretas seguem na direção de seu objetivo oculto.

12. d4 f6!

De acordo com o princípio de que o avanço em uma das alas só deve ocorrer após a estabilização da posição central.

13. Cbd2

Posição após o 13º lance das Brancas.

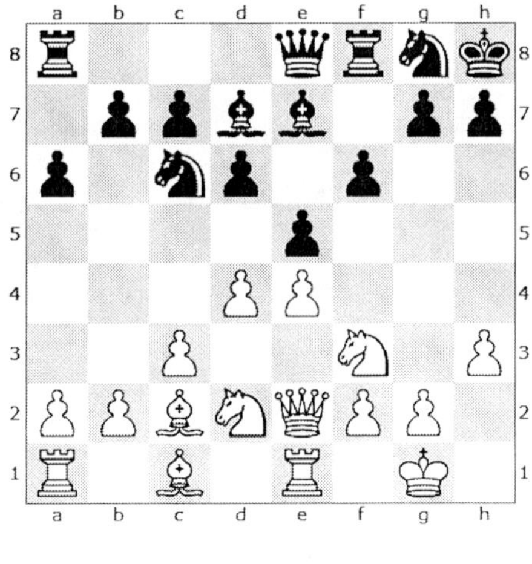

13. ... g5!

A reação lógica contra 7. h3 (ver também a Partida 18). A abertura da coluna g após 14. ... g4, 15. hxg4, Bxg4 seria, evidentemente, favorável às Pretas. Para neutralizar essa ameaça, as Brancas são obrigadas a enfraquecer ainda mais a posição de seu Rei.

14. d5

Após 14. g4, a5!, as Brancas ainda seriam obrigadas a bloquear o centro.

14. … Cd8

A inatividade do Cavalo e do Bispo do Rei constitui o único defeito na posição das Pretas.

15. g4 h5
16. Ch2 Ch6
17. Cdf1

Posição após o 17º lance das Brancas.

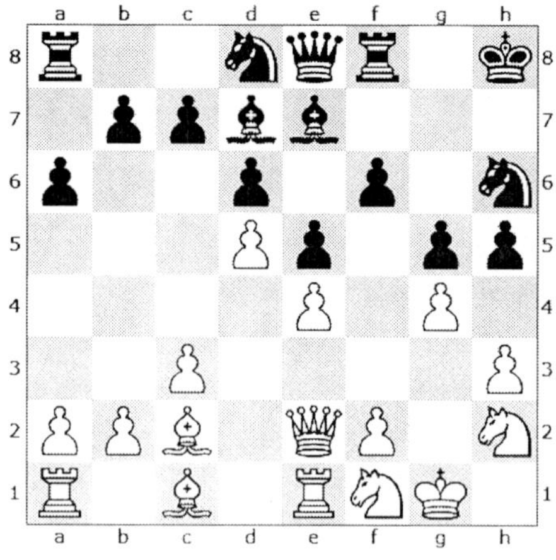

17. ... c6!

Tomando a iniciativa também na ala da Dama, as Pretas ainda aprimoram seu jogo em seguida, por exemplo:

I. 18. c4, b5; 19. b3, Cb7; 20. Be3, cxd5; 21. cxd5, Tc8, seguido por ...Cc5, etc.;

II. 18. Ce3, hxg4; 19. hxg4, cxd5; 20. Cxd5, Ce6, seguido por ...Cf4, etc.

18. Cg3

Uma tentativa frustrada de forçar a troca ou obrigar o avanço do Peão h das Pretas.

18. ... cxd5
19. exd5 Df7!

Posição após o 19º lance das Pretas.

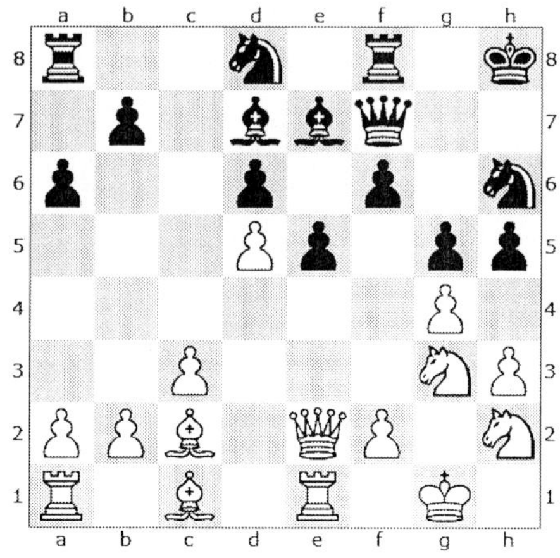

Ganhando um tempo importante, que permitirá às Pretas, com as Brancas defendendo seu Peão d, romper o centro por meio de ...f5, por exemplo: 20. c4, hxg4; 21. hxg4, f5; 22. gxf5, Cxf5; 23. Cxf5, Bxf5; 24. Bxf5, Dxf5, etc., com vantagem das Pretas. As Brancas preferem evitar essa ameaça por meio de uma manobra, cujo defeito é o enfraquecimento considerável da casa f5 e, consequentemente, do Peão que ocupa essa casa.

20. Cf5 Cxf5
21. Bxf5

Da mesma forma, após 21. gxf5, a resposta 21. ... Dh2 seria muito forte.

21. ... Bxf5
22. gxf5 Dh7
23. De4 Cf7
24. Cf1 Ch6
25. Ce3 Tg8
26. Rg2

Antecipando a ameaça 26. ... g4 e 27. ... g3, etc.

26. ... Bd8!

A entrada deste Bispo no jogo marca o ponto de virada. As Pretas agora ameaçam 27. ... b5, seguido de 28. ... Cb6, etc.

27. a4 a5

Assegurando a diagonal a7-g1 para o Bispo. Ao tentar contra-atacar a ameaça ...Bb6 e ...Bc5, as Brancas permitem ao adversário adotar uma linha de jogo diferente, que conduz a uma vitória fácil.

28. b4 axb4
29. cxb4 Bb6
30. Cc4

Esse lance, cujo objetivo é sacrificar duas peças em troca de uma Torre, representa a melhor chance das Brancas, podendo ser refutado apenas por meio de um jogo enérgico. Se 30. Tf1, as Pretas venceriam facilmente por 30. ... g4; 31. h4, Bxe3; 32. fxe3, g3, seguido de ... Cg4.

30. ... Bd4
31. Bb2 Tac8

As Pretas também podem jogar 31. ... Bxb2, seguido de ... Cxf5, mas o lance do texto se mostra mais decisivo.

32. Tac1 Txc4
33. Txc4 Bxb2
34. Dc2

As Brancas basearam suas esperanças nessa posição ao sacrificarem uma peça. De fato, após 34. ... Bd4; 35. Tc7, Tg7; 36. Txg7, Dxg7; 37. Dc8+, Rh7; 38. Dc1, etc., elas ainda tinham algumas chances.

Posição após o 34º lance das Brancas.

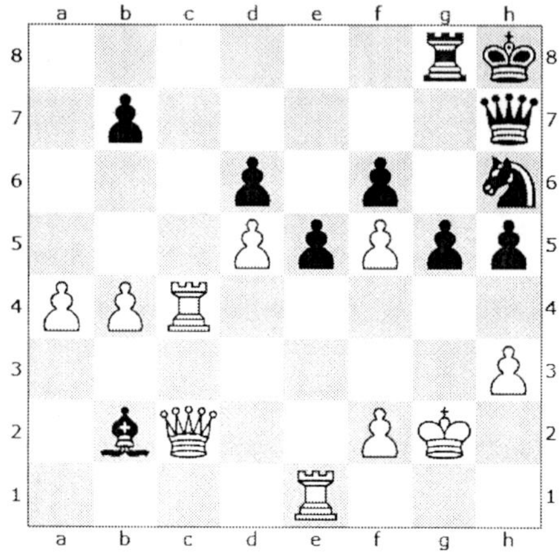

34. … Cxf5!

Início do fim. Se as Brancas tivessem capturado o Bispo, as Pretas venceriam por 35. ... Ch4+; 36. Rh1, Dd3; 37. Tc3, Dxd5+; 38. f3, Cxf3.

35. Tc7 Dg6

Se agora 36. Dxb2, h4, as Pretas vencem.

36. Tc8 g4

O começo da combinação de mate.

37. Txg8+ Rxg8
38. Dxb2

Ou 38. Dc8+, Rh7; 39. Dxb7+, Rh6, vencendo.

38. ... gxh3+
39. Rxh3

A ida do Rei para f1 permitiria o belo final a seguir: 39. Rf1, Dg2+; 40. Re2, De4+; 41. Rd2, Dxe1+, seguido de ...h2. Após o lance do texto, as Pretas anunciam mate em cinco lances, como segue:

39. ... Dg4+
40. Rh2 Ch4
41. f4 Cf3+
42. Rh1 Dh3+
43. Dh2 Dxh2#

CAPÍTULO 6

TORNEIO QUADRANGULAR DE MESTRES - SÃO PETERSBURGO ABRIL DE 1913

JOGO 16

Abertura Ruy Lopez
Brancas: A. Alekhine
Pretas: O. Duras

1. e4 e5
2. Cf3 Cc6
3. Bb5 a6
4. Ba4 Cf6
5. De2 b5

Esse lance, em conjunto com o seguinte, oferece às Pretas o método mais simples de igualar a partida.

6. Bb3 Bc5
7. a4!

A abertura da coluna a representa o grande momento dessa variante. As Pretas não conseguem impedir isso, por exemplo: 7. ... b4; 8. Bxf7+, Rxf7; 9. Dc4+, d5; 10. Dxc5, Dd6; 11. Dxc6!.

7. … Tb8
8. axb5 axb5
9. d3

Após 9. Cc3, as Pretas poderiam simplesmente rocar, pois após 10. Cxb5, d5! obteriam um ataque completamente equivalente ao Peão sacrificado. Depois do lance do texto, as Brancas podem eventualmente jogar c3 e trazer seu Cavalo para e3 ou g3, via d2 e f1.

9. ... d6
10. Be3 Bg4

Aqui, as Pretas poderiam ter obtido um jogo igual ao forçar a troca da única peça bem posicionada das Brancas - o Bispo do Rei - por meio de 10. ... Be6. É claro que as Brancas não obteriam vantagem alguma ao trocar em e6 e c5, pois as Pretas passariam a comandar o centro, graças à sua estrutura de Peões e às duas colunas abertas.

11. h3 Bh5

Consequente, mas não o melhor. 11. ... Be6 seria agora até preferível e teria provocado variantes semelhantes às resultantes do desenvolvimento imediato do Bispo em e6.

12. Cbd2 0-0
13. 0-0 Cd4

Essa oferta de troca é prematura e, como veremos, concede às Brancas uma vantagem posicional acentuada. Relativamente melhor teria sido 13. ... De7, seguido de ... C-d8-e6, embora, em qualquer caso, as Pretas permaneçam com jogo inferior.

14. Bxd4 Bxf3

Forçado, pois de outra forma o Bispo das Pretas estaria em perigo, por exemplo: 14. ... Bxd4; 15. g4, Bg6; 16. Cxd4, exd4; 17. f4, etc., ou 14. ... exd4; 15. g4, Bg6; 16. Ch4, seguido de f4, com vantagem das Brancas em ambos os casos.

15. Cxf3 exd4

Posição após o 15º lance das Pretas.

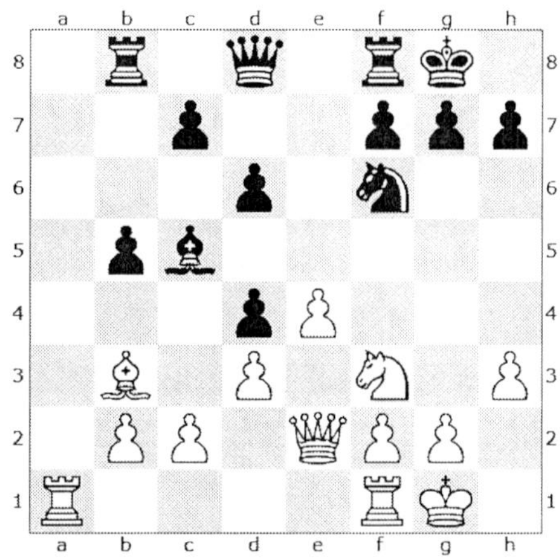

16. e5!

Início de um forte ataque contra a casa f7, enfraquecida pela troca prematura do Bispo do Rei das Pretas. Além disso, é interessante notar a importância da coluna a aberta para o ataque das Brancas.

16. ... De7

Além desse lance e da sequência que ele implica, as Pretas tinham a escolha entre duas linhas de jogo:

I. 16. ... dxe5; 17. Dxe5, Dd6; 18. Dxd6, cxd6; 19. Tfe1, com vantagem das Brancas; ou

II. 16. ... Te8; 17. e6!, fxe6; 18. Bxe6+, Rf8 (se 18. ... Rh8, 19. Cg5); 19. b4!, Bxb4 (se 19. ... Bb6, 20. Tfe1, etc.); 20. Cxd4, Tb6!; 21. Df3!, Bc3; 22. Cc6!, Txc6; 23. Dxc6, Bxa1; 24. Txa1, e as Brancas têm jogo melhor.

17. Tfe1 Tbe8
18. Dd2 dxe5

Forçado, pois e6 estava ameaçado.

19. Txe5 Dd6
20. Dg5!

Forçando a troca em seguida, o que traz o Cavalo para uma ação decisiva.

20. ... Txe5

É claro que 20. ... h6 não produziria efeito algum após 21. Df5.

21. Cxe5

Já ameaçando mate após Cxf7.

21. ... Db6

Relativamente, o melhor. 21. ... Cd7 não seria suficiente, por exemplo: 22. Cxf7, Txf7; 23. Ta8+, Cf8; 24. Df5, De7; 25. Bxf7+, Dxf7; 26. Dxc5, vencendo. O lance do texto elimina a ameaça imediata, pois agora 22. Df5 é insuficiente como preparação para o sacrifício do Cavalo, já que as Pretas poderiam organizar uma nova posição defensiva por meio de 22. ... g6, seguido de ... Cg7, etc.

22. g4!

Mas essa preparação um tanto oculta para o sacrifício do Cavalo funciona imediatamente, pois as Pretas são obrigadas a dar uma resposta que tornará sua posição ainda mais precária.

22. ... Bd6

Se 22. ... g6, então 23. Dh6, ameaçando tanto Cxf7 quanto Ta8; e se 22. ... Be7, 23. Cd7! Cxd7; 24. Dxe7, Dd6; 25. Dxd6, cxd6; 26. Ta5, Tb8; 27. Ta7, Td8; 28. Tb7, vencendo.

Posição após o 22º lance das Pretas.

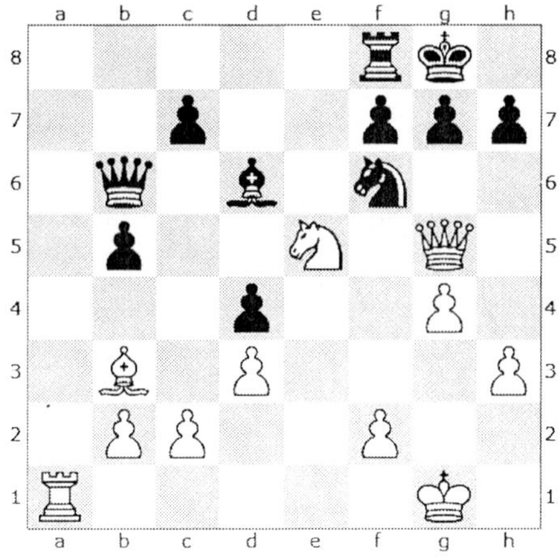

23. Cxf7! Txf7
24. Df5!

O ponto da manobra iniciada com 22. g4!. Contra a dupla ameaça de 25. Bxf7+, seguido de 26. g5, ou mesmo 25. De6, as Pretas não possuem defesa.

24. ... g6

Se 24. ... Dc6; 25. g5, Dd7; 26. Bxf7+, Rxf7 (se 26. ... Dxf7, 27. gxf6); 27. Df3, e as Brancas vencem.

25. De6 Rg7
26. Dxf7+ Rh6
27. Be6!

As Pretas abandonaram.

JOGO 17
Abertura Ruy Lopez
Brancas: E. Znosko-Borovsky
Pretas: A. Alekhine

1. e4 e5
2. Cf3 Cc6
3. Bb5 a6
4. Ba4 d6
5. d4 Bg4

O lance 5. Bd2 é mais preciso. A variante do texto, aperfeiçoada por Marshall, não oferece perspectivas favoráveis às Pretas, pois, como na célebre partida Réti–Spielmann (Berlim, 1920), as Brancas podem adotar a continuação 6. d5, b5; 7. dxc6, bxa4; 8. c4!.

6. Bxc6+

As brancas também obtêm um bom jogo através desse lance, mas permitem às pretas algumas contrachances.

6. ... bxc6
7. dxc5 dxc5
8. De2

Após a troca das Damas, as pretas defenderiam seu peão com 8. ...Txd8, criando a ameaça de mate caso as brancas joguem 9. Cxe5.

8. ... Bd6
9. Be3 Ce7
10. h3 Bh5
11. Cbd2 0-0

As Pretas poderiam igualar com 11. ... f6, preparando a retirada do Bispo para f7 se necessário. No entanto, acreditavam que as Brancas não teriam tempo suficiente para intensificar a pressão na ala do Rei, devido ao contra-ataque das Pretas na ala oposta e no centro.

12. g4 Bg6
13. h4

Se 13. Ch4, Cd5!; 14. Cxg6, Cxe3; 15. Dxe3, fxg6, as Brancas teriam boas perspectivas.

13. ... f6
14. h5 Bf7
15. Ch4 Db8!

A Dama das Pretas entra em jogo de forma muito eficaz por esse ponto de saída.

16. b3 Db4!
17. f3

A abertura da coluna g aqui não surtiria efeito: 17. Cf5, Cxf5; 18. gxf5, Dc3!; e, para evitar a perda do Peão c sem compensação, as Brancas teriam de rocar para a ala da Dama, onde o adversário aplicaria mate em dois lances por 19. ... Ba3+.

Posição após o 17º lance das Brancas.

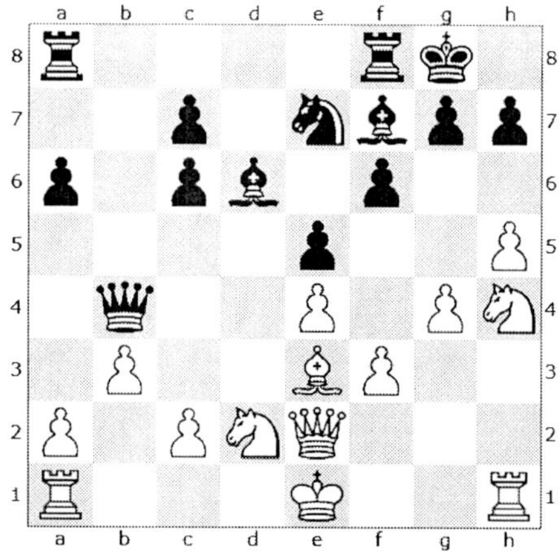

17. Tfd8!

Mais forte do que 17. ... Dc3, pois as Brancas obteriam equivalência posicional suficiente pelo Peão sacrificado, por 18. Rf2!, Dxc2; 19. Thc1, Db2; 20. Cc4, Dxe2+; 21. Rxe2, etc.

18. Rf2

Após 18. 0-0, a resposta 18. ... Bc5 ainda seria forte.

18. ... Bc5

19. Tbd1 Td6
20. Cf1 Tad8
21. Bxc5 Dxc5+
22. Ce3 Dc3!

Forçando o desdobramento do Peão c, removendo assim a única fraqueza da posição.

23. Txd6

Se 23. Cf1, as Pretas responderiam simplesmente 23. ... a5, e as Brancas só poderiam adiar a troca das Torres, que ocorreria mais cedo ou mais tarde.

23. ... cxd6
24. Td1 d5!

O lance mais enérgico. Ao trocar o peão, as pretas obtêm um forte peão passado no centro e, além disso, o peão 'a' das brancas torna-se um alvo evidente de ataque.

25. Dxa6 d4
26. Cef5

Como esse Cavalo não pode mais ser assistido pelas outras peças, sua incursão em c5 perde muita da sua eficácia.

26. ... Cxf5

27. Cxf5 Dxc2+
28. De2 Dc5
29. Dd3

O lance 29. Dd2! seria ligeiramente melhor, criando a dupla ameaça 30.Tc1 seguida de Txc6 e Ce7+, e também 30. g5. Contudo, nesse caso as Pretas ainda garantiriam uma vantagem posicional com 29. ... Df8!.

29. ... Be6

Para poder desalojar o Cavalo, se necessário, com g6, mas as Brancas preferem retirá-lo por conta própria para manter a defesa de sua ala esquerda seriamente enfraquecida.

30. Cg3 Ta8
31. Td2 Db4!
32. Tc2 c5
33. Cf1

Posição após o 33º lance das Brancas.

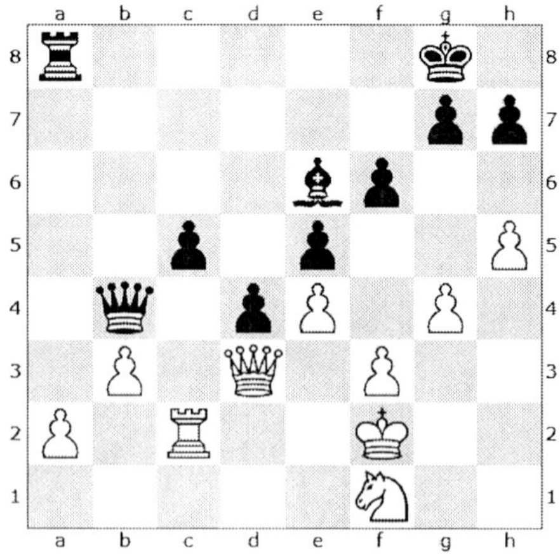

33. ... c4!

Este sacrifício temporário de Peão permitirá que as peças Pretas penetrem no campo inimigo e cooperem em um ataque direto contra o Rei das Brancas, ataque que se tornará irresistível graças ao peão passado, que fixa as peças das Brancas na outra ala.

34. bxc4 Ta3
35. Dd2 Dc5
36. Rg3

Após 36. Rg2, Bxc4, as Pretas ameaçaram capturar o Cavalo dando xeque.

36. ... Bxc4
37. Dc1 Tc3!
38. Txc3 dxc3
39. Ce3

Diretamente enfrentando a ameaça ...Dg1+.

39. ... Bxa2
40. Dc2 Be6
41. Cd1

As Pretas também conquistariam a vitória com facilidade graças ao seu Peão passado.

41. ... Dg1+
42. Rh4 g5+!

Juntamente com o lance seguinte, este é o caminho mais rápido para a vitória.

43. hxg6

Posição após o 43º lance das Brancas.

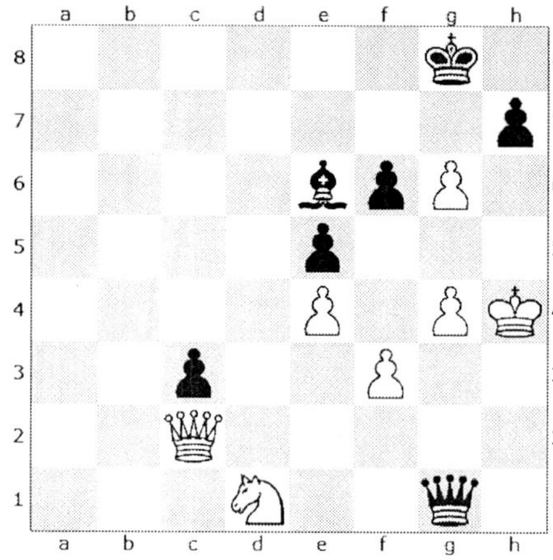

43. ... h5!

Esse Peão passa a participar do ataque e decide completamente o resultado. As Brancas estão indefesas diante da ameaça 44. ... Dh1+; 45. Rg3, h4+; 46. Rf2, Dh2+. Por outro lado, 43. ... hxg6 não teria sido tão eficaz, pois as Brancas ainda poderiam se defender com 44. De2!; Rg7; 45. Rh3!.

44. Ce3 Dxe3
45. Da4 Df2+
46. Rh3 h4
47. De8+ Rg7
48. De7+ Rxg6

As Brancas abandonaram.

CAPÍTULO 7

TORNEIO INTERNACIONAL EM SCHEVENINGEN AGOSTO DE 1913

JOGO 18

Abertura Ruy Lopez

Brancas: A.G. Olland

Pretas: A. Alekhine

1. e4 e5
2. Cf3 Cc6
3. Bb5 Cd4

Essa variante antiga não é inteiramente correta do ponto de vista teórico. A melhor linha para as Brancas parece ser 4. Cxd4, exd4; 5. 0-0, c6; 6. Bc4, Ce7 (6. ... g6); 7. d3, seguida de 8. c3!.

4. Be2

O fato de as Brancas cederem o par de Bispos ao adversário no início da partida certamente não visava refutar a variante de Bird, já que não obtêm a menor compensação.

4. ... Cxe2
5. Dxe2 d6
6. c3

Mesmo 6. d4 não força as Pretas a cederem o centro, pois após 6. ... c6!; 7. dxe5, dxe5, seu Peão estaria protegido pela ameaça ...Da5+.

6. ... c6
7. d4 Dc7
8. Be3 Cf6
9. Cbd2

As Brancas agora desenvolveram todas as suas peças menores, mas dispõem de uma zona de ação bastante limitada, enquanto as casas brancas permanecem fracas devido à troca prematura do Bispo do Rei. Por isso, as Pretas já possuem o melhor jogo.

9. ... Be7
10. h3

Para restringir a ação do Bispo da Dama das Pretas. No entanto, como a experiência há muito tempo mostra, o avanço do Peão h facilita ao adversário a criação de um ataque direto ao Rei.

10. ... b6!

Com o duplo objetivo de abrir a diagonal a6-f1 para o Bispo da Dama e, caso essa diagonal seja obstruída, bloquear o centro antes de iniciar operações na ala do Rei. A validade desse plano se torna evidente ao longo da partida.

11. 0-0 a5
12. c4

Se 12. Tfe1, as Pretas se contentariam com ...Ba6, seguido de ...Dd7, enquanto agora avaliam a oportunidade de iniciar o ataque planejado.

12. ... c5!
13. d5

A abertura da coluna d mostraria claramente favorável às Pretas.

13. ... h6!
14. a3

Um contra-ataque na ala oposta. Não é difícil prever que ele não se concretizará tão rapidamente quanto o ataque direto das Pretas contra o Rei adversário.

14. ... g5
15. b4

Se 15. Ch2, então 15. ... h5; 16. Bxg5, Cxd5; 17. Bxe7, Cf4! etc., oferecendo boas chances de ataque.

15. ... g4
16. hxg4 Bxg4
17. bxc5 bxc5
18. Dd3 Dd7!

A sequência combinativa das Brancas poderia ser evitada com 18. ... Dc8, mas as Pretas, avaliando corretamente a posição, optam ao contrário por provocá-la.

19. Bxc5!

Engenhoso e aparentemente correto, pois após 19. ... dxc5; 20. Cxe5 seguido de f4, os Peões das Brancas se tornaram formidáveis. Infelizmente para as Brancas, as Pretas não eram de forma alguma obrigadas a aceitar o sacrifício.

19. ... Bxf3

Não seria correto 19. ... Thg8, as Brancas poderiam responder de forma muito enérgica com 20. Cxe5!, deixando a Dama das Pretas sem o recurso de ocupar a casa g4. Com o lance do texto, as Pretas preservam essa opção.\

20. Cxf3

Posição após o 20º lance das Brancas.

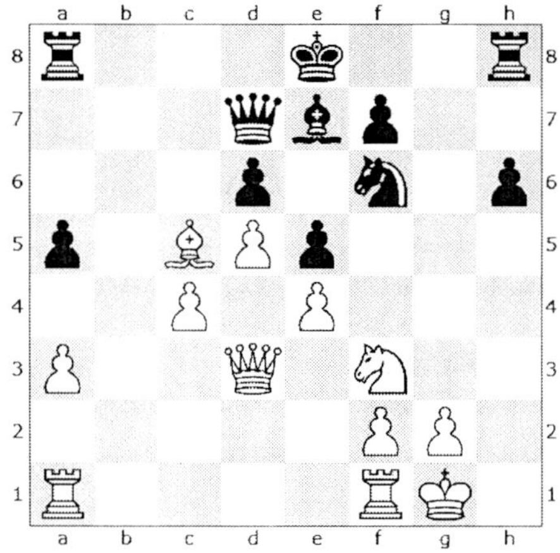

20. … Tg8!

A recusa tranquila do Presente de Grego evidencia de forma marcante a superioridade da posição das Pretas.

Se 21. Be3 (21. Bb6, Ra6!), as Pretas prosseguiriam o ataque da seguinte maneira: 21. ... Txg2+; 22. Rxg2, Dg4+; 23. Rh2, Dxf3; 24. Tg1, Cg4+; 25. Txg4, Dxg4; 26. Tg1, Dh5+; 27. Rg2, f5!; 28. exf5, Rf7, após o que a posição das Brancas rapidamente se tornaria insustentável.

É por isso que as Brancas preferem, através de um novo sacrifício, obter dois Peões passados centrais, cujo avanço certamente ameaça tornar-se muito perigoso.

21. Cxe5 dxe5
22. Bxe7 Dg4!

Era crucial não dar às Brancas o tempo necessário para jogar f3, permitindo assim que defendessem o Peão g com a Torre. Isso tornaria a continuação do ataque muito mais difícil para as Pretas.

23. g3 Rxe7
24. d6+ Rf8
25. Tfe1 h5!

Esse avanço do Peão h chega no momento certo para frustrar as intenções do adversário.

26. Tad1

Ameaçando 27. d7, seguido de Dd6+ e Dxe5, etc.

26. … Td8
27. c5 h4
28. Te3 hxg3
29. fxg3

Ou 29. Txg3, Dxe4, e as Brancas venceriam com facilidade.

29. … Ch5

Posição após o 29º lance das Pretas.

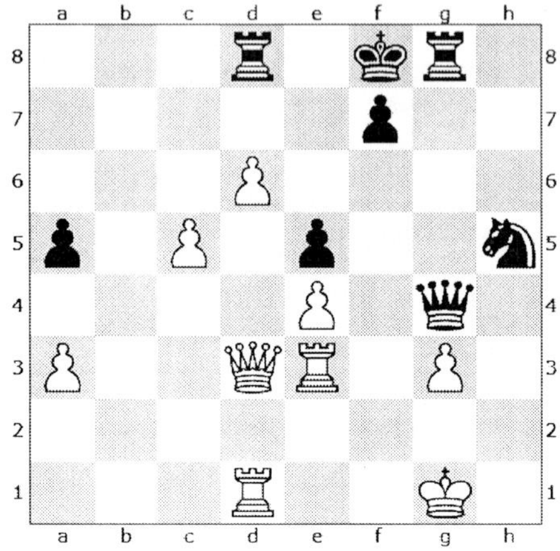

30. d7

Não há mais o que fazer. Por exemplo, se 30. Td2, Dh3; 31. Tg2, Dxg2+, e se 30. Rf2, então 30. ... Tg6!, etc. Contudo, o lance do texto perde ainda mais rapidamente.

30. ... Cxg3
31. Dd6+ Rg7
32. Dxe5+ Rh7
33. Rf2 Dxd1
34. Txg3 Dd2+
35. Rf1 Txg3
36. Df5+ Tg6
37. c6 Dc1+

As Brancas abandonaram.

JOGO 19

Abertura do Centro

Brancas: J. Mieses

Pretas: A. Alekhine

1. e4 e5
2. d4 exd4
3. Dxd4

É bastante evidente que um deslocamento precoce da Dama não proporciona qualquer vantagem. No entanto, as Pretas precisam jogar com precisão para impedir que o adversário inicie um ataque na ala do Rei ou até mesmo no centro. Para isso, sem dúvida, a Dama das Brancas posicionada em g3 (via e3) exercerá pressão sobre a ala da Dama das Pretas, caso elas venham a rocar para esse lado.

3. … Cc6
4. De3 Be7

As Pretas também poderiam ter jogado ...Cf6, pois a seguinte variante é apenas um blefe e acabaria favorecendo eventualmente as Pretas: 4. ... Cf6; 5. e5, Cg4; 6. De4, d5; 7. exd6+, Be6; 8. Ba6 (ou 8. dxc7, Dd1+!); 8. ... Dxd6; 9. Bxb7, Db4+; 10. Dxb4, Cxb4.

5. Bd2 Cf6
6. Cc3 0-0
7. 0-0-0 d5

Esse avanço, que à primeira vista parece um pouco arriscado devido à posição da Torre da Dama das Brancas, permitirá, ao contrário, que as Pretas obtenham o máximo proveito desse desenvolvimento. O lance 7. ... d6 resultaria em um jogo quase fechado, dando às Brancas tempo para completar o desenvolvimento que haviam negligenciado.

8. exd5 Cxd5
9. Dg3 Bh4!

Fornecendo uma defesa imediata contra a ameaça 10. Bh6, sem perder tempo. Agora, a vantagem das Pretas se torna evidente.

10. Df3 Be6

O sacrifício iniciado por esse lance é cheio de promessas e, ao mesmo tempo, praticamente sem risco, pois as Pretas manteriam a equivalência material com a Dama. No entanto, teria sido mais lógico seguir a variante: 10. ... Cxc3; 11. Bxc3, Dg5+; 12. Bd2 (em vez de 12. ... Df5); 12. ... Dc5!; 13. Be3, Da5, garantindo às Pretas uma posição dominante sem as complicações que exigem cálculo exato.

11. Be3!

Chamando a combinação seguinte, pois 11. ... Cce7 seria ruim por causa de 12. Cxd5, seguido de 13. Dh5 e 14. c4.

Posição após o 11º lance das Brancas.

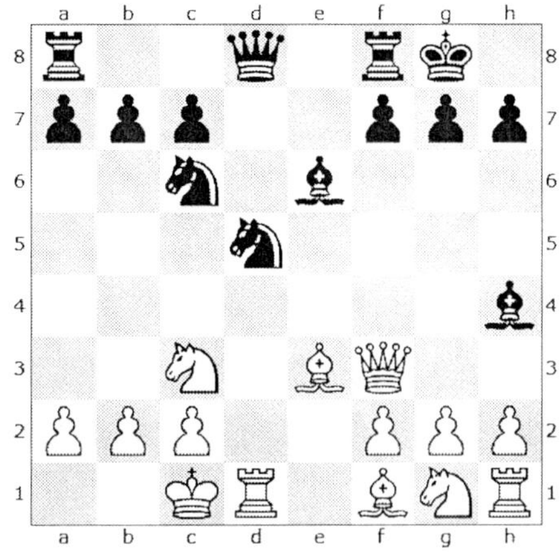

11. ... Cxc3!

As Pretas obtêm Torre, Cavalo e Peão pela sua Dama, mantendo ainda a posição superior. O sacrifício, portanto, está totalmente justificado. Muito menos eficaz seria 11. ... Ccb4; 12. a3, Cxc3; 13. Txd8, Cba2+; 14. Rd2, Cb1+; 15. Re1, deixando os dois Cavalos das Pretas em uma situação quase tragicômica.

12. Txd8 Cxa2+
13. Rb1 Taxd8
14. Be2 Cab4
15. Ch3 Tfe8

Essencial como fundamento para as combinações que se seguem.

16. Cf4

Não seria mais adequado 16. Td1, Bd5; 17. Dh5, Bf6, já que as Pretas passam a ameaçar 18. ... Be4.

Posição após o 16º lance das Brancas.

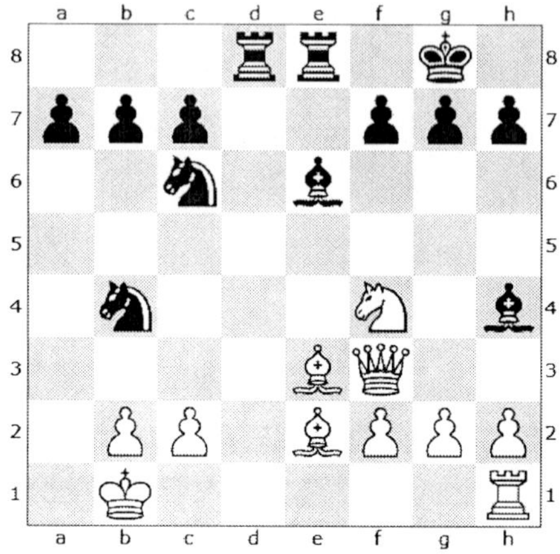

16. ... Bf5
17. Tc1 g6

Preparando a combinação ...Cxc2 seguido de ...Cc6b4, que neste momento ainda não seria suficiente, por exemplo: 17. ... Cxc2; 18. Txc2, Cb4; 19. Cd3, Te4; 20. Cxb4!, etc.

18. g4

Com o objetivo de trocar o perigoso Bispo das Pretas.

18. ... Be4
19. Dh3 Bf6
20. Bf3

As Brancas parecem agora capazes de dividir suas forças; ainda assim, a posição das Pretas continua muito sólida, mesmo após a troca inevitável.

20. ... Bxf3
21. Dxf3 Ce5
22. De2

É evidente que capturar o Peão b resultaria em uma rápida desintegração, graças à ação combinada do Bispo do Rei e da Torre da Dama, esta última ocupando a coluna b aberta.

Posição após o 22º lance das Brancas.

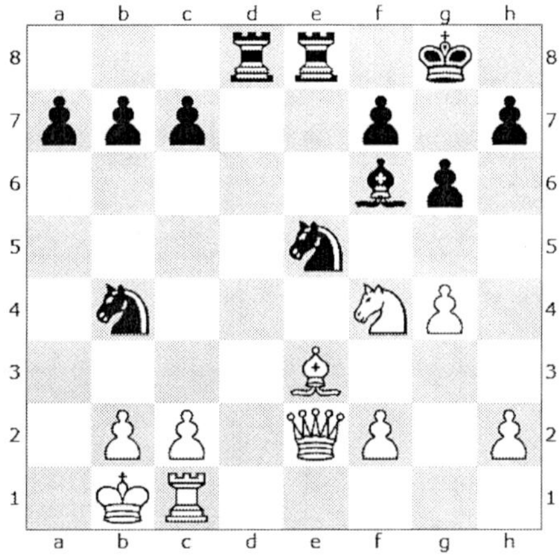

22. ... c5!

Um lance de grande importância, que renova o vigor do ataque das Pretas. As Brancas ameaçam particularmente forçar simplificações posteriores através de 23. f3, Cbd3; 24. Cxd3, Cxd3; 25. Td1, etc.

Com o último lance, as Pretas frustram esse plano e, se necessário, planejam colocar o Cavalo em d3 via ...c4, etc. Como as Brancas não podem responder 23. Bxa7 devido a 23. ... Ce5d3; 24. Dxe8, Txe8; 25. Cxd3, Cc6, etc., enfraquecendo sua ala direita, precisam tentar um contra-ataque ao qual as Pretas não concedem tempo para desenvolvimento.

23. Tg1 c4
24. h4 Cd5

As complicações renovadas decorrentes desse lance exigem um cálculo extremamente preciso.

25. Cxd5 Txd5
26. f4

Se 26. g5, Bg7; 27. Td1, Tb5; 28. Bd4, Te6, etc., também seria favorável às Pretas.

26. ... Cd3!

As Pretas aproveitam imediatamente o enfraquecimento do Bispo provocado por 26. f4.

27. Df3

Se as Brancas capturassem o Cavalo, a sequência seria 27. cxd3, Txd3; 28. Tg3, Bd4!; 29. Dc2 (não 29. Dxd3, cxd3; 30. Bxd4, Te1+; 31. Ra2, d2!, vencendo); 29. ... Bxe3; 30. Dxc4, Ted8, com posição superior para as Pretas. No entanto, essa linha ainda é mais favorável do que a escolhida pelas Brancas, após a qual as Pretas podem forçar a vitória com um novo sacrifício.

Posição após o 27º lance das Brancas.

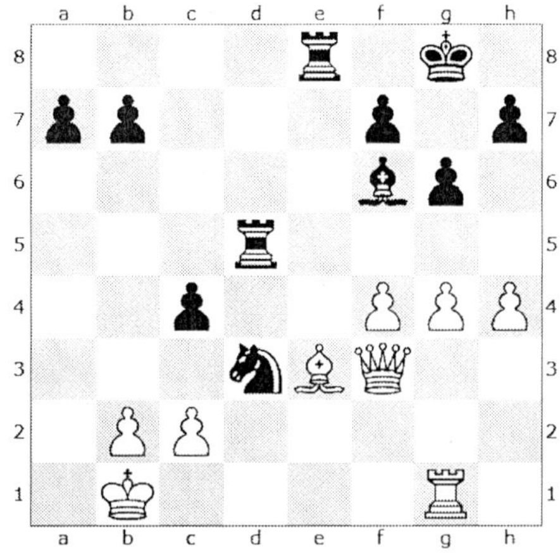

27. ... Tb5!

Decisivo! Agora as Brancas são obrigadas a capturar o Cavalo, pois após 28. b3, Ta5; 29. cxd3, as Pretas forçariam a vitória com 29. ... cxb3; 30. Rc1, Bc3; 31. Rd1, Ta1+, etc. Uma posição curiosa, em que, embora as Pretas possuam apenas uma Torre contra a Dama, as Brancas não têm recursos de defesa.

28. cxd3 Txb2+
29. Rc1 cxd3
30. Rd1

A sequência 30. Rg2, Rc8+; 31. Kd1 seria apenas uma inversão dos lances.

30. ... Tc8!

Posição após o 30º lance das Pretas.

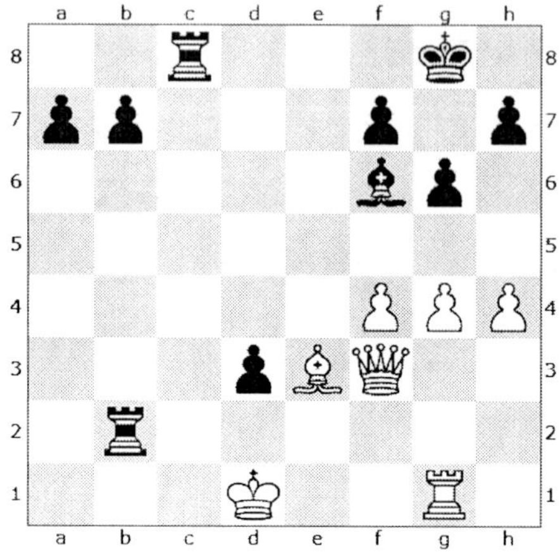

Contra a ameaça 31...Rcc2, a única defesa das Brancas seria 31. Rg2. No entanto, esse não seria suficiente para forçar o empate, apesar da opinião de muitos críticos da época. Nesse caso, as Pretas venceriam da seguinte maneira: 31...Tb1+; 32. Rd2, Tb3; 33. Rd1 [ou 33. Re1, Tc1+; 34. Rf2 (34. Bxc1, d2+) 34...Bxh4+]; 33...Bc3!; 34. Bc1, Bb4!, e as Brancas não teriam defesa contra as ameaças 35...d7 e 35...Tb1. Essa análise confirma a precisão do sacrifício iniciado em 11 e a solidez da combinação final.

31. g5 Tcc2!
32. Re1 Tb1+
33. Dd1 Bc3+

As Brancas abandonaram.

CAPÍTULO 8

TORNEIO RUSSO DE MESTRES
SÃO PETERSBURGO, JANEIRO DE 1914

JOGO 20

Abertura Ruy Lopez

Brancas: A. Alekhine

Pretas: H. Levenfish

1. e4 e5
2. Cf3 Cc6
3. Bb5 a6
4. Ba4 Cf6
5. De2 Be7
6. c3 b5
7. Bb3 0-0

Um lance pouco comum. A linha mais tradicional de jogo, iniciando com 7. ... d6, continua sendo a escolha mais sólida para as Pretas.

8.a4

Mas as Brancas não escolheram a continuação mais forte, permitindo assim que as Pretas igualassem o jogo. A melhor opção teria sido 8. d4 (não 8. Bd5, devido a 8. ... Bd6!), 8. ... d6 (ou 8. ... exd4, 9. e5, Te8; 10. 0-0, etc.); 9. d5, Ca5; 10. Bc2, seguido de Cbd2 e a4, justificando plenamente o lance 5. De2.

8. … d5!

A resposta certa.

9. axb5

A continuação 9.exd5 poderia, naturalmente, ser desfavorável às Brancas após

9. ... e4!.
9. ... dxe4

Isso parece bastante tentador e leva a complicações muito interessantes, das quais, contudo, as Brancas conseguem sair em vantagem. Após 9. ... Bg4! 10.d3! (se 10. bxc6, dxe4) 10. ... dxe4; 11. dxe4, axb5; 12. Txa8, Dxa8; 13. 0-0, as Pretas teriam garantido ao menos a igualdade.

Posição após o 9º lance das Pretas.

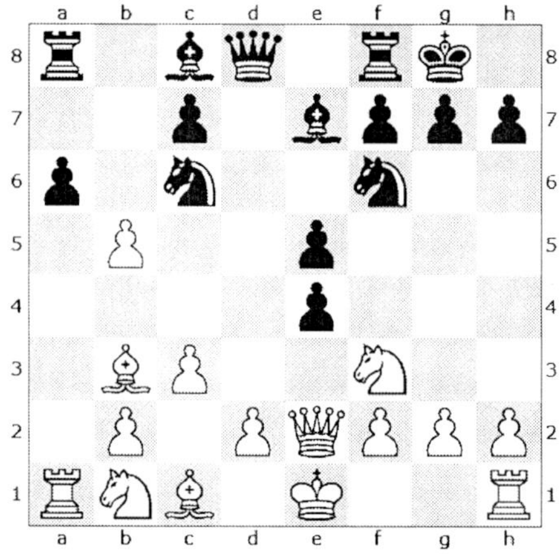

10. Cg5!

Dessa maneira, as Brancas ganham um Peão em detrimento do seu desenvolvimento. No entanto, previram que a pressão das Pretas seria apenas temporária, pois não poderiam, a longo prazo, sustentar o Peão em e4. Toda a variante se baseia no fato de que as Pretas agora não podem jogar 10.

... Bg4 por causa de 11. Cxf7! (não 11. f3, exf3; 12. gxf3, axb5; 13. Txa8, Dxa8; 14. fxg4, Ca5! com vantagem das Pretas) 11. ... Txf7; 12. Dc4!, garantindo às Brancas pelo menos a qualidade; já 12. Bxf7+, Rxf7; 13. Dc4+, Be6; 14. Dxc6, Bd5! daria vitória às Pretas. Após 10. ... Ca7!, surge a melhor chance das Pretas. 11. bxa6. Naturalmente, 11. Cxf7 seria insuficiente devido a 11. ... Cxb5!.

10. ... Ca7!

Essa é a melhor tentativa das Pretas.

11. bxa6

É claro, 11.Cxf7 seria inadequado devido a 11. ... Cxb5.

11. ... Bf5
12. Bc2

A chave da posição das Pretas, o Peão em e4, deve ser atacado o mais rapidamente possível.

12. ... Dd5
13. c4

Isso permite o desenvolvimento do Cavalo da Dama das Brancas. Por outro lado, o lance do texto concede às Pretas as casas d5 e b5 para o Cavalo que agora se encontra em a7.

13. ... Dd4

Após a interessante continuação 13. ... Dc6; o perigo para as Brancas seria mais aparente do que real, por exemplo: 14. Cc3, e3; 15. Bxf5, Dxg2; 16.Rf1, Dxg5; (ou 16. ... exf2+ 17. Txf2 Dxg5; 18. d4, etc.) 17.fxe3 Dh4+; 18.Rd1, e as Brancas mantêm a vantagem.

14. Cc3 Bg4
15. De3 Cc6!

Incapazes de proteger seu Peão por mais tempo, as Pretas buscam eliminar o perigoso Peão a das Brancas, um plano que acabam abandonando posteriormente, com consequências bastante graves.

16. Cgxe4 Cb4!
17. Cxf6+ Bxf6

A linha 17. ... gxf6; 18.Bb1! (e não 18.Be4 por causa de 18. … f5) não ofereceria uma posição superior.

18. Be4 Dxc4

Essa continuação agressiva será neutralizada por um sacrifício no 20. lance, garantindo às Brancas uma vantagem decisiva na ala da Dama. Após 18. ... Txa6; 19. Txa6, Cxa6; 20. d3 Cb4; 21. 0-0, as Pretas ainda teriam algumas chances de empate devido às fraquezas dos Peões das Brancas na ala da Dama.

19. a7!

O Peão anteriormente desprezado agora se mostra ameaçador.

19. …Tfd8
20. b3!

Com esse sacrifício, as Brancas conseguem rocar, encerrando assim o ataque adversário. As Pretas não podem jogar 20. … Cd3+ por causa de 21.Rf1, etc.

20. … Dxb3
21. 0-0 Cc2

Seria uma opção um pouco melhor, mas ainda insuficiente para salvar a partida: 21. … c6, etc.

Posição após o 21º lance das Pretas.

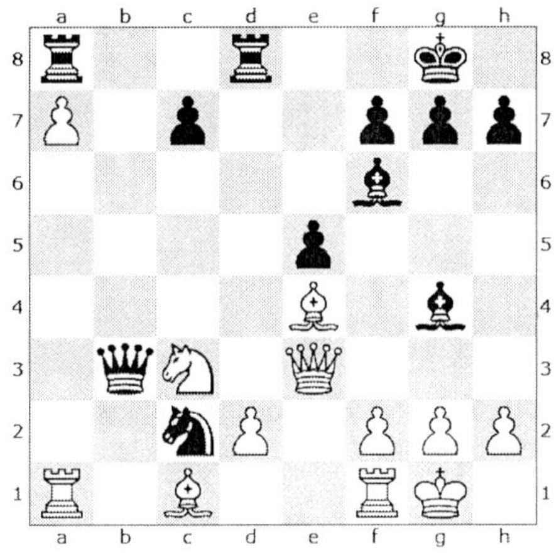

22.Dc5!

O lance decisivo. Se 22. ... Cxa1; 23.Bxa8, Txa8; 24.Dc6! vencendo; Seria muito menos efetivo 22. Bxa8, Cxe3; 23. Bd5, Nxd5; 24. a8=D, Cxc3; 25.dxc3, Dxc3; e as Pretas, com os seus dois Bispos, têm um jogo muito bom; além de possuírem dois Peões pela qualidade.

22. … c6

Tão sem esperanças quanto qualquer outro lance.

23. Tb1 De6
24. Bxc2 Be7
25. Db6 Dd7
26. Ta1 f5
27. Ba4 Tdc8
28. Ba3 Bg5
29. Bc5 Bxd2
30. Cd5! Be2
31. Ce7+ Rh8
32. Cxc8 Txc8
33. Bxc6

As Pretas abandonaram.

JOGO 21

Abertura Ruy Lopez

Brancas: A. Alekhine

Pretas: A. Nimzovitsch

1. e4 e5
2. Cf3 Cc6
3. Bb5 a6
4. Ba4 Cf6
5. 0-0 Cxe4

A Variante mais analisada da Ruy Lopez. Em testes práticos recentes, os resultados mostram-se ligeiramente mais favoráveis às Brancas, e sua ocorrência tem diminuído cada vez mais na prática magistral.

6. d4 b5
7. Bb3 d5
8. dxe5 Be6
9. c3 Be7
10. Cbd2

Após 10. Be3, 0-0; 11. Cbd2, Cxd2; 12. Dxd2, Ca5, as Pretas têm um jogo satisfatório. No entanto, são menos recomendáveis 11... f5; 12. exf6, Cxf6; 13. Cg5! etc., ou 11... Bg4; 12. Cxe4, dxe4; 13. Dd5! etc. (veja a Partida 91).

10. ... Cc5

Seria melhor 10. ... 0-0; 11. Bc2, f5; 12. exf6, Cxf6, embora, nesse caso, o jogo das Brancas após 13. Cb3 (não 13. Cg5, devido a 13. ... Bg4; 14. f3, Bc8! etc.) ainda seja considerado mais vantajoso.

11. Bc2

Posição após o 11º lance das Brancas.

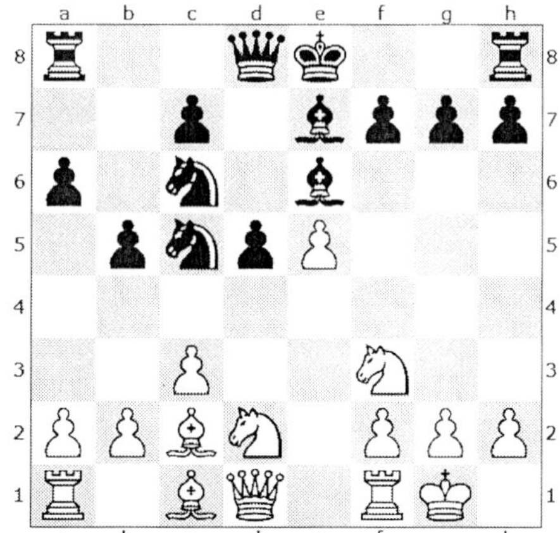

11. ... Bg4

Seria insuficiente 11. ... 0-0, devido à engenhosa inovação de Bogoljubov em sua partida contra Réti (Torneio de Estocolmo 1920): 12. Cd4!, Cxe5; 13. f4, Bg4; 14. De1, Bh4; 15. Dxe5, Te8; 16. Cc6, Dd7; 17. f5! e as Brancas devem vencer.

12. Te1 0-0
13. Cb3 Ce4

Se 13. ... Ce6 (Janowski-Lasker, Paris 1913), as Brancas conseguem desenvolver uma bela partida de ataque com 14. Dd3. O lance do texto é uma inovação, mas acaba sendo refutada na presente partida.

14. Bf4!

Não 14. Bxe4, dxe4; 15. Dxd8, Tfxd8; 16. Txe4, Td1+; 17. Ce1, Bf5; 18. Te2, Bd3; 19. Te3, Bg5, enquanto, com o lance do texto, as Brancas passam a ameaçar ganhar um Peão.

14. ... f5
15. exf6 Cxf6
16. Dd3 Ce4

Esse sacrifício de Peão no final se mostra insuficiente, mas a posição das Pretas já enfrenta sérias dificuldades. Se, ao contrário, 16. ... Bh5, então 17. Ch4! garante grande superioridade posicional às Brancas.

17. Bxc7 Dd7

Obviamente, as Pretas não podem se permitir 17. ... Dxc7, devido a 18. Dxd5+ e seguintes.

18. Ce5 Cxe5
19. Bxe5 Bh4

É claro que as Pretas não podem capturar o Peão f2 com a Torre, devido a 20. Txe4.

20. Bg3 Bxg3
21. hxg3 Bf5

À primeira vista, esse lance parece criar dificuldades para as Brancas; por exemplo, após 22. De2, a manobra 22. ... Bg4 forçaria a Dama das Brancas a retornar para d3.

Posição após o 21º lance das Pretas.

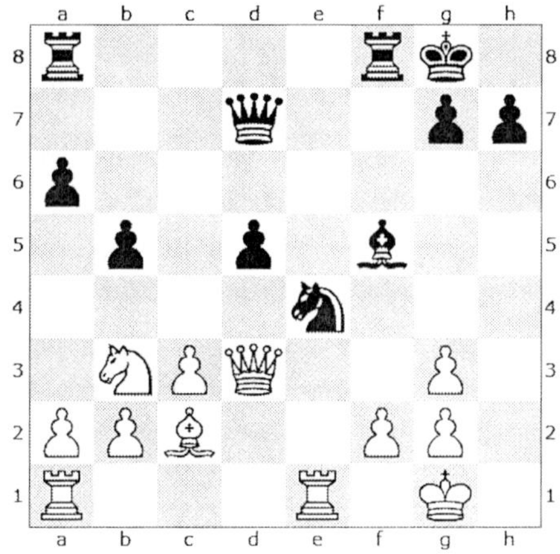

22. Dd4!

Isso definitivamente assegura uma vantagem, pois a ameaça de 22. ... Cxg3 é ilusória; por exemplo, 23. Cc5, Dd6; 24. Bb3! vence. Consequentemente, as Pretas agora são forçadas a se preocupar com seu ponto fraco em d5.

22. ... Tfd8

Seria ligeiramente melhor 22. ... Tad8, mas, de qualquer forma, a partida já está perdida.

23. Tad1 Dc7

Renovando a ameaça de 23. ... Cxg3.

24. Cd2!

A esse lance, as Pretas não podem responder com 24. ... Cxg3, devido a 25. Bb3; também não é factível 24. ... Cxd2, devido à seguinte sequência: 25. Bxf5, Cc4; 26. Be6+, Rh8; 27. Bxd5! Cxb2; 28. Tb1, Cc4; 29. Bxa8! vence.

24. ... Cxf2

Um sacrifício desesperado. No entanto, de forma semelhante, após 24. ... Bg6; 25. Bb3, Cf6; 26. Cf3, a vitória das Brancas é apenas uma questão de técnica.

25. Bxf5 Cxd1
26. Txd1 Dxg3
27. Be6+ Rh8
28. Bxd5 Tac8
29. Ce4 Dh4
30. b3 Tc6
31. Df2

Seria mais direto 31. Bxc6!, Txd4; 32. cxd4, e os Peões passados se tornariam irresistíveis. Contudo, mesmo com a troca das Damas, o final não apresenta nenhuma dificuldade para as Brancas.

31. ... Dh5
32. Df3 Dxf3

Evidentemente, forçado.

33. gxf3 g6
34. Td2 Tb6
35. c4 bxc4
36. bxc4 Tb1+
37. Rf2 a5
38. c5 Tc1
39. c6 Rg7

Posição após o 39º lance das Pretas.

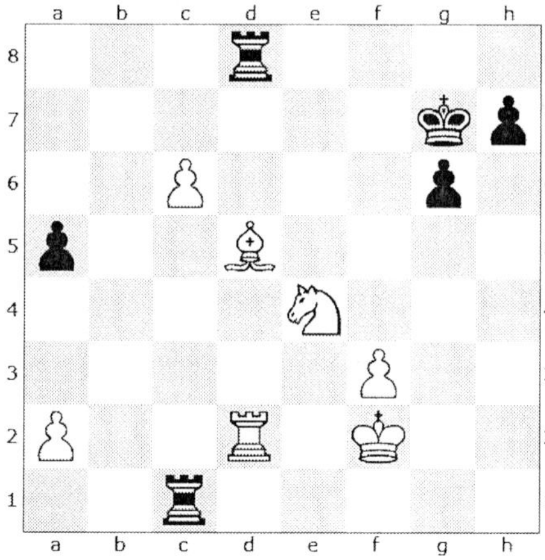

40. Bc4!

Ganhando também a qualidade, pois, após 40. ... Tc8; 41. Td7+, Rh6; 42. Bd5, ou se 40. ... Txd2+; 41. Cxd2 seguido de 42. c7, as Pretas perdem imediatamente.

40. ... Txc4
41. Txd8 Txc6
42. Td7+ Rh6
43. Rg3 Tc4

Ou, se 43. ... Tc2; 44. f4, Txa2; 45. Cg5, o mate não pode ser evitado.

44. Cf2!

Posição após o 44º lance das Brancas.

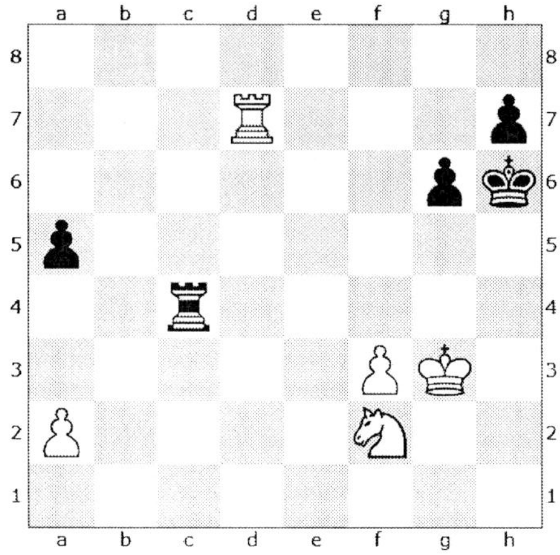

44. ... Rg5

Se 44. ... Ta4; 45. Cg4+, Rh5!; 46. Td5+, g5; 47. Td6, e o mate ocorre em seguida. Ou, se 44. ... g5; 45. Cg4+ seguido de 46. Ce5+, as Brancas vencem.

45. Td5+ Rf6
46. Txa5

As Pretas abandonaram.

JOGO 22

Gambito da Dama Recusado

Brancas: S. Freymann

Pretas: A. Alekhine

1. d4 d5
2. Cf3 Cf6
3. c4 e6
4. Bg5

Esse lance é de valor duvidoso, pois permite a resposta imediata, de autoria de Duras. É mais seguro jogar 4. Cc3 primeiro.

4. … h6!

Após esse lance, as Brancas não têm nada melhor do que capturar o Cavalo, deixando o adversário com os dois Bispos, pois, se o Bispo recuar, a aceitação do gambito favorece as Pretas.

5. Bh4 dxc4

Seria mais preciso 5. ... Bb4+, seguido de ... dxc4, permitindo que o Peão do gambito fosse mantido por meio de ... b5 etc.

6. Da4+

A única forma de recuperar o Peão. As Pretas ameaçavam 6. ... Bb4+ seguido de 7. ... b5.

6. … Cbd7
7. Dxc4 c5

8. Cc3 a6

Com a intenção de desenvolver o Bispo da Dama na grande diagonal, um plano que as Brancas, como a sequência demonstra, não conseguirão frustrar.

9. a4

Um esquema baseado em recursos insuficientes. Evidentemente, seria melhor 9. e3, embora, em qualquer caso, a posição das Pretas permaneça preferível.

9. ... b5!

As Pretas ainda insistem, pois, se 10. axb5, axb5, a Dama e a Torre das Brancas ficariam ambas desprotegidas.

10. Dd3 c4
11. Db1

Posição após o 11º lance das Brancas.

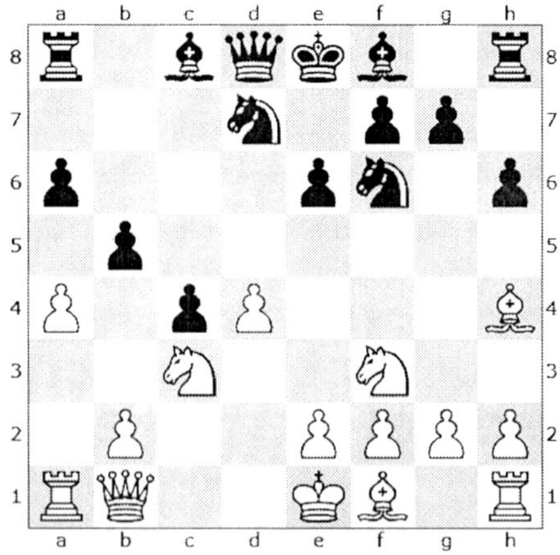

11. ... Bb7!

Um sacrifício de Peão, cujo objetivo é obstruir o desenvolvimento das Brancas, exercendo pressão sobre a casa c3.

12. axb5

Seria preferível recusar a oferta do Peão. Contudo, mesmo após 12. e3, Db6, a posição das Brancas continuaria manifestamente inferior.

12. ... axb5
13. Cxb5 Bb4+
14. Cc3 g5
15. Bg3 Ce4
16. Dc1

Todos os últimos lances das Brancas foram forçados.

16. ... Cb6

Com a ameaça de 17. ... Ca4.

17. Txa8 Dxa8
18. Cd2 Cxd2
19. Rxd2 Da2!

Iniciando a manobra decisiva. As Pretas ameaçam novamente 20. ... Ca4 e não concedem ao adversário a trégua necessária para reorganizar sua posição com 20. e3.

20. Rd1 Db3+

21. Dc2

Agora o Peão de c das Pretas se moverá diretamente para a promoção em Dama.

21. ... Bxc3
22. bxc3

Posição após o 22º lance das Brancas.

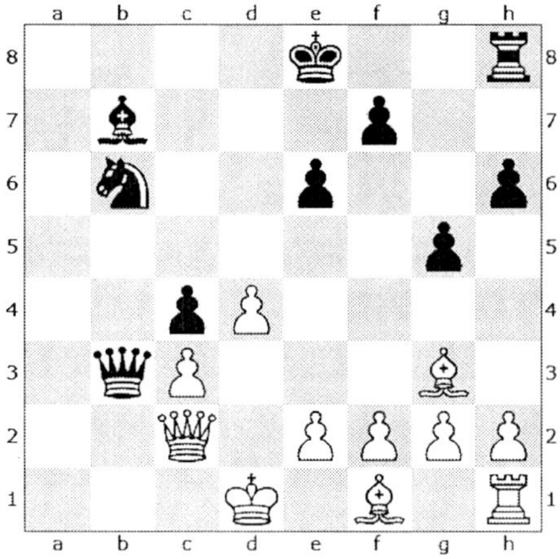

22. ... Be4!

Simples e decide de forma imediata.

23. Dxb3 cxb3
24. e3

Ou, 24. Rc1; Cc4, e mate ocorre em poucos lances.

24. ... b2

As Brancas abandonaram.

JOGO 23

Abertura dos Quatro Cavalos

Brancas: A. Nimzovitsch

Pretas: A. Alekhine

1. e4 e5
2. Cf3 Cc6
3. Cc3 Cf6
4. Bb5 Cd4!

Rubinstein fez, na minha opinião, uma das mais belas contribuições à teoria das aberturas ao descobrir e analisar as variantes que surgem a partir desse lance.

As Brancas, se não desejarem correr os riscos das complicações perigosas resultantes da captura do Peão oferecido, não têm nada melhor do que 5. Cxd4, exd4; 6. e5, dxc3; 7. exf6, Dxf6 (não 7. ... cxd2+; 8. Bxd2, Dxf6; 9. 0-0, com um ataque irresistível); 8. dxc3, Be7; 9. 0-0, 0-0, com jogo aproximadamente igual.

A presente partida fornece um exemplo típico dos perigos aos quais as Brancas se expõem ao buscar a destruição da Variante Rubinstein.

5. Bc4

As alternativas são:

I. 5. 0-0, Cxb5; 6. Cxb5, c6; 7. Cc3, d6; 8. d4, Dc7;
II. 5. Cxe5, De7; 6. Cf3, Cxb5; 7. Cxb5, Dxe4+; 8. De2, Dxe2+; 9. Rxe2,

Cd5; 10. c4, a6, e, em nenhum dos casos, as Brancas obtêm qualquer vantagem.

5. ... Bc5
6. Cxe5 De7!
7. Cd3

Após 7. Cf3, as Pretas também obteriam um forte ataque com 7. ... d5!. Por outro lado, é claro que as Brancas não podem capturar o Peão f com o Cavalo, devido a 7. ... d5!, nem com o Bispo, devido a 7. ... Rd8, seguido de 8. ... d6.

7. ... d5!

O objetivo dessa variante.

8. Bxd5

Ou 8. Cxd5, Cxd5; 9. Bxd5, c6. Já se 8. Cxc5, dxc4, as Pretas ficam com a vantagem.

8. ... Cxd5
9. Cxd5 Dxe4+
10. Ce3 Bd6
11. 0-0 Be6

Agora, o sacrifício do Peão é amplamente compensado pela superioridade no desenvolvimento assegurada pelas Pretas. As Brancas se veem diante de grandes dificuldades, resultantes da ausência de pontos de apoio para o seu Cavalo no centro.

12. Ce1 0-0-0

O resultado é obtido da maneira mais rápida possível, explorando as colunas abertas no centro.

13. c3 Cf5
14. Dc2

O lance direto 14. d3 seria um pouco melhor, embora, nesse caso, as Pretas manteriam uma boa posição de ataque com 14. ... Dh4; 15. Cf3, Dh5.

Agora, as Pretas destroem a posição inimiga por meio de uma sequência de lances que parecem simples, mas que, na verdade, são bastante difíceis de se encontrar.

Posição após o 14º lance das Brancas.

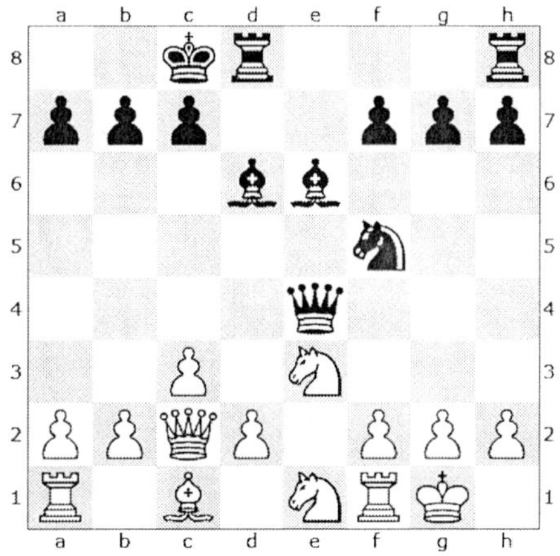

14. ... Dh4

Era mais plausível 14. ... Df4, provocando 15. g3 e permitindo às Pretas prosseguir o ataque com o avanço do Peão h. Entretanto, a continuação 15. ... Dg5, 16. d4, Df6, 17. C1g2 ou Cd3 parece conceder às Brancas recursos defensivos suficientes.

Por isso, as Pretas preferiram alinhar o ataque direto ao Rei com uma forte pressão central.

Para alcançar esse objetivo, é fundamental obrigar as Brancas a enfraquecer a coluna f através do avanço do seu Peão.

15. Cf3

Agora, 15. g3 seria impreciso em razão de 15. ... Dh3.

15. … Df4

Com a ameaça de 16. … Ch4.

16. Cxf5 Bxf5
17. d3 Dg4

Ameaçando 18. ... Dh5, seguido de 19. ... Bxd3 e 20. ... Bxh2+.

18. Cd4 Dh5
19. f4

Assim, as Pretas atingiram o objetivo que haviam planejado com seu 14º lance.

19. … The8
20. b4

Se 20. Bd2, as Pretas manteriam sua vantagem com 20. ... Bc5; 21. Tae1, Te2! etc.

20. … c5!

Forçando, assim, a troca da única peça ativa das Brancas.

21. Cxf5 Dxf5

Com a ameaça de 22. ... c4.

22. Dd2 Bc7
23. Tf3

Tudo isso é obrigatório.

23. ... cxb4
24. cxb4

Posição após o 24º lance das Brancas.

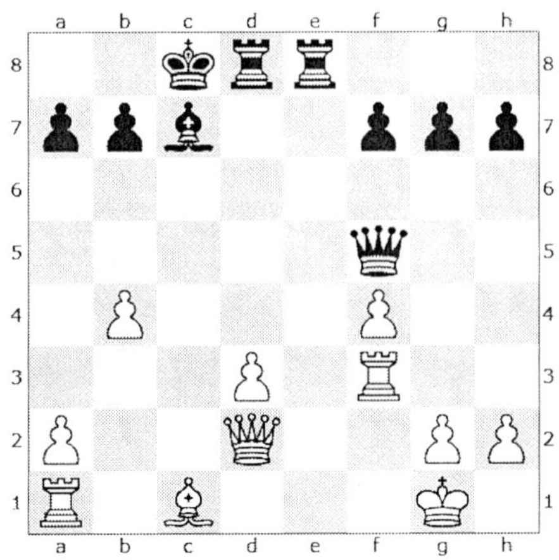

24. ... g5!

Após esse lance, as Pretas finalmente recuperam o Peão e mantêm sua superioridade posicional.

25. fxg5

Se 25. Bb2, que, entretanto, era a melhor opção, a continuação poderia ser 25. ... gxf4; 26. Dc3, Rb8, e as Pretas capturariam, ao final, o enfraquecido Peão d. O lance do texto provoca um colapso rápido.

25. ... De5
26. Bb2 Dxh2+
27. Rf1

Posição após o 27º lance das Brancas.

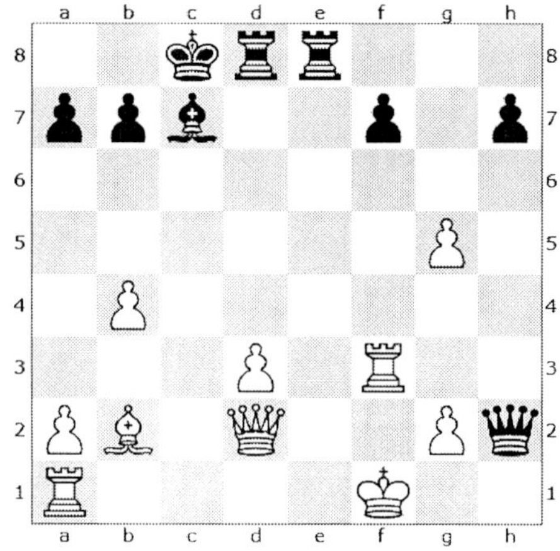

27. ... Bg3?

Esse lance prematuro permite às Brancas assegurarem um empate. A vitória poderia ser facilmente obtida pelas Pretas com 27. ... Dh1+; 28. Rf2, Dh4+; 29. Rf1, Bg3!!, após o que as Brancas não teriam nada melhor do que 30. Dc3+, Rb8; 31. Dc5, b6!; 32. Dg1, Txd3; 33. Txd3, Df4+; 34. Tf3, Dc4+, e mate no lance seguinte.
28. Bd4!

E agora, as Pretas se veem obrigadas a buscar uma linha de empate! O sacrifício que se segue cumpre exatamente esse propósito.

28. ... Txd4!
29. Dc3+ Rb8
30. Dxd4 Be5
31. Dd7 Tc8
32. Txf7

Através dessa ameaça de mate, as Brancas eliminam todos os perigos. Infelizmente para elas, deixam-se iludir por uma miragem de vitória. No entanto, devido à posição exposta do seu Rei, essa ideia carrega grandes riscos em sua essência.

32. ... Dh1+
33. Rf2 Dh4+

Naturalmente, não 33. ... Tc2+ por causa de 34. Re3, que garante a vitória.

34. Re2 Dh5+
35. g4

Esse lance é totalmente temerário e apenas oferece novas chances às Pretas. Após 35. Rf1, as Pretas não teriam nada melhor do que buscar o empate com 35. ... Dh1+, etc.

35. ... Dh2+
36. Rf3 Dg3+
37. Re4

Forçado, pois, se 37. Re2, Dg2+, seguido de 38. ... Bxa1 ou 38. ... Tc7+, conforme as circunstâncias, as Pretas vencem.

37. ... Bc7

Ameaçando ... De5+ seguido de ... Dxa1.

38. Tc1 Dg2+
39. Re3 Bb6+

Posição após o 39º lance das Pretas.

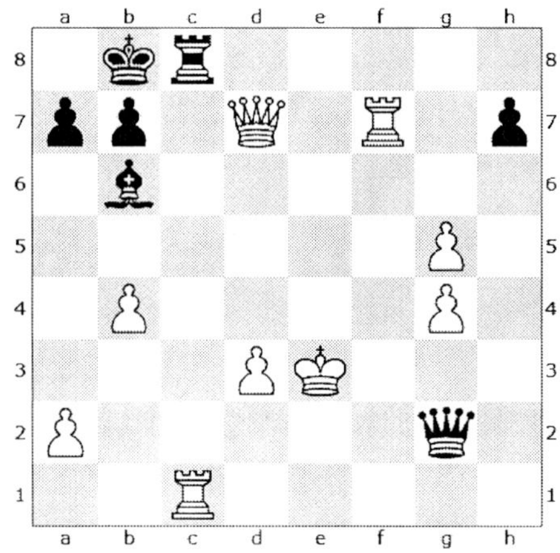

40. d4

Isso perde imediatamente. A única resposta seria 40. Tc5, com a continuação 40. ... Td8; 41. Df5! (ou 41. ... Dg3+); 41. ... Te8+; 42. Rd4, Db2+; 43. Rc4, Dxa2+; 44. Rc3, e as Pretas teriam que se apoiar na ameaça Txb7+, sem ainda poder forçar a vitória.

40. ... Td8

Decisivo.

41. Tc7

Se a Dama das Brancas se movesse, as Pretas venceriam com 41. ... Bxd4+, seguido de 42. ... Df2+, etc.

41. … Dg3+
42. Tf3 De1+
43. Rd3 Dd1+
44. Re3 Bxc7

As Brancas abandonaram.

CAPÍTULO 9

TORNEIO INTERNACIONAL DE SÃO PETERSBURGO, MAIO DE 1914

JOGO 24

Defesa Petrov

Brancas: A. Alekhine

Pretas: F. Marshall

1. e4 e5
2. Cf3 Cf6
3. Cxe5 d6
4. Cf3 Cxe4
5. d4 d5
6. Bd3 Bd6
7. c4

Essa variante da Petroff não apresenta qualquer dificuldade para as Pretas. As Brancas teriam chances melhores com 3. d4 (Steinitz), 5. De2 (Lasker) ou mesmo 5. Cc3.

7. ... Bb4+!

8. Cbd2 Cxd2

Essa troca, que concede às Brancas uma vantagem considerável no desenvolvimento, dificilmente parece justificável. A linha correta seria 8. ... 0-0; 9. 0-0, Bxd2!; 10. Bxd2, Bg4, garantindo jogo pelo menos igual.

9. Bxd2 De7+

10. De2 Dxe2+

É interessante notar que essa troca, embora pareça plausível, é um erro decisivo, como será mostrado mais adiante. As Pretas deveriam jogar primeiro 10. ... Bxd2+; 11. Rxd2, Dxe2+; 12. Bxe2, dxc4; 13. Bxc4, 0-0, após o que as Brancas manteriam uma pequena vantagem, mas o jogo das Pretas ainda seria bastante defensável.

11. Rxe2 Bxd2
12. Rxd2 Be6

Se agora 12. ... dxc4, então 13. The1+!, com efeito ainda mais incisivo do que na partida, permitiria às Brancas preservar seu Bispo e manter a pressão contra o jogo não desenvolvido das Pretas.

13. cxd5 Bxd5
14. The1+ Rd8
15. Be4! Bxe4

Forçado, pois, se 15. ... c6, as Brancas ganhariam imediatamente um Peão com a troca dos Bispos, seguida de 14. Te5.

16. Txe4 Te8

Esse lance era absolutamente necessário para neutralizar a ameaça das Torres dobradas na coluna e.

17. Tae1 Txe4
18. Txe4 Cc6

Posição após o 18º lance das Pretas.

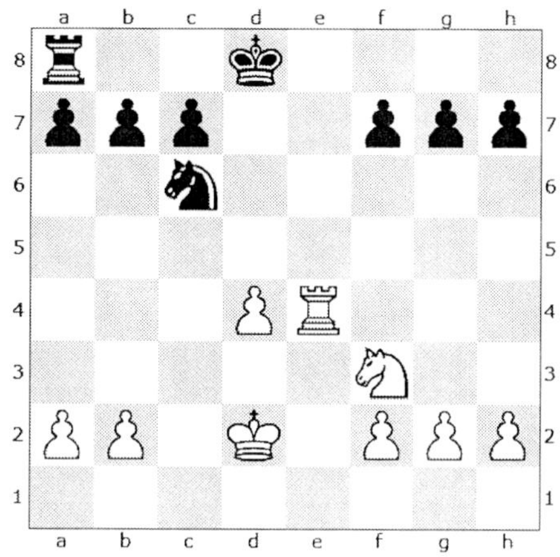

19. Tg4!

A manobra vencedora. Por outro lado, 19. Cg5 seria insuficiente devido a 19. ... Rd7!. Agora, as Pretas são forçadas a perder um Peão.

19. ... g6
20. Th4! Re7

O melhor nas circunstâncias, pois, após 20. ... h5; 21. g4, seguido de 22. gxh5, as Brancas estabelecem um Peão passado.

21. Txh7 Td8
22. Th4 Td5
23. Te4+!

Forçando a retirada do Rei das Pretas, pois, após 23. ... Rf6; 24. Rc3, a ameaça 25. Te8 teria se mostrado muito perigosa para o adversário.

23. ... Rf8
24. Rc3 Tf5

Considerando que ... Cd5 causaria às Brancas o máximo de dificuldades técnicas.

25. Te2 a6

Se 25. ... Ce7, as Brancas responderiam 26. Te5, e a continuação da partida dificilmente seria alterada.

26. a3 Ce7
27. Te5! Tf6

Após a troca das Torres, as Pretas não teriam como salvar a partida.

28. Rd3

Preparando 29. Tc5, que as Pretas impedem em sua resposta, mas ao custo de criar uma nova fraqueza em c7, que as Brancas explorarão sem demora.

28. ... b6
29. Te2!

As Brancas, como veremos a seguir, propõem sacrificar um Peão para ocupar a 7ª fileira com sua Torre, criando assim um Peão passado. Essa manobra constitui o caminho mais rápido e seguro para assegurar a vitória.

29. ... Cd5
30. Re4 Cf4

Ou 30. ... Te6+; 31. Ce5, Cf6+; 32. Rf3, e as Brancas passam a dominar o tabuleiro.

31. Tc2 Cxg2
32. Ce5!

Não diretamente Txc7 por causa de 32. ... Tf4+, seguido de 33. ... Txf3. Agora, porém, com a ameaça das Brancas 33. Cd7+, as Pretas não conseguem salvar o Peão c.

32. ... Re8
33. Txc7 Tx2
34. Cc4!

Um lance de grande importância. O Cavalo se posicionará em b7, de onde controlará e protegerá o avanço do Peão passado d.

34. ... b5
35. Cd6+ Rf8
36. d5 f6
37. Cb7! Cf4
38. b4 g5
39. d6 Ce6

Posição após o 39º lance das Pretas.

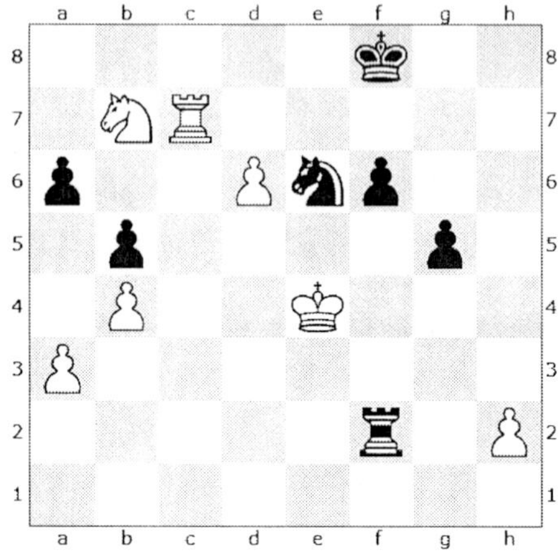

40. Rd5!

O coup de grâce. A Torre das Brancas não pode ser capturada devido a 40. ... Cxc7+; 41. dxc7, Tc2; 42. Cc5!. De maneira semelhante, após 40. ... Re2, as Brancas vencem facilmente com 41. Rc6, Cd4+; 42. Rb6, etc. Como último recurso, as Pretas tentam explorar seus Peões na ala do Rei após o sacrifício da Torre pelo Peão passado, mas essa manobra está fadada ao fracasso.

40. ... Cf4+
41. Rc6 Txh2
42. Cc5

Evitando o sacrifício do Cavalo das Pretas pelo Peão e ganhando uma Torre inteira.

42. ... Td2
43. Tc8+ Rf7
44. d7 Ce6
45. Cxe6 Rxe6
46. d8=D Txd8

47. Txd8 g4
48.Te8+ Rf7
49. Te2 f5
50. Rd5 Rf6
51. Rd4 f4
52. Re4 Rg5
53. Tc2 f3
54. Td2 Rh4
55. Rf4

As Pretas abandonaram.

JOGO 25
Contra-Gambito Falkbeer
Brancas: A. Alekhine Pretas: S. Tarrasch

1. f4 e5
2. e4

A partir da aceitação do Gambito oferecido, o melhor caminho para as Brancas levaria a um jogo equilibrado.

2. … d5
3. exd5 e4
4. d3 Cf6

Na época em que essa partida foi disputada, as variantes decorrentes desse lance eram tidas como favoráveis às Brancas, sobretudo graças às análises do falecido Simon Alapin. Mais recentemente, porém, o Dr. Tarrasch conseguiu refutar essa visão ao introduzir, em sua partida contra Spielmann em Mährisch-Ostrau 1924, uma melhoria de grande importância (veja o comentário ao

6º lance das Pretas).

5. dxe4 Cxe4
6. Cf3 Bf5

Uma inovação que a sequência mostrará ser insuficiente. A linha correta de jogo, indicada pelo Dr. Tarrasch na partida mencionada, é 6. ... Bc5; 7. De2, Bf5!; e se 8. g4? então 8. ... 0-0!, com um sacrifício de ataque decisivo.

7. Be3

Esse lance priva as Pretas de suas melhores chances na diagonal a7-g1 e as deixa sem compensação pelo Peão sacrificado.

7. ... c6
8. Bc4 b5

Procurando manter o adversário ocupado, a fim de impedir que consolide sua posição com o roque.

9. Bb3

As Brancas poderiam jogar igualmente bem 9. Be2, a6; 10. a4!, b4; 11. dxc6, Dxd1+; 12. Bxd1, Cxc6, etc., mas a combinação baseada no lance do texto oferecia perspectivas superiores.

9. ... c5

Posição após o 9º lance das Pretas.

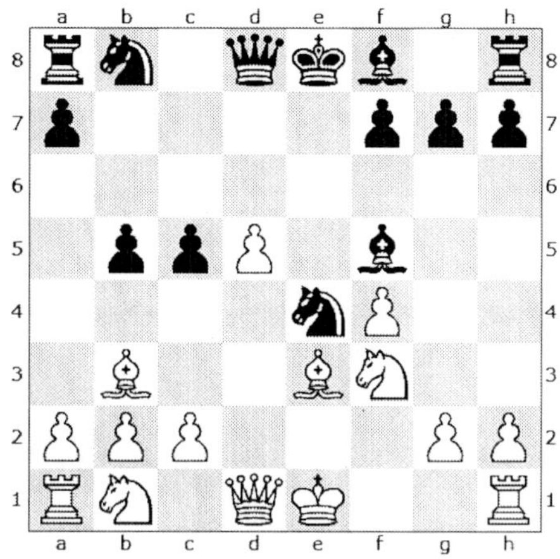

10. d6!

Levando a uma simplificação vantajosa em função do seu Peão a mais. O Peão d não pode ser capturado pela Dama das Pretas devido a 11. Dxd6, seguido de Bd5, etc.

10. ... c4
11. Dd5 Cd7
12. Dxf5 Cxd6
13. Dd5 Be7
14. 0-0 0-0
15. Cc3 Cf6
16. Dd2 cxb3

No momento adequado, aproveitando a ameaça 17. Cxb5, etc.

17. axb3

A vantagem material das Brancas não é reduzida pelo Peão dobrado, pois ainda poderão criar um Peão passado avançando o seu Peão c.

17. … b4
18. Cd5 Cf5
19. Cxe7+ Dxe7

As Brancas ainda apresentam uma pequena fraqueza central, que eliminarão em seguida ao manter e fortalecer a casa d4.

20. Tfe1 Tfd8
21. Td4 Cxd4
22. Cxd4 Dc5
23. Tad1

Pretendendo jogar diretamente c3, aproveitando as Torres das Pretas dobradas na coluna d.

23. … Td5
24. h3 Tad8

Posição após o 24º lance das Pretas.

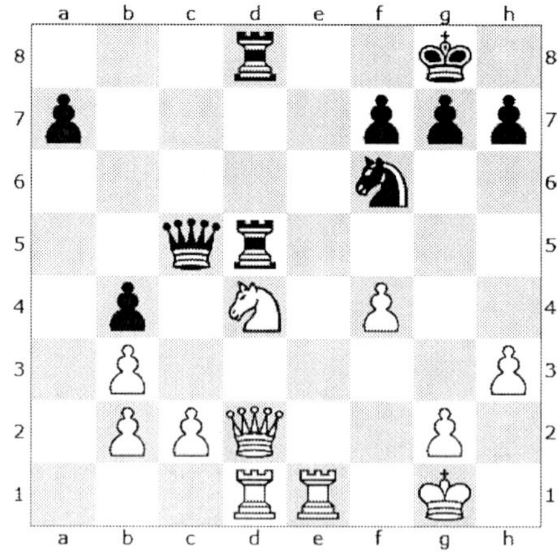

25. c3

Após esse lance, a posição das Brancas torna-se invulnerável. As Pretas são forçadas a adotar uma política de espera, o que se torna muito angustiante devido ao Peão a menos. Os próximos lances das Brancas têm como objetivo libertar o Cavalo, que desempenhará papel decisivo na investida final, quando as Torres das Brancas estiverem dobradas na coluna e.

25. ... h6
26. Dd3 Dd6
27. Df3 Ch5

Uma manobra inofensiva, incapaz de interferir nos planos das Brancas.

28. Te4 Cf6

É claro que não se deve jogar 28. ... f5, devido a 29. Te6.

29. Te3 Ch5
30. Tf1 Cf6
31. Tfe1

Com o objetivo de jogar 32. Te5 em resposta a 31. ... Ch5.

31. ... Dc5
32. Rh2 Tc8
33. T1e2

Uma preparação discreta para o ataque que se seguirá.

33. ... Rf8

34. Te5!

Agora as Pretas não podem jogar 34. ... bxc3; 35. bxc3, Dxc3 devido a 36. Tc2.

34. … Tcd8
35. Cf5

Ameaçando, entre outras coisas, 36. c4, Txe5; 37. fxe5, seguido de 38. e6, etc.

35. … Db6
36. Dg3 Ch5
37. Dh4

Ameaçando mate em três através de 37. Re8+!.

Posição após o 37º lance das Brancas.

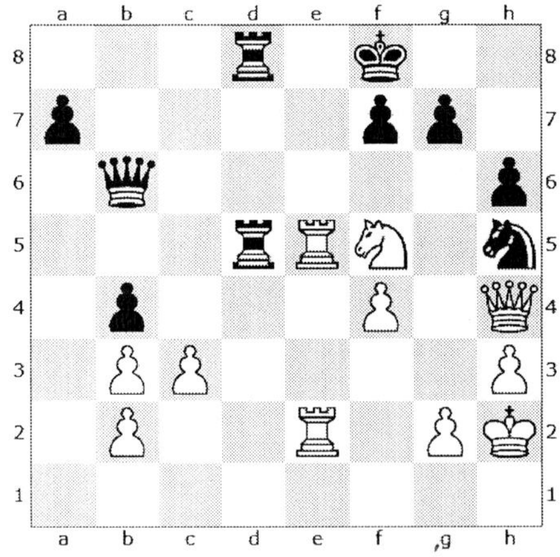

37. … Txe5

Um lance desesperado em uma situação insustentável. Contra 37. ... Cf6, recomendado pelo Dr. Tarrasch no livro do torneio como uma defesa suficiente para o momento, as Brancas tinham preparado a seguinte bela combinação vencedora: 38. Cxh6, gxh6; 39. Re6, fxe6. As alternativas são:

I. – 39. ... T5d6; 40. Dxf6, Txe6; 41. Txe6;

II. – 39. ... T8d6; 40. Dxh6+, mate em dois; ou 40. Dxf6+, Rg8; 41. Txe6, T5d6; 42. Dg6+ Rh8 (ou 42. ... Rf8 43. Df5+, Rei move 44. Te7); 43. Dxh6+, Rg8; 44. Dg6+, Rh8; 45. Dh5+! Rg8; 46. Te7!, e o mate torna-se inevitável.

Um final assim daria à partida grandes chances de conquistar o prêmio de brilhantismo.

38. fxe5 Td1
39. Te3

As Brancas também poderiam capturar o Cavalo e trazer o seu Rei para h4. No entanto, o lance do texto é mais direto e impede 39. ... g6, que se mostraria desastroso para as Pretas após 40. De7, Rg8; 41. De8, Rh7; 42. Dxf7+, Rh8; 43. Ce7!, vencendo.

39. ... Dg6
40. Dxb4+

As Pretas abandonaram.

JOGO 26

Defesa Francesa

Brancas: S. Tarrasch

Pretas: A. Alekhine

1. e4 e6
2. d4 d5
3. Cc3 Cf6
4. Bg5

A variante 4. exd5, exd5, recomendada por Svenonius, não traz qualquer vantagem às Brancas após 5. ... Cc6, sendo essa linha favorável às Pretas e testada com sucesso por Bogoljubov contra Mieses (Berlim 1920).

4. ... Bb4
5. exd5

Essa variante caiu gradualmente em desuso nos anos seguintes. Os jogadores passaram a preferir um ataque rápido ao Rei, por exemplo: 5. e5, h6; 6. Bd2, Bxc3; 7. bxc3, Ce4; 8. Dg4, Rf8; 9. h4!; Entretanto, a prática magistral recente, especialmente algumas partidas do Dr. Tarrasch, tende a mostrar que aqui também as Pretas dispõem de recursos defensivos suficientes. É interessante observar também a continuação de Tchigorin: 5. e5, h6; 6. exf6, hxg5; 7. fxg7, Tg8; 8. h4, gxh4; com a melhoria 9. Dg4! em vez de 9. Dh5. Uma partida jogada pelo autor em Moscou, 1915, prosseguiu da seguinte forma: 9. Dg4, Be7; 10. g3!, c5 (seria melhor 10...Bf6); 11. gxh4, cxd4.

Posição após o 11º movimento das Pretas na subvariante

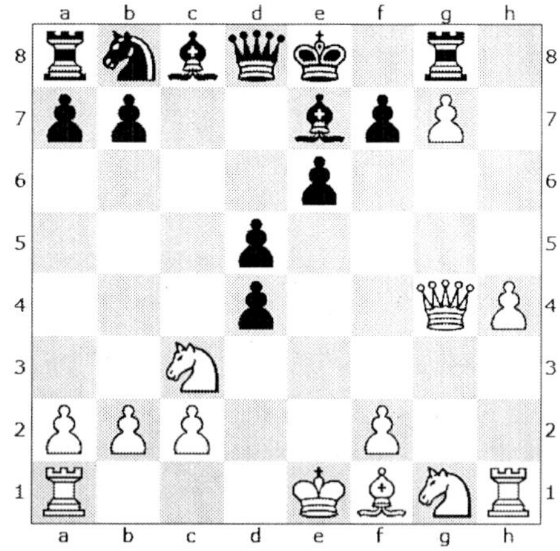

12. h5!, dxc3; 13. h6, cxb2; 14. Tb1, Da5+; 15. Re2, Dxa2; 16. h7, Dxb1; 17. hxg8=D+, Rd7; 18. Dxf7, Dxc2+; 19. Rf3, Cc6; 20. Dgxe6+, Rc7; 21. Df4+, Rb6; 22. Dee3+, Bc5; 23. g8=D, b1=D.

Posição após o 23° movimento das Pretas na subvariante

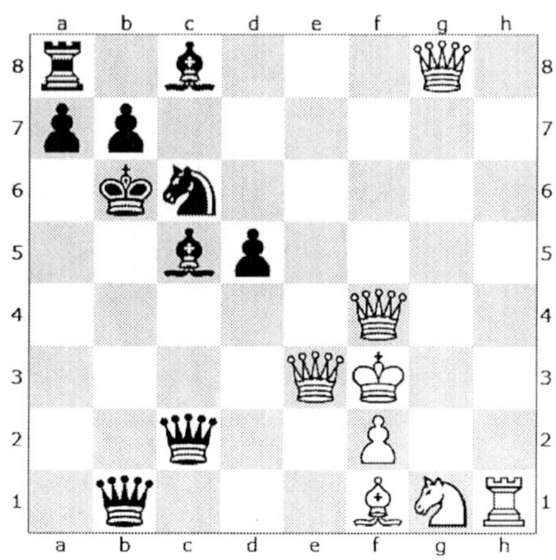

Nessa posição extraordinária, as brancas vencem através de um coup de repos: 24. Th6!!, ameaçando 25. Dd8 mate. Agora, 24. ... Dxf1; 25. Db4+, Db5; 26. Dd8+, Ra6; 27. Dea3+, mate em dois lances.

Posição final na subvariante

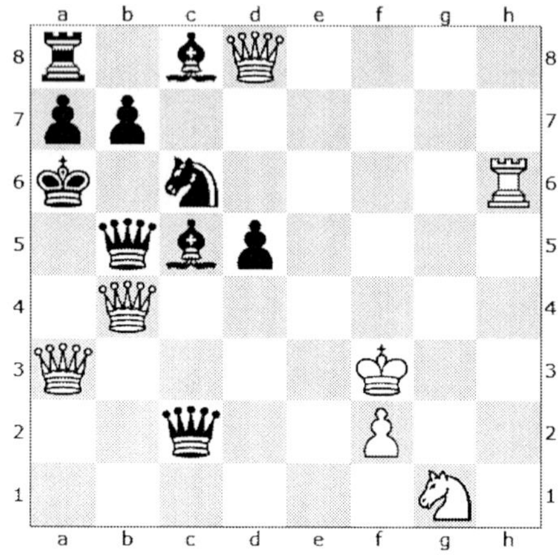

Essa posição com toda certeza é única!

5. ... Dxd5
6. Bxf6 Bxc3+
7. bxc3 gxf6
8. Cf3 b6

Aqui, o fianqueto mostra-se muito forte, pois as brancas, como demonstrou um amador em São Petersburgo, não podem responder com um fianqueto do Rei sem sofrer contratempos.

9. g3

Contra isso, as Pretas poderiam ter respondido 9. ... Cd7!, uma ideia para esperar por 10. Bg2 e então impedir o roque das Brancas para a ala do Rei através de 10. ... Ba6!, pois 11. Ch4 não deve ser temido devido a 11. ... Da5!. Essa inovação importante colocou em dúvida o valor do 5º lance das Brancas.
9. ... Bb7

Mas, com esse movimento simples, as Brancas obtêm da mesma forma um jogo perfeitamente seguro.

10. Bg2 De4+
11. Rd2

As Brancas não têm nada melhor do que propor a troca das Damas através de 11. De2, embora, nesse caso, as Pretas mantenham um jogo ligeiramente superior devido à possibilidade de ataque ao centro através de ...c5. O lance do texto, 11. Rf1 (Réti-Bogoljubov, Berlim 1920), mostra-se insuficiente diante da posição exposta do Rei das Brancas. As Pretas imediatamente assumem a iniciativa e a mantêm até o final.

11. ... Dg6

O único lance capaz de conter a ameaça 12. Ch4, mas ainda assim amplamente suficiente.

12. Ch4 Dh6+
13. f4 Cc6!

Ameaçando 14. 0-0-0, seguido de 15. ... e5, forçando o Rei das Brancas a recuar mais uma vez.

14. De2 0-0-0
15. Rc1 Rb8

Ameaçando 15. ... e5, que, no momento, não seria bom devido a 16. d5, exf4; 17. Dg4+, seguido de Dxf4.

16. Rb2 Ca5!

A troca dos Bispos é essencial para permitir à Torre das Pretas participar do ataque via d5.

17. Bxb7 Cxb7
18. Tad1 Td5
19. c4

Em conjunção com Rd3, isso fornece o relativamente melhor meio de defesa; mas as Brancas desperdiçam um bom ponto em seu próximo lance.

19. … Ta5
20. Cg2

As Brancas deveriam jogar direto 20. Td3, podendo assim se defender com 22. Tb3, etc.; após 20. ... Td8; 21. Tad1, Qf8!. Agora a resposta das Pretas não lhes deixa tempo para isso.

Posição após o 20º lance das Brancas.

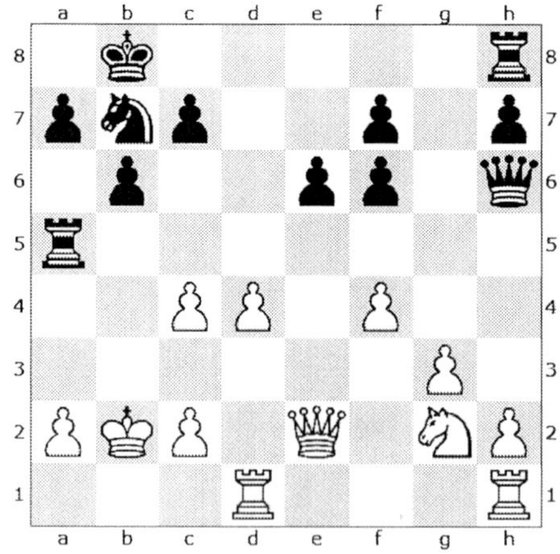

20. Td8!

Para se jogar agora 21. Td3, então 21. ... Qf8, com a ameaça muito forte 22. ... Txd4!, seguido de 23. ... Ta3+; 24. ... Dxa2+, 25. ... Da1+ e 26. ... Dxh1. Confrontadas com essas dificuldades, as Brancas são obrigadas a enfraquecer sua posição central.

21. Ce3 Df8
22. c5

Obstruindo a diagonal da Dama, mas não por muito tempo; infelizmente para as Brancas.

22. ... bxc5
23. d5 c4!

Esse Peão pode ser tomado somente pelo Cavalo, pois, se 24. Dxc4, 24. ... Da3+, ganharia uma peça.

24. Cxc4 Db4+
25. Ra1 Dc3+
26. Cb2 Td6!

Muito mais forte do que o simples ganho de Peão através de 27. ... Taxd5, pois, agora, as Brancas não têm defesa suficiente contra a dobrada das Torres na coluna a, factível até mesmo se as Brancas jogarem 27. Td3.

27. Dc4

Posição após o 27º lance das Brancas.

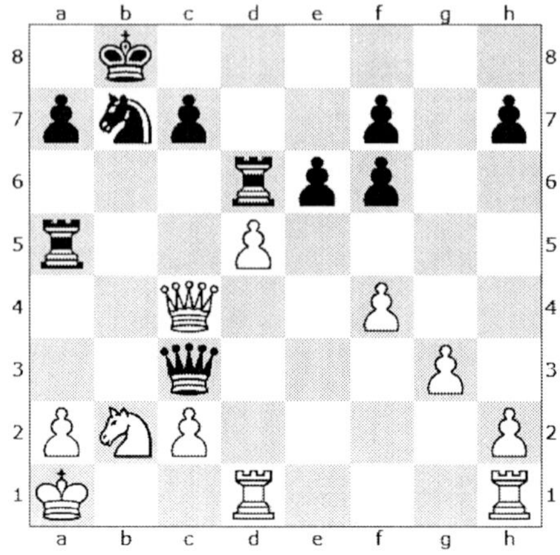

27. … Tda6!

Forçando a troca de ambas as Torres pela Dama e dois Peões, a qual, em vista da posição exposta do Rei das Brancas, conduzirá a um final evidentemente favorável.

28. dxe6

Claramente, a Dama não pode ser capturada, pois isso levaria a um mate em dois lances.

28. … fxe6
29. Rb1 Txa2
30. Dxa2 Txa2
31. Rxa2 Dxc2
32. Tc1 Dd2
33. Rb1 Cd6

A entrada do Cavalo em jogo deveria definir a partida em poucos lances.

34. Tc2 Db4
35. Td1 Cb5
36. Td8+ Rb7
37. Tcd2 e5

As Pretas, acreditando que a partida estivesse ganha de qualquer forma, não se esforçam para encontrar o caminho mais curto; seria mais enérgico 37. ... a5!, pois as Brancas não teriam recursos contra esse avanço.

38. fxe5 fxe5
39. Rc1 Cd4
40. Td3 De1+
41. Td1 De4
42. Td3 Dh1+

Aqui, 42. ... c5, seguido de 43. ... c6, conduziria a uma vitória mais rápida; é evidente que a captura dos últimos Peões das Brancas também seria suficiente.

43. Td1 Dxh2
44. Rb1 Dxg3
45. Td3 De1+
46. Ra2 h5
47. Te8 De4
48. Tc3 Cb5
49. Tc5 Db4!

Posição final.

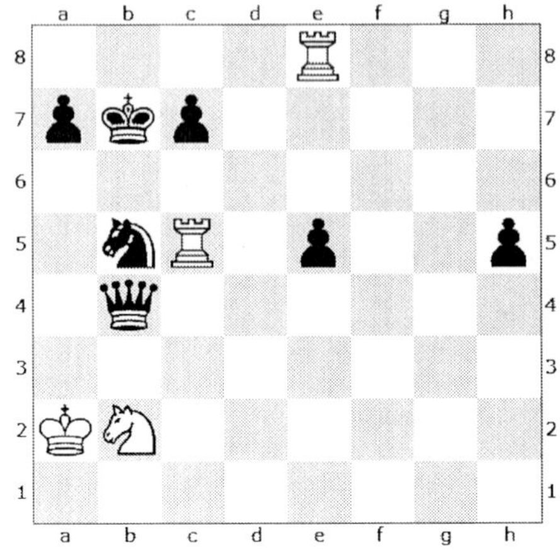

Com o último lance, que ameaça 50. ... Cc3+; 51. Ra1, Da3 mate, as Pretas asseguram o ganho da qualidade. Se as Brancas ainda desejassem jogar, a única alternativa seria 50. Texe5, Cc3+; 51. Txc3, Dxc3; 52. Txh5; após isso, as Pretas venceriam da seguinte maneira: 52. ... Rc6; 53. Th4, Rb5; 54. Th5+, c5; 55. Th4, a5; 56. Tf4, Dc2!; 57. Ra3, Dg2!, e a Torre das Brancas precisaria sair da 4ª fileira; após isso, as Pretas vencem facilmente com 58. ... Qg3+, seguido de 59. ... a4, etc.

As Brancas abandonaram.

CAPÍTULO 10

TORNEIO INTERNACIONAL DE MANNHEIM, JULHO DE 1914

JOGO 27

Abertura Ruy Lopez

Brancas: O. Duras

Pretas: A. Alekhine

1. e4 e5
2. Cf3 Cc6
3. Bb5 a6
4. Bxc6 bxc6

Apesar de não usual, essa variante parece-me eminentemente praticável. Em qualquer caso, tem a vantagem de não permitir às Brancas a vantagem da maioria de Peões na ala da Dama, como ocorre após 4. ... dxc6; 5. d4, exd4; 6. Dxd4, Dxd4; 7. Cxd4, etc.

5. d4

As Brancas não obteriam vantagem com 5. Cxe5, 5. ... Dg5, etc.

5. … exd4
6. Dxd4 Df6!

Um lance novo e provavelmente o melhor. As Pretas concluem que essa posição, um pouco restrita, é mais facilmente defensável com a troca das Damas; a sequência confirma a correção de sua avaliação.

7. 0-0

De acordo com o comentário anterior, as Brancas deveriam evitar a troca das Damas. Havia, por exemplo, que se considerar 7. e5, 7. ... Dg6; 8. 0-0, pois, após 8. ... Dxc2?, 9. Cc3, elas obteriam uma vantagem em desenvolvimento que compensaria o Peão sacrificado.

7. ... Dxd4
8. Cxd4 Tb8

Para dificultar o desenvolvimento do Bispo da Dama.

9. Cb3

Após 9. b3, as Pretas entregariam um Peão através de ... c5 e ... c4!, como na Partida 2, com ótimas chances de ataque.

9. ... Ce7!

Muito melhor do que o plausível 9. ... Cf6, após o qual as Brancas obteriam um belo jogo através de 10. Bf4, d6; 11. Te1, com a ameaça de 15.e5, etc.

10. Bd2

Uma tentativa de resistir ao desenvolvimento do Bispo do Rei das Pretas, mas elas contornam esse plano através da manobra que se segue.

10. ... Cg6
11. Bc3 Cf4!

Com a ameaça de: 12. ... Ce2+ seguido de ... Cxc3, ganhando assim o tempo necessário para o desenvolvimento do Bispo do Rei.

12. Te1 Be7
13. C1d2

Pode-se ver que 13. Bxg7, Tg8, seguido de ... Txg2+ favorece as Pretas.

13. ... 0-0
14. Cc4

Posição após o 14º lance das Brancas.

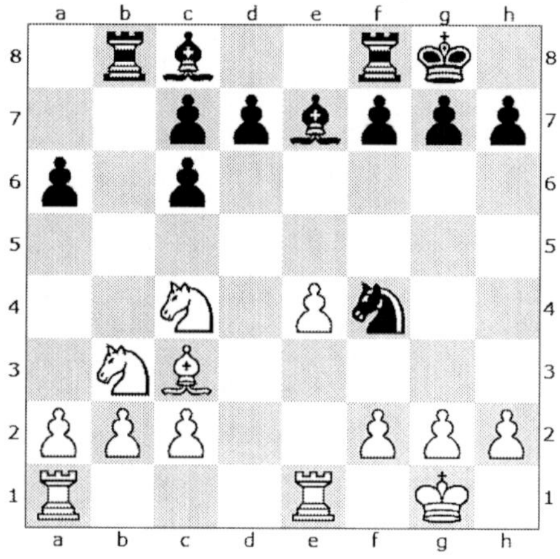

14. ... Te8

Até o momento as Pretas jogaram de forma muito cuidadosa e obtiveram um jogo inteiramente satisfatório. Mas seu último lance talvez seja muito arriscado, pois concede às Brancas a oportunidade de evitarem o avanço do Peão d das pretas por um longo tempo. É verdade que após 14. ... d6 as Brancas conseguiriam forçar um empate (não mais do que isso) através de 15. Cca5, Bd7; 16. Cd4, Tb6; 17. Cc4, Tbb8; 18. Ca5, etc. Mas a partir do ponto de vista teórico, esse resultado não pode ser desprezado pelas pretas em uma Ruy Lopez.

15. Cca5 Bf8
16. Tad1 c5
17. e5!

Novamente resistindo a 17. ... d6 (preparado através do último lance das Pretas), para o qual as Brancas agora têm a resposta 18. exd6, Txe1+; 19. Txe1, cxd6; 20. Te8 com uma posição vencedora.

17. ... Ce6
18. Cc4

As Brancas alcançaram seu objetivo, que era evitar definitivamente o avanço do Peão d das pretas. A posição das pretas, apesar de muito restrita, é fácil de defender, pois não tem fraquezas. A única ameaça das brancas consistiria eventualmente em um avanço dos Peões da ala do Rei. Mas em seu próximo lance as pretas procuram afastar esse perigo.

18. ... h6!

Preparando ... g5, que asseguraria a casa g6 para o Rei.

19. h4

Após 19. g3, as Pretas obteriam vantagem através de 19. ... Cg5; 20. Te3, Bb7!; 21. Txd7, Cf3+; 22. Rf1, Cxh2+; 23. Re2, Cg4; 24. Ted3, Tbc8, etc. O lance do texto foi jogado com a esperança – que se mostrou ilusória na sequência – de desenvolver um ataque pela dobrada das Torres na coluna h.

19. ... Be7
20. g3 g5!

21. hxg5 hxg5
22. Cba5

Os dois adversários seguem com seus respectivos planos, com consequências claras. Entretanto, as Brancas, por não levarem em conta os recursos bem escondidos do oponente, iniciados através de um sacrifício de Peão no 24º lance, verão suas chances diminuírem.

22. ... Rh7!
23. Rg2 Rg6
24. Th1

Como veremos, era necessário 24. a3!, após o qual, entretanto, as Pretas ocupariam a coluna h e aliviariam a defesa através da troca de uma Torre. O lance do texto oferece às Pretas a oportunidade tão aguardada de tomar a iniciativa.

Posição após o 24º lance das Brancas.

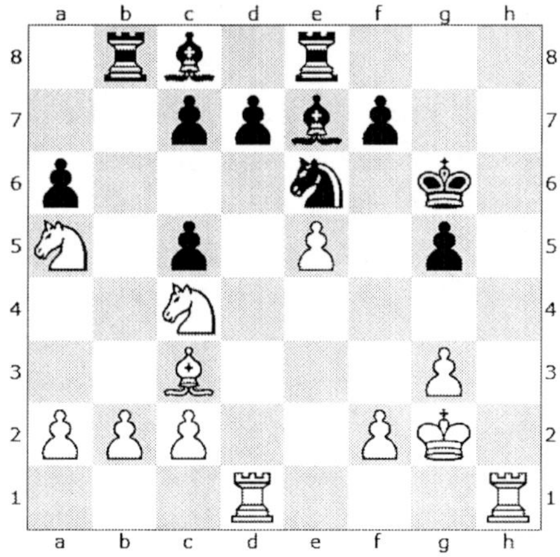

24. ... Cd4!

Um sacrifício inesperado que as Brancas são forçadas a aceitar, pois após 25. Td2, Cb5; 26. Td3, Cxc3; 27. Txc3, d5!, ou 25. Ce3, d6!, as Pretas obteriam vantagem no jogo sem maiores dificuldades.

25. Bxd4 cxd4
26. Txd4 Bb4

Ameaçando indiretamente os Peões e e b. Por essa razão, as Brancas deveriam ter jogado 24. a3.

27. Cb3

O único lance que mantém temporariamente o Peão a mais.

27. ... d5!

O efeito do sacrifício só se revela neste momento. As Brancas não podem jogar 28. exd6, Bb7+; 29 .f3, Te2+; 30. Rf1, Tbe8, pois isso resultaria em uma posição vencedora para as Pretas.

28. Ce3 c5!

Mais vigoroso do que 28. ... Txe5; 29. a3, Bd6; 30. Cxd5, Bb7; 31. Thd1, que conduz a um resultado incerto.

29. Txd5!

Sua melhor chance. Se 29. Tdd1, d4; 30. Cc4, Bb7+; 31. f3, Bd5, seguido de ... Txe5, asseguraria às Pretas uma vantagem decisiva.

29. ... Bb7

30. c4!

Não 30. f4, devido a 30. … c4, e as Pretas vencem.

30. … Txe5

Posição após o 30º lance das Pretas.

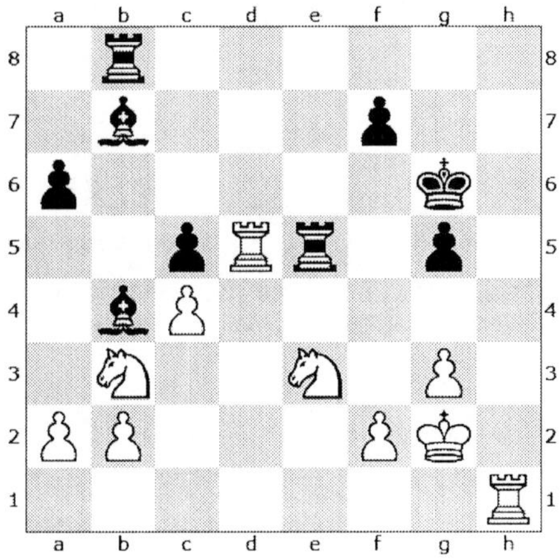

31.a3!

Um recurso engenhoso que permite às Pretas salvarem a qualidade, aparentemente irremediavelmente perdida à primeira vista.

31. … Bxa3!
32. Ca5 Bxd5+
33. cxd5

Posição após o 33º lance das Brancas.

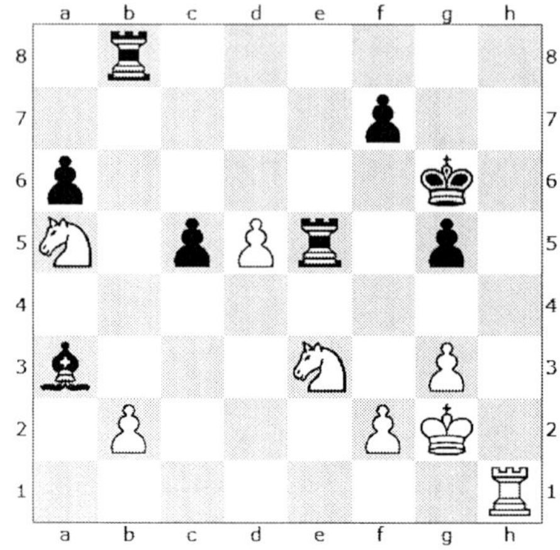

Após a agitação dos últimos lances, a situação torna-se finalmente clara. As Pretas, embora obrigadas a devolver a qualidade devido às ameaças Cc6, Cc4 ou axb3, asseguram o ganho de um Peão e preservam chances excelentes para o final.

33. … Txe3!
34. fxe3 Txb2+
35. Rf3 f5!

O único lance para preservar a vantagem, pois agora as Brancas não podem jogar 36. Cc4, devido a 36. … g5+, seguido de 37. … Tb4, nem 36. d6, por causa de 36. .. .g5+; 37. Rf4, c4!, ameaçando … Bd6 mate.

36. g4

Para centralizar seu Rei e tentar criar alguma chance com seus dois Peões passados.

36. … fxg4+
37. Re4!

Não 37. Rxg4, por causa de 37. … c4.

37. … Tb4+
38. Rd3

A alternativa 38. Re5 apenas desperdiçaria tempo, permitindo que as pretas continuassem com 38. … c4; 39. Rd4, Bb2+, e assim por diante.

38. … Bb2

As pretas dispõem do momento exato para recolocar o Bispo e conter o perigoso Peão d das brancas.

39. d6 Bf6
40. Tf1

Posição após o 40º lance das Brancas.

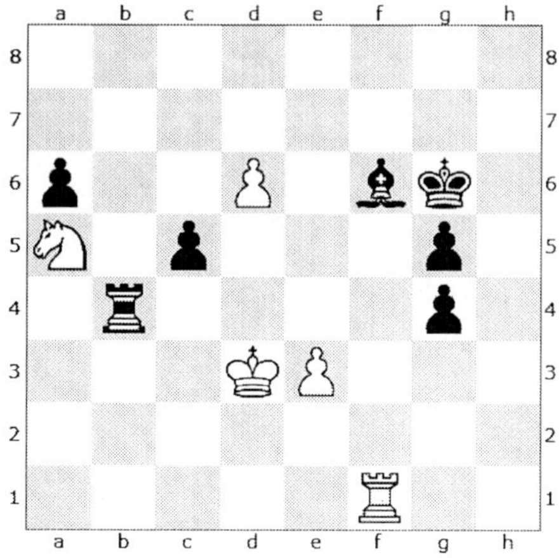

40. … g3!

O lance decisivo, baseado na seguinte variante: 41. d7, Tb8; 42. Cc6, g2; 43. Txf6+ (ou 43. Rmove Rb7!) 43. ... Rxf6; 44. Cxb8, Re7; 45. Cc6+, Rxd7; 46. Ce5+, Re6; 47. Cf3, g4; 48. Cg1, Re5, e as Pretas evidentemente vencem.

41. d7 Tb8
42. Td1

Isso não oferece às Brancas chances melhores do que a variante anterior.

42. … g2
43. Re2 Tb2+
44. Rf3 Td2
45. Tg1 Txd7
46. Txg2

O restante consiste apenas em técnica.

46. … Td3
47. Tc2 Tc3
48. Txc3 Bxc3
49. Cc4 a5
50. Cb6 Bb4

Agora o Rei das Pretas se deslocará para a ala da Dama e acompanhará seus Peões passados rumo à coroação.

As Brancas abandonaram.

JOGO 28

Abertura Ruy Lopez

Brancas: A. Flamberg

Pretas: A. Alekhine

1. e4 e5
2. Cf3 Cc6
3. Bb5 a6
4. Ba4 Cf6
5. 0-0 Cxe4
6. d4 b5
7. Bb3 d5
8. dxe5 Be6
9. c3 Be7
10. Te1

Na minha opinião, a continuação mais promissora para as Brancas é 10. Cbd2, 0-0; 11. Bc2, ou 11. Cd4.

10. … 0-0
11. Cbd2 Cc5

Para responder a 12. Bc2 com o enérgico lance de Tarrasch: 12. ... d4!.

12. Cd4

Mas isso dificilmente oferece mais do que 12. Bc2. De modo geral, nessa variante, 10. Re1 parece apenas uma perda de tempo.

12. … Cxd4
13. cxd4 Cd3

14. Te3 Cf4!

Muito melhor do que 14. ... Cxc1, depois do qual as Brancas poderiam exercer pressão na coluna aberta c, o que justificaria a linha de jogo por elas escolhida.

15. Bc2

Com a intenção de impedir 15. ... c5, graças à ameaça 16. dxc5, seguida de 17. Bxh7+ e 18. Dc2+.

Posição após o 15° lance das Brancas

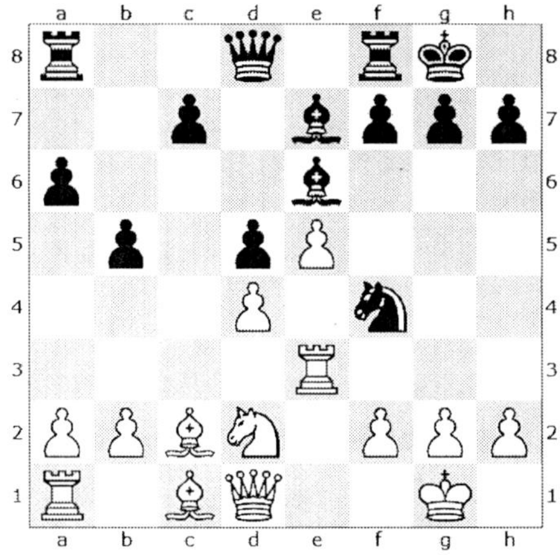

15. … c5!

Como a seguinte variante demonstra, o lance é perfeitamente jogável: 16. dxc5, Bxc5; 17. Bxh7+, Rxh7; 18. Dc2+, Rg8; 19. Dxc5, d4; 20. Te4, Tc8; 21. Da3, Dg5; 22. g3 (ou 22. Dg3, Dxg3; seguido de 23. ... Cd3, vencendo), 22. ... Ch3+ seguido de 23. ... Txc1, e as Pretas vencem.
16. Cb3

Para bloquear o centro — já que após 16. ... cxd4, Cxd4 não daria vantagem às Pretas — e então tentar um ataque na ala do Rei. Contudo, a maioria de Peões na ala da Dama, que as Pretas garantem com o próximo lance, revelará ser, como veremos adiante, uma arma muito mais poderosa do que as frágeis chances do adversário na ala do Rei.

16. .... c4
17. Cd2 f5

Esse e o lance seguinte são ditados por razões puramente defensivas. As Pretas buscam consolidar a posição do seu Rei antes de empreender uma ação decisiva na ala da Dama.

18. Cf1

Seria insuficiente 18. exf6, Bxf6; 19. Cf3, Bg4.

18 ... Tf7!

Um lance defensivo excelente que, se necessário, reserva a casa f8 para o Cavalo e simultaneamente protege a casa g7. Não seria tão eficaz 18. ... Cg6, pois após 19. Th3, as pretas não poderiam jogar 19. ... f4 devido a 20. Txh7!

19. Tg3 Cg6
20. f4 a5
21. Be3 b4
22. Cd2 Db6

Impedindo temporariamente 23. Qh5, já que a resposta 23. ... Cxf4; 24. Bxf4, Dxd4+; 25. Be3, Dxb2 proporcionaria às pretas um jogo superior.

23. Cf3

É evidente que 23. Cxc4 não funciona, pois 23. ... dxc4; 24. d5, Bc5 leva à vitória das pretas.

23. ... Bd7

Preparando 24. ... a4 e visando, eventualmente, posicionar o Cavalo em e6.

24. Cg5

Após 24. Ba4, Bxa4; 25. Dxa4, Cf8, seguido de 26. ... Ce6, o jogo das Pretas permanece preferível.

24. ... Bxg5
25. Txg5

Essa troca implica uma posterior perda de tempo e afasta ainda mais a Torre do setor ameaçado.

25. ... a4
26. Rh1

Para jogar 27. Dh5, impossível até agora devido a 26. ... Cxf4, etc. Seria melhor, entretanto, que as Brancas recuassem sua Torre para g3 e adotassem uma postura defensiva.

26. ... Ce7

Tomando providências de uma vez por todas contra 27. g4, que, se jogado no lance anterior, seria desastroso para as Brancas; por exemplo: 26. g4, fxg4;

27. f5, Cxe5.
27. Dh5

Uma última tentativa, que será refutada por uma demonstração enérgica das Pretas na outra ala.

27. … b3
28. axb3 cxb3
29. Bd3

Posição após o 29° lance das Brancas.

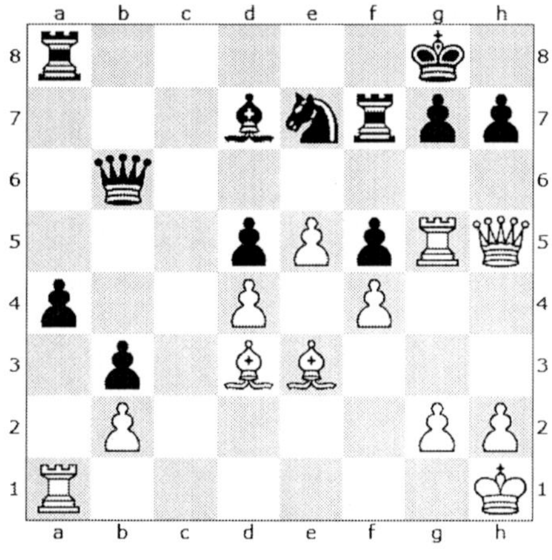

29. … a3!

O Peão passado que as Pretas obtêm através desse sacrifício temporário garante a vitória em poucos lances.

30. Txa3 Txa3
31. bxa3 b2

32. Dd1

As Brancas iniciam uma retirada geral, mas já é muito tarde para isso

32. … Tf8!
33. Tg3 Ta8
34. Bb1 Txa3
35. Bg1 Ta1
36. Tc3 Ba4!

A manobra final: o Bispo será colocado em b5 sem perda de tempo.

37. Dd3

Ou 37. De1, Bb5.

37. … Bb5
38. Dd1 Da6!

Posição final.

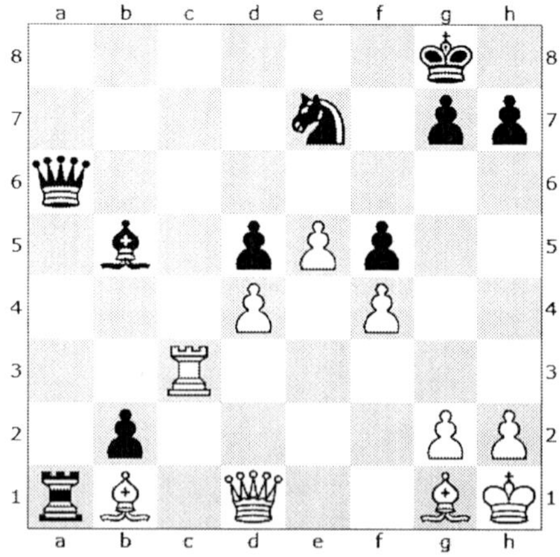

As Brancas não têm recursos contra a ameaça: 39. ... Txb1!; 40. Dxb1, Da1. Se 39. Tb3, Da4!; se 39. Tc2, Ba4; e se 39. Te3, Ba4, seguido de 40. ... Bc2, com vitória garantida para as Pretas.

As Brancas abandonaram.

JOGO 29

Giuoco Piano

Brancas: A. Alekhine

Pretas: S. Tarrasch

1. e4 e5
2. Cf3 Cc6
3. Bc4 Bc5
4. c3 De7

Essa defesa antiga tem reputação inferior à sua real força, mas exige, especialmente, jogo preciso na abertura por parte das Pretas.

5. d4 Bb6

Seria bastante ilógico 5. ... exd4, já que após 6. 0-0 as Brancas alcançariam um jogo de ataque bastante forte.

6. 0-0 d6

O lance mais comum, mas não o melhor. Com 6. ... Cf6, atacando o Peão, as Pretas ganham tempo precioso ao obrigar as Brancas a realizarem lances defensivos.

7. a4 a6
8. Be3

Na partida Gunsberg-Alekhine, em São Petersburgo 1914, as Brancas continuaram com 8. a5, mas após 8. ... Cxa5; 9. Txa5, Bxa5; 10. Da4+, b5; 11. Dxa5, bxc4, não obtiveram compensação suficiente pelo sacrifício da qualidade.

8. ... Bg4

Como a sequência mostrará, esse Bispo era necessário para a defesa do Peão b; então seria melhor jogar em primeiro lugar 8. ... Cf6.

9. d5 Cb8

A intenção é, mais tarde, proteger o Peão em b6 através de ... Cd2, caso as Brancas joguem Db3 após a troca dos Bispos.

10. a5!

Não seria tão bom 10. Bxb6, cxb6, pois a coluna c aberta daria às Pretas perspectivas suficientes para compensar o enfraquecimento dos seus Peões na ala da Dama. O lance do texto força as Pretas ou a recuarem seu Bispo para a7, deixando a Torre da Dama mal colocada após Bxa7, Txa7, ou a abrirem a coluna f, concedendo às Brancas a iniciativa em ambas as alas.

10. ... Bxe3
11. fxe3 Cf6
12. Cbd2
Se 12. Db3, então 12. ... Bc8;
12. ... Cbd7

13. De1

Seria mais simples 13. b4, seguido de 14. De1, etc. O lance do texto, entretanto, dificilmente pode ser considerado inferior e, de fato, induz o adversário a recuar o seu Bispo para b8, uma manobra algo peculiar que, em seguida, concede às brancas possibilidades de ataque.

13. ... Cc5
14. Db1!

Não 14. Dg3, devido a 14. ... h5! etc.

14. ... Bc8

Seria melhor 14. ... 0-0, após o qual as Brancas continuariam seu avanço na ala da Dama, por exemplo: 15. b4, Ccd7; 16. Bd3, seguido de 17. c4. Após o lance do texto, o jogo das Pretas se torna bastante precário.

15. b4 Ccd7
16. Ch4!

O objetivo é abrir uma coluna na ala da Dama através de 17. b5, caso as Pretas jogassem 16. ... Cf8; mas as Pretas, com seu próximo lance, preferem criar primeiro um ponto fraco na ala do Rei.

16. ... g6
17. De1 c6

Esse contra-ataque central complica a partida. Após 18. ... cxd5; 19. exd5, e4, as Pretas asseguram a casa e5; contra isso, as Brancas serão capazes de pressionar o Peão e do adversário, e colocarão, cedo ou tarde, o Cavalo em d4.

No final, a posição insegura do Rei das Pretas será o fator decisivo, favorável às Brancas.

18. Chf3 cxd5
19. exd5 e4

Posição após o 19° lance das Pretas.

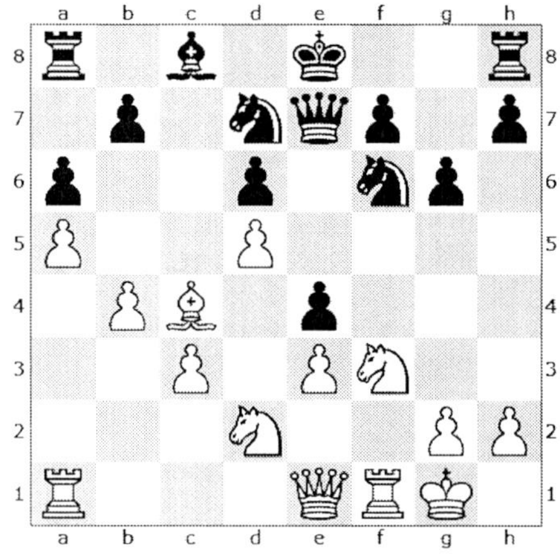

20. Cg5!

Um lance inesperado. Ao invés de jogar o Cavalo direto para d4, as Brancas farão cinco lances, mas o Cavalo chegará lá com efeito decisivo! A ideia é provocar um enfraquecimento posterior na posição das Pretas através do ataque ao Peão e. Tivessem as Brancas jogado 20. Cd4 de uma vez, as Pretas obteriam uma posição satisfatória após 20. ... Ce5; 21. Tf4, 21. ... 0-0!, e as Brancas não poderiam capturar o Peão e devido a 22. Cxe4, Cxe4; 23. Txe4, f5, etc., ou 21. Dh4, Cxd5!.

20. ... h6

Se agora 20. ... Ce5, 21. Bb3!, Bf5; 22. Ba4+, Rf8; 23. Bc2!, e as Brancas mantêm a vantagem.

21. Ch3

O lance 21. Dh4 não representa ameaça, pois 21. Ch7 responde com segurança.

21. ... De5

As Pretas superestimam a eficácia desse contra-ataque. Elas deveriam, na verdade, ter jogado 21. ... Ce5; com a continuação: 22. Cf4, Bf5; 23. h3, h5; 24. Bb3, Tc8; 25. c4, seguido de Ce2, Cd4; proporcionando melhores perspectivas para as Brancas.

22. Tc1!

Somente o Peão c tem que ser defendido, pois as Pretas conquistariam uma vantagem capturando o Peão d, por exemplo: 22. ... Cxd5; 23. Bxd5, Dxd5; 24. Cf4, Dc6; 25. c4!, seguido por 26. b5, e as Brancas recuperam o Peão com uma posição dominadora.

22. ... Cg4

Só conduzindo ao posterior enfraquecimento da posição, pois as Pretas não serão capazes de jogar ... f5. Seria um pouco melhor 22. ... 0-0.

23. Cf4! g5
24. h3 Cgf6

Forçado, pois 24. ... gxf4, seguido de 25 .exf4, resultaria em desastre imediato para as Pretas.

25. Ce2 Cxd5

As Pretas procuram algum tipo de compensação pela sua posição precária, a qual, naturalmente, não poderia ser mantida por muito tempo.

26. Bxd5 Dxd5
27. Cd4!

Posição após o 27° lance das Brancas.

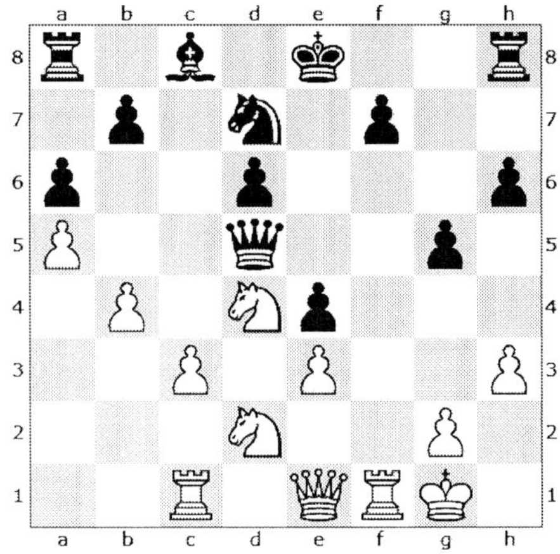

27. … De5

Após 27. … 0-0, surgiriam muitas ameaças para as Pretas, como 28. Tf5, Ce5; 29. c4!; ou 28. … Da2; 29. Ta1, Db2; 30. Cc4!, ganhando a Dama em ambos os casos.

Se 27. … Cf8, a sequência teria sido 28. De2! (ameaçando Cc4 e d6), 28. … Be6; 29. c4, De5; 30. c5, d5; 31. c6! bxc6; 32. Txc6, seguido de 33. Txa6, e os Peões passados na ala da Dama venceriam com facilidade.

Após o lance do texto, as Brancas conquistam a vitória facilmente através de um ataque direto à posição do Rei das Pretas.

28. Cc4 Dd5
29. Cf5 Rf8
30. Cfxd6 Th7
31. Td1 Dc6
32. Td4!

Mais simples e direto do que as combinações iniciadas com Cxf7. Agora as Pretas não possuem recursos.

32. ... b5
33. axb6 Bb7
34. Ca5

As Pretas abandonaram.

JOGO 30
Giuoco Piano
Brancas: J. Mieses
Pretas: A. Alekhine

1. e4 e5
2. Cf3 Cc6
3. Bc4 Bc5
4. Cc3 d6
5. d3 Be6

Uma boa forma de evitar as variantes simétricas que se desenvolvem após 5. ... Cf6.

6. Cd5

Esse lance, embora plausível, concede às pretas uma série de lances vantajosos. A melhor continuação nesse momento seria 6. Be3!.

6. ... Ca5!
7. Be3

Se 7. Bb3, a continuação seria 7. ... Cxb3, e 8. ... c6, desalojando o Cavalo avançado das Brancas com vantagem.

7. ... Cxc4
8. dxc4

Se 8. Bxe3, então 8. ... Cxb2.

8. ... Bxe3

Aproveitando-se do fato de que as Brancas não podem recapturar com o Peão, devido a 9. ... c6.

9. Cxe3 Cf6
10. Dd3

Seria ligeiramente melhor 10. Cd2. Após o lance do texto, as Pretas forçam o enfraquecimento da ala da Dama adversária.

10. ... Cd7!
11. b4

Se agora 11. Cd2, então 11. … Cc5; 12. De2, Dh4!; também com vantagem para as Pretas.

11. … a5!
12. c3 0-0
13. 0-0

Posição após o 13° lance das Brancas.

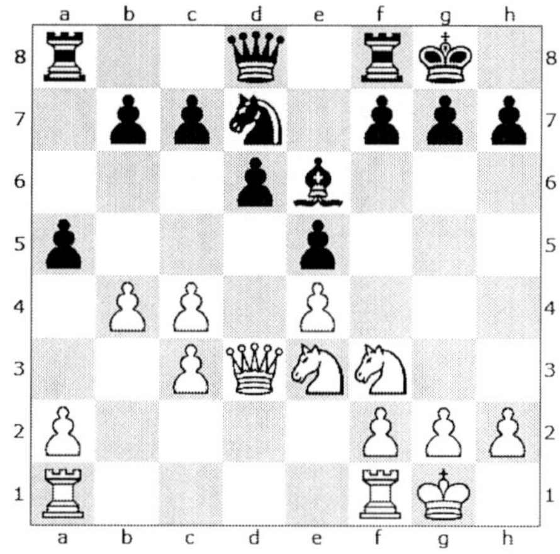

13. … g6!

Tendo assumido a iniciativa na ala da Dama, as Pretas, com esse lance, preparam um avanço no outro flanco. Esse avanço visa tanto à formação de um centro sólido após 14. … f5; 15. exf5, gxf5; quanto ao ataque decisivo que pode surgir da abertura da coluna g após o bloqueio com … f4, o que, mais cedo ou mais tarde, obrigará as Brancas a responderem com f3.

14. Cd2 f5
15. f3 f4
16. Cd1

Não 16. Cd5, devido a 16. ... c6; após o lance do texto, porém, os Cavalos das Brancas ficam com um raio de ação bastante restrito.

16. ... g5
17. Cf2 h5
18. h3 Cf6
19. Tfd1 De7

As Pretas poderiam ter evitado de forma definitiva o próximo lance das Brancas com 19. ... b6; no entanto, consideraram essa precaução desnecessária, já que a variante resultante após 20. c5 ainda lhes garante um Peão a mais no final do jogo.

20. c5

Forçando o adversário a alterar seu plano de ataque — mas a um preço elevado! De fato, sem essa manobra, as Pretas acabariam por romper a posição inimiga com ... g4, após os lances preparatórios ... Rh8, ... Tg8, ... Tg6, ... Dg7 e ... Tag8.

20. ... axb4

Também foi analisada a linha 20. ... dxc5; 21. Cc4, Bf7!; 22. Cxa5 (ou 22.bxa5, De6), 22. ... cxb4; contudo, na variante escolhida no texto, a superioridade material das Pretas pode ser explorada de forma ainda mais rápida no final de jogo.

21. cxd6 Dxd6!

À primeira impressão, as Pretas não parecem ter conquistado muito, já que após 22. cxb4, Dxb4; as Brancas teriam boas contra chances com 23. Tdb1. No entanto, a sutileza da variante adotada só se revela plenamente no 24º lance das Pretas.

22. cxb4 Txa2
23. Txa2 Dxd3!
24. Cxd3 Bxa2

Posição após o 24° lance das Pretas.

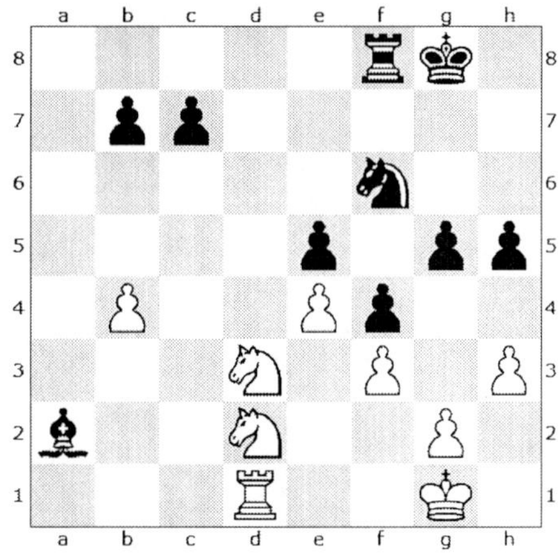

E agora as Brancas não podem capturar o Peão e, pois segue 24. ... Td8!, ameaçando ... Bb3 e forçando o ganho da qualidade. O final de jogo resultante ainda traz algumas dificuldades técnicas para as Pretas, devido à fraqueza do seu Peão e; no entanto, elas assegurarão a vitória por meio de uma perspicaz combinação de cravada.

25. Ta1 Td8
26. Txa2 Txd3
27. Cc4 Td4
28. Tc2!

Posição após o 28° lance das Brancas.

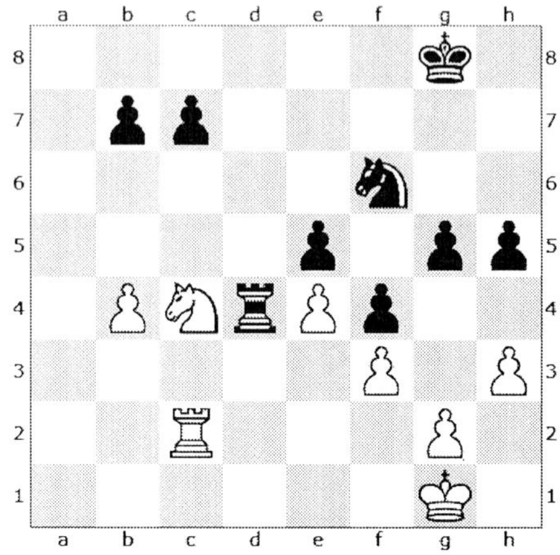

28. ... Ce8!

O lance mais difícil de toda a partida, já que outras tentativas de defender o peão c seriam insatisfatórias:

I. 28. ... c6; 29. b5!, cxb5; 30. Cxe5, quando a vantagem material das pretas seria apenas ilusória;

II. 28. ... Cd7; 29. Ca5, b6; 30. Cc6, e a excelente posição do cavalo garante às brancas boas chances de empate.

Após o lance do texto, contudo, as pretas passam a ameaçar ... b5.
29. b5

Com a ameaça de 30. b6 e 31. Cxe5.

29. ... b6
30. Cxe5

Forçado, pois se 30. Rf2, então 30. … g4!; as Brancas esperam ainda encontrar compensação suficiente pelo Peão perdido, após a entrada da sua Torre em c6.

30. … Tb4
31. Tc6 Txb5
32. Tg6+ Cg7
33. Txg5 h4!

O ponto de toda a combinação! As Peças das Brancas estão paralisadas, e 34. Cf7, a única forma de libertar as Brancas, é temporariamente impossível devido a 34. … Tb1+. As brancas então escolheram a continuação:

34. Rf2 Tc5
35. Re2

Posição após o 35° lance das Brancas.

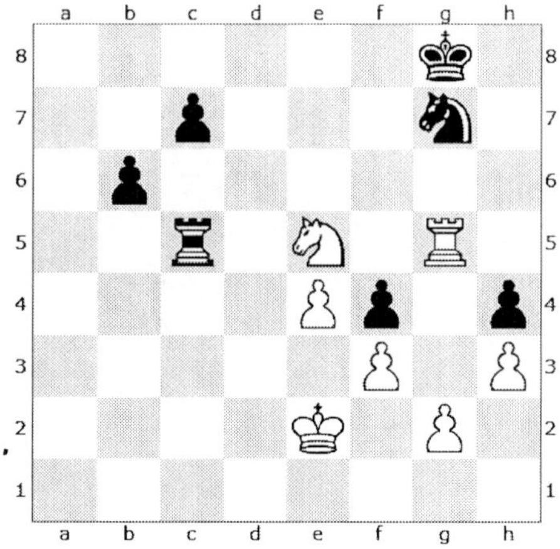

35. … Rh7!

As Brancas poderiam responder ao lance plausível 35. ... b5 com 36. Cf7!, e então se livrariam de todas as suas dificuldades; o lance do texto, ao contrário, elimina esse último recurso. De fato, se agora 36. Cf7, Txg5; 37. Cxg5+, Rg6, as Pretas ganham o Cavalo; e contra qualquer outra resposta das Brancas, o Peão b avançaria direto para a coroação.

As Brancas abandonaram.

JOGO 31

Defesa Francesa

Brancas: A. Alekhine

Pretas: H. Fahrni

1. e4 e6
2. d4 d5
3. Cc3 Cf6
4. Bg5 Be7
5. e5 Cfd7
6. h4!

Esse lance enérgico foi utilizado principalmente em partidas sem preparação pelo engenhoso amador parisiense M. Eugène Chatard, e anteriormente pelo amador vienense A. Albin.

Foi nesta partida que ele apareceu, pela primeira vez, em um torneio magistral.

6. ... Bxg5

O lance 6. ... 0-0, adotado em várias ocasiões em torneios internacionais nos últimos anos, foi refutado por Bogoljubov em sua partida contra Spielmann, Viena 1922. A continuação foi: 7. Bd3, c5; 8. Ch3!, Te8; 9. Cb5, f5; 10. Cd6, cxd4; 11. Cxe8, Dxe8; 12. Bb5!, e as Brancas devem alcançar a vitória. Uma alternativa um pouco mais sólida seria 6. ... c5;, e caso 7. Cb5, então seguiria 7. ... f6.

7. hxg5 Dxg5
8. Ch3 De7

Após 8. ... Dh6;, a Dama das Pretas estaria em uma posição precária, e nesse caso as Brancas poderiam gradualmente fortalecer sua posição através de 9.

g3, 10. Bg2.
9. Cf4 Cf8

As brancas refutam esse lance plausível através de um ataque empreendedor, mas contra qualquer outra resposta obteriam boa compensação pelo peão sacrificado. Uma continuação particularmente interessante aqui foi sugerida por Bogoljubov: 9. ... a6; 10. Dg4, g6; 11. 0-0-0, c5; 12. Dg3!, Cb6; 13. dxc5, Dxc5; 14. Bd3, Df8.

Posição após o 14º movimento das Pretas na subvariante

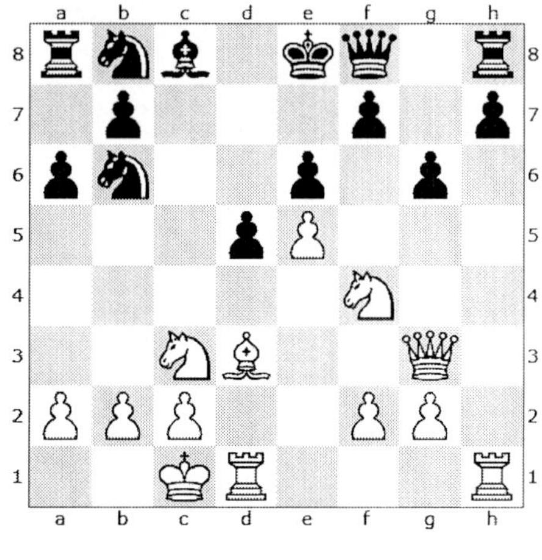

15. Be4!!, e o Cavalo das Brancas forçará a passagem para o campo inimigo via e4 ou d5, com efeito decisivo.

10. Dg4!

Ameaçando tanto 11. Dxg7 como 11. Cxd5!. A resposta das Pretas então é obrigatória.

10. ... f5
11. exf6 gxf6
12. 0-0-0

As Brancas novamente ameaçam 13. Cxd5, ao remover o seu Rei da coluna e.

12. .... c6
13. Te1 Rd8

Não há outra forma de desenvolver a ala da dama. Se 13. ... Bd7;, o sacrifício do Cavalo em d5 mais uma vez seria decisivo.

14. Th6!

Para amarrar ainda mais as peças Pretas, devido à pressão em seu peão f, daqui em diante todos os lances das Pretas são forçados.

14. ... e5
15. Dh4 Cbd7
16. Bd3

Ameaçando, entre outros, 17. Bf5.

16. ... e4
17. Dg3!

Uma preliminar essencial para o sacrifício em seguida. As Brancas agora ameaçam ganhar direto através de 18. Cxd5. As Pretas não podem jogar 17. ... Dd6;, pois após 18. Bxe4! dxe4 19. Txe4! ficariam sem defesa contra a ameaça 20. Dg7!.

17. ... Df7

O único recurso!

Posição após o lance 17° das Pretas.

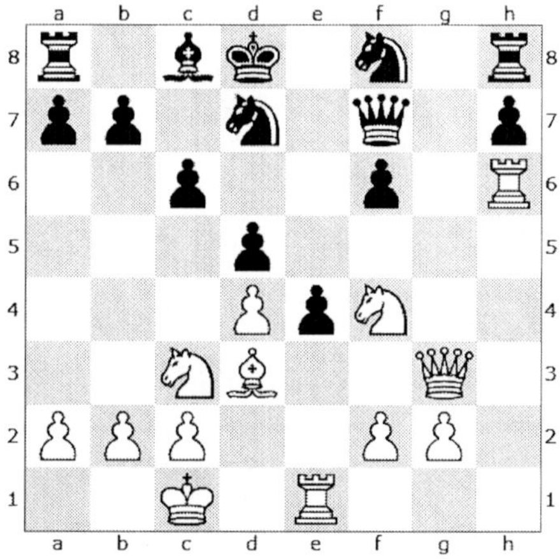

18. Bxe4!

Esse sacrifício, que deve ser aceito pelo adversário, decide a partida em poucos lances.

18. ... dxe4

19. Cxe4 Tg8

Se 19. ... Dxa2; 20. Cxf6!, Cxf6; 21. Dg7, vencendo.

20. Da3

Caso 20. Cd6, as Pretas ainda poderiam se defender com 20. ...Dxa2;, pois os xeques descobertos das Brancas não resultam em mate.
No entanto, depois do lance indicado, as pretas já não têm defesa eficaz.

20. … Dg7

Se 20. ... De7; 21. Da5+, b6; 22. Dc3, vencendo.

21. Cd6! Cb6

Posição após o 21° lance das Pretas.

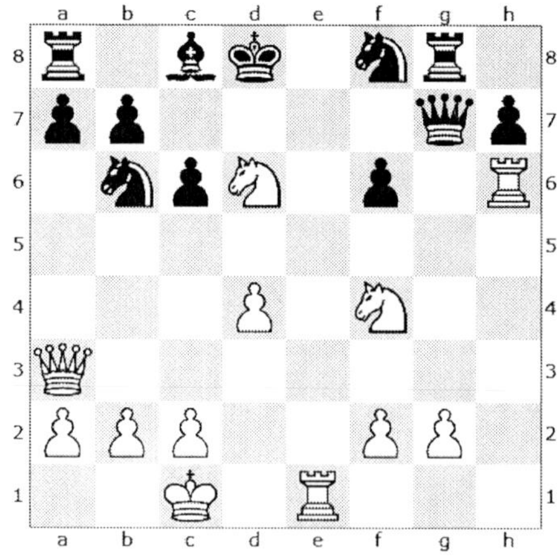

22. Ce8!

Forçando a captura da Dama ou, alternativamente, o mate, por exemplo: 22. ... Dd7; 23. Cxf6, ou 22. ... Cc4; 23. Dc5, Df7; 24. Txf6.

22. … Df7
23. Dd6+

E mate em dois lances.

CAPÍTULO 11

TORNEIOS LOCAIS, EXIBIÇÕES E MATCHES, SIMULTÂNEAS, CORRESPONDÊNCIA, ETC. CORRESPONDÊNCIA, RÚSSIA 1908

JOGO 32

Gambito Kieseritski (Rice)

Brancas: A. Alekhine

Pretas: W. Jonkovski

Jogado por correspondência na Rússia, 1908-1909

1. e4 e6
2. f4 exf4
3. Cf3 g5
4. h4 g4
5. Ce5 Cf6
6. Bc4 d5
7. exd5 Bd6
8. 0-0

Esse lance, sugerido pelo professor I. L. Rice, não possui, verdade seja dita, qualquer valor teórico, pois as Pretas podem retornar a uma variante do Gambito Kieseritski, não desfavorável para elas, através de 8. ... 0-0. Além disso, não correm riscos ao aceitarem o sacrifício temporário do cavalo, pois as Brancas, como demonstra a prática magistral, não podem esperar mais do que um empate após uma longa e difícil batalha.

Entretanto, a posição resultante do sacrifício oferece aos dois adversários uma grande variedade de possibilidades táticas complexas, atraindo especialmente jogadores ávidos por combinações e, em particular, aqueles que desejam se dedicar às análises detalhadas exigidas pelas partidas por correspondência.

8. ... Bxe5
9. Te1 De7
10. c3

Não 10. d4 devido a 10. ... Bxd4+.

10. ... g3

Com esse lance, as Pretas tentam refutar o sacrifício do Cavalo através de um contra-ataque violento. Elas também poderiam optar por 10. ... f6 (tentado no match Lasker-Tchigorin, Brighton 1904) ou pelo lance de Janosgrodski, 10. ... Ch5!, que, na minha opinião, é o mais forte.

11. d4 Cg4
12. Cd2 Dxh4
13. Cf3

Posição após o 13° lance das Brancas.

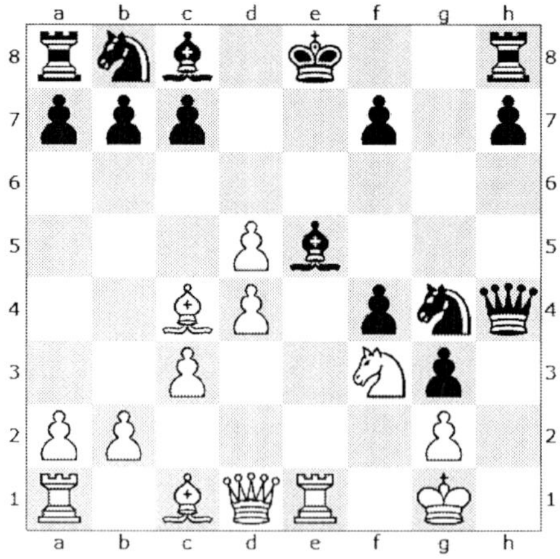

13. ... Dh6

Ameaçando ganhar a dama através de 10. ... Cf2;. Após 14. Txe5+, Cxe5; 15. dxe5, Bg4; as Brancas não têm compensação suficiente pela qualidade perdida, e 14. De2 (se 14. Dd2, Ce3!;) seria neutralizado por 14. ... 0-0; 15. dxe5, Cf2; 16. Rf1, Dh1+; 17. Cg1, Ch3!.

Consequentemente, não existe nada melhor do que tentar a seguinte diversão:

14. Da4+ Bd7
15. Da3

Esse lance também foi jogado pelo professor Rice, em uma partida com consulta em Nova Iorque, que resultou em empate. Na partida entre Lipschutz e Napier, jogada por volta do mesmo período, a continuação foi: 15. Db4, Cc6!; 16. dxc6, Bxc6; 17. Bb5, 0-0-0; 18. Bxc6, bxc6; 19. dxe5, Cf2; 20. Rf1, Dh1+; 21. Cg1, Ch3!; 22. Dc5 (se 22. gxh3, f3) 22. ... f3; 23. gxf3, Cxg1;, vencendo. Mas em a3, a Dama das Brancas permanece fora do jogo por muito tempo.

15. ... Cc6!

Posição após o 15° lance das Pretas.

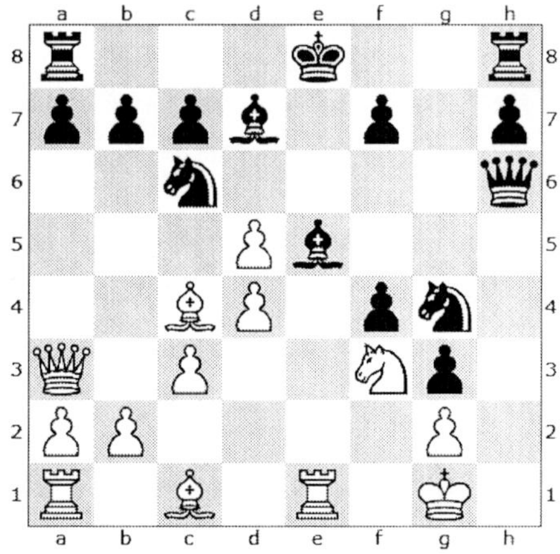

16. dxc6

As Brancas não têm escolha. Após 16. dxe5, Ncxe5; seguido por 16. ... 0-0-0;, o ataque das Pretas permanece irresistível.

16. … Bxc6
17. d5

Claramente forçado.

17. …Bxd5

Muito engenhoso. É provável, contudo, que fosse preferível a simples variante 17. ... Bd7; 18. Dc5!, c6!; 19. d6, f6;, deixando as Pretas com dois peões à frente em uma posição defensável. O lance do texto conduz a complicações extremamente interessantes e difíceis de penetrar.

18. Bxd5 Db6+
19. Cd4 0-0-0

Ao colocar o seu rei em segurança, as Pretas adquirem uma posição de ataque esplêndida, e as brancas, para evitar um desastre imediato, devem decidir sacrificar algum material.

20. Txe5

Considerando a variante 20. ... Cxe5; 21. Db3, Dxb3; 22. Bxb3, Cg6; 23. Bd2, que daria às Brancas excelentes chances de empate, as Pretas respondem com outro lance surpreendente.

Posição após o 20° lance das Brancas.

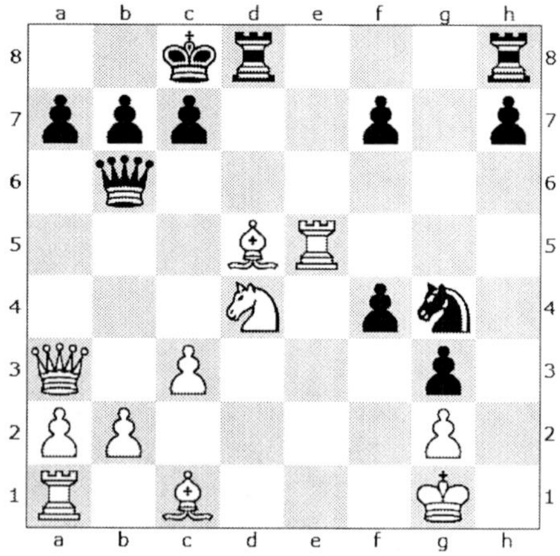

20. … Txd5!

Trata-se de uma combinação muito longa, na qual as Pretas tentam forçar a vitória mesmo quando a Torre e o Bispo estão em posição inferior.

21. Txd5 Dh6
22. Cf3

Após 22. Dxa7, Dh2+; 23. Rf1, Dh1+; 24. Re2, Dxg2+; 25. Rd3, Dxd5; 26. Da8+, Rd7; 27. Dxh8, as Pretas teriam pelo menos o empate através de xeque perpétuo: 27. ... Ce5+; 28. Rc2, De4+; 29. Rb3, Dd5+, mas também poderiam tentar utilizar seus perigosos Peões passados na ala do Rei jogando 27. ... f3;.

22. … Cf2
23. Rf1 Te8!

Ameaçando 24. ... Dh1+; 25. Cg1, Dxg1+; 26. Rxg1, Re1 mate.

24. Bxf4!

Esse é o único recurso para escapar das espirais mortais que as envolvem cada vez mais.

24. ... Dh1+!

25. Cg1 Cg4

Posição após o 25°lance das Brancas.

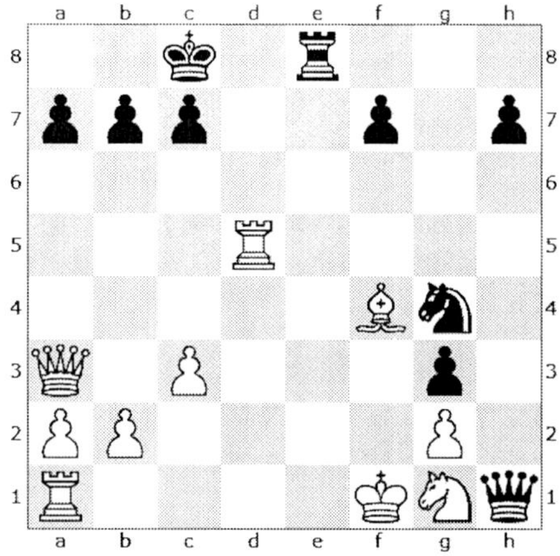

26. Th5!

Esse sacrifício é a maneira mais simples e segura de salvar a partida. Ao jogar 26. Re5, as Brancas se exporiam a novos perigos sem a mínima chance de vitória, como as seguintes variantes muito interessantes mostram: 26. Te5, Ch2+; 27. Re2, Td8!; (evitando a fuga do Rei para a ala da Dama) 28. Bxg3!, Dxg2+; 29. Bf2, Dg4+; 30. Re3 (se 30. Re1, Dg2; 31. Re2, Dg4+, e as Pretas já têm empate) 30. ... f5.

Posição após o 30º movimento das Pretas na subvariante que surge no 26º movimento das Brancas.

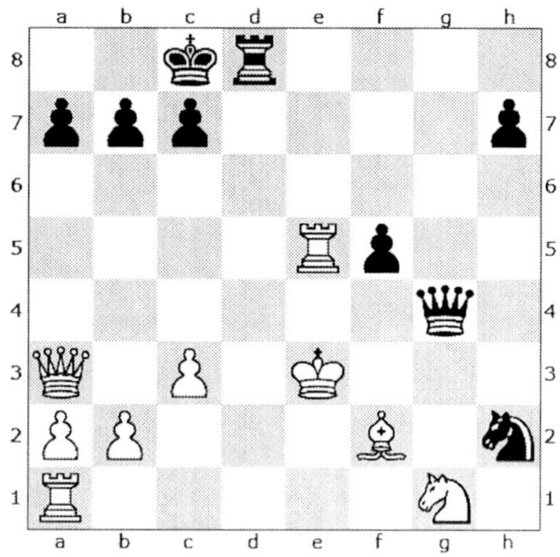

E novamente, para a ameaça 31. ... Dg5+; 32. Re2, Dd2 mate, as Brancas têm somente as duas seguintes defesas:

I. 31. De7, f4+; 32. Re4, Dg2+; 33. Rxf4, Dxf2+, e as Pretas têm pelo menos xeque perpétuo, pois o Rei das Brancas não pode ir a g5 devido ao mate em três através de … Dg3+, … Dg4+ e … Dg6;.

II. 31. Db4, Dg5+; 32. Df4, Cg4+!; (mais forte do que 32. ... Td3+) 33. Rf3, Cxe5+; 34. Dxe5, Dg4+; 35. Re3, f4+; 36. Re4, Dg2+; 37. Cf3, Dxf2; etc., com boas chances de vitória, pois as Brancas não podem proteger seu Rei e seus Peões na ala da Dama. Essas variantes demonstram a vitalidade extraordinária do ataque iniciado pelas Pretas em seu 20º lance.

26. … Dxh5
27. Ch3 Db5+

Da mesma forma, a tentadora manobra 27. ... Ch2+; 28. Rg1, Cf3+; 29. Rh1, Tg8!; ameaçando 30. ... Dxh3; e 31. ... g2 mate, conduz somente a um empate contra uma defesa correta, por exemplo: 30. Bxg3, Txg3; 31. Df8+, Rd7; 32. Td1+, Rc6; 33. De8+, Rb6; 34. De3+, Ra6; 35. Dd3+!; (se 35. De2+, b5!; 36. Df1, Ch4 e as Pretas devem vencer) 35. ... Rb6!; (não 35. ... b5 devido a 36. Dd7!, ameaçando mate em três lances) 36. De3+, Ra6!; (se 36. ... c5; 37. Td6+, Ra5; 38. Th6, Df5; 39. Cg1, vencendo) 37. Dd3+, e a partida está empatada.

Posição após o 27° lance das Pretas.

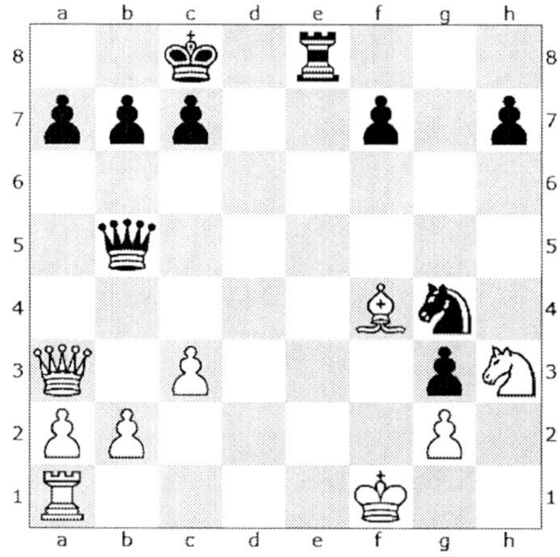

28. Rg1!

O lance 28. c4 permitiria às Brancas preservarem material, mas deixaria chances de vitória às Pretas, por exemplo: 28. c4, Dxc4+; 29. Rg1, Dd4+; 30. Rh1, Cf2+; 31. Cxf2, gxf2; 32. Bg3 [ou 32. Dg3, Dxb2; (se 32. ... Te1+; 33. Txe1, fxe1=D+; 34. Dxe1, Dxf4; 35. De8 mate) 33. Tf1, Dxa2; e as Pretas vencem] 32. ... Df6; 33. Tf1, Dh6+; 34. Bh2, Te1; 35. Dd3, Dc1;, vencendo.

28. ... Db6+
29. Rh1 Cf2+
30. Cxf2 Dxf2

Não 30. ... gxf2; 31. Tf1, Df6; 32. g3, vencendo.

31. Bxg3 Dxg3
32. Dxa7

A batalha oscilante terminou em um final pacífico com forças iguais. As Pretas, de forma correta, contentam-se com um xeque perpétuo, pois a única tentativa de vencer, 32. ... Te4;, é facilmente refutada através de 33. Rg1!.

32. ... Te1+
33. Txe1 Dxe1+
34. Rh2 Dh4+
35 Rg1 De1+

Empate

JOGO 33

Abertura Vienense
Brancas: A. Wjakhirev
Pretas: A. Alekhine
Correspondência, Rússia, 1908

1. e4 e5
2. Cc3 Cf6
3. Bc4 Cc6
4. d3 Bb4
5. Cge2

Essa partida foi jogada antes do forte lance 5. Bg5 ser introduzido por Mieses na prática magistral.

5. ... d5
6. exd5 Cxd5

7. Bxd5 Dxd5
8. 0-0 Dd8

A retirada é preferível a 8. ... Bxc3;, como ocorreu na partida do Dr. Bernstein contra mim em Paris (Fevereiro de 1922). A continuação foi: 9. Cxc3, Dd8; 10. f4, exf4; 11. Bxf4, 0-0; 12. Cb5;, após a qual as Brancas conseguiram vantagem e, ao final, venceram.

9. Cg3

Na partida Mieses-Tchigorin (Monte Carlo 1902), as Brancas continuaram 9. f4, 0-0; (mais forte seria 9. ... exf4; 10. Bxf4, 0-0; 11. Ce4, Be7;) 10. f5;, garantindo vantagem para as Brancas.

9. … 0-0
10. f4

Atualmente, esse lance não é tão eficaz, pois as Pretas, com sua resposta correta, assumem a iniciativa na ala do Rei.

10. … f5
11. Cce2 Dh4
12. Rh1 Bd6

Contrastando com a manobra C-g1-h3, etc.,

13. d4

As Brancas, com jogo inferior, forçam as Pretas a avançarem seu Peão passado, criando chances de contra-ataque no centro.

13. ... e4

Hoje em dia, eu adotaria a simples variante 13. ... exd4; 14. Cxd4, Cxd4; 15. Dxd4, Be6; ou 15. ... Bd7;, seguido de ...Bc6;. Mas minha falta de experiência representava uma fraca proteção contra a tentação de um ataque com sacrifícios brilhantes. E, embora minhas previsões se concretizassem, isso ocorreu somente devido à estratégia defeituosa adotada pelo meu adversário.

14. c4 Cf6
15. c5 Th6
16. h3 Bf8
17. Db3+ Rh8

Posição após o 17° lance das Pretas.

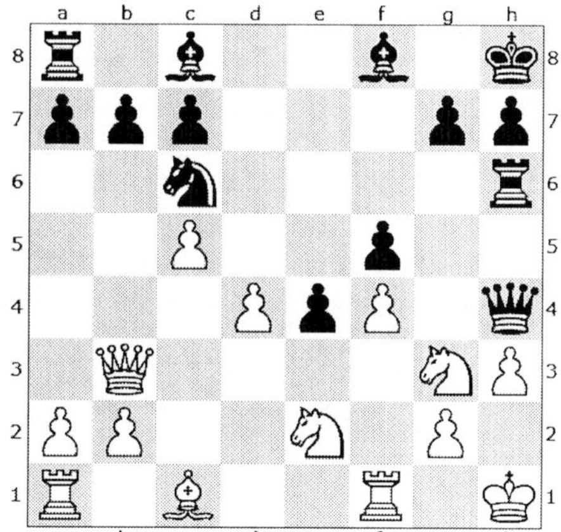

18. Dc3

Um grave erro de avaliação posicional, que entrega a casa muito importante d5. Era absolutamente necessário 18. d5, por exemplo 18. ... Ce7; ou ...d8; 19. Be3;, garantindo boa posição no centro.

O lance do texto deixa as Pretas com acentuada vantagem.

18. ... Ce7!

É claro, não 18. ... Be6; devido a 19. d5!, etc.

19. Be3 Be6
20. Bf2 Df6
21. a3

O avanço do Peão na ala da Dama (veja também os lances 23. e 26. das Brancas) não conduz a nada, pois não há ameaça concreta. Mas o jogo das Brancas está tão comprometido pelo seu 18º lance que dificilmente é possível sugerir um plano válido de defesa.

21. ... Bd5

Ameaçando 22. ... e3;, seguido por ... Txh3+, etc. A casa d5 não está ocupada propriamente pelo Bispo, pois o Cavalo ainda desempenha um papel crucial na posição.

22. Be3 Cg6
23. b4 Ch4
24. Rg1

A qualquer outro lance, as Pretas responderiam, como na partida, com 24. ... Cf3+;, bloqueando o Rei na casa do canto e expondo-o aos ataques mais violentos, tais como ... Dh4; ameaçando ... Dh3+!, etc.

24. ... Cf3+!
25. Rf2

A captura do Cavalo significaria um desastre, por exemplo: 25. gxf3, exf3; 26. Cc1, Txh3; 27. Rf2 (ou 27. Bf2) 27. ... Dh4;, e as Pretas vencem.

Posição após o 25° lance das Brancas.

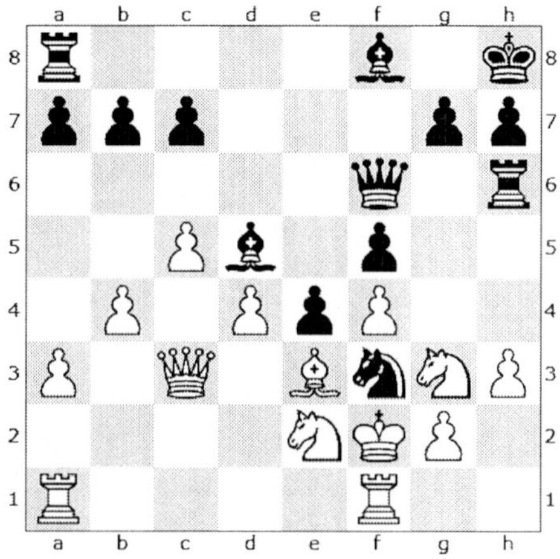

25. … Dh4!

Uma posição bastante peculiar. A intenção das Pretas é jogar … Tg6; e ...Be7;, seguido de … Txg3!; Cxg3, Dxg3!; Rxg3, Bh4 mate;, e as Brancas não têm defesa satisfatória contra essa ameaça!

26. b5 Tg6
27. Tfc1 Be7!
28. Rf1

Como as Brancas veem ser impossível se opor à ameaça mostrada acima, procuram compensação na captura do Cavalo das Pretas. Mas o ataque das Pretas permanecerá forte e conduzirá a novas posições de mate.

28. … Txg3

29. Cxg3

Se 29. Bf2, Cd2+; 30. Rg1 (ou 30. Re1, Txc3) 30. ... Txg2+; 31. Rxg2, e3+; 32. Rg1 (ou 32. Rh2) 32. ... Dxf2 mate.

29. … Dxg3
30. Bf2 Dh2
31. gxf3 exf3
32. Tc2 Te8!

O lance inicial da manobra impede o Rei das Brancas de conseguir refúgio na ala da Dama.

33. Be3

Se 33. ... Bg1, então Dg3; seguido de ...Bh4 mate.

33. … Dh1+
34. Bg1 Bh4!
35. Th2

Agora, a Dama das Pretas está perdida, mas essa perda permite que o Peão das Pretas aplique o coup de grâce.

Posição após o 35° lance das Brancas.

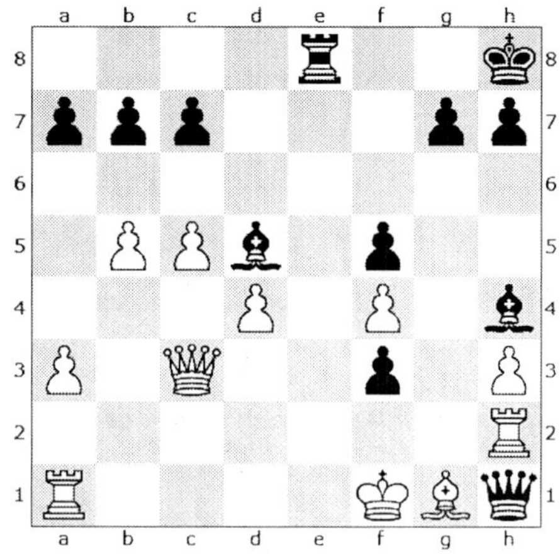

35. ... Dg2+
36. Txg2 fxg2

......

JOGO 34

Abertura Ruy Lopez

Brancas: K. Wjygodchikov

Pretas: A. Alekhine

Correspondência, Rússia, 1908-1909

1. e4 e5
2. Cf3 Cc6
3. Bb5 a6
4. Ba4 Cf6
5. 0-0 Bc5

Esse lance, sugerido em 1908 pelo Mestre dinamarquês Möller, é, na minha opinião, muito melhor do que a sua reputação, pois até o presente não foi refutado, e as poucas partidas em que foi adotado tendem a seu favor.

6. Cxe5

As Brancas também podem jogar 6. c3, cuja melhor resposta é 6. ... Ba7, como na partida Yates-Alekhine (Hastings 1922), que continuou da seguinte forma: 7. d4; (seria interessante 7. Te1, Cg4!; 8. d4, exd4; 9. cxd4, Cxd4!; 10. Cxd4, Dh4!; com um ataque vencedor) 7. ... Cxe4; 8. De2, f5; 9. dxe5, 0-0; 10. Cbd2, d5; 11. exd6, Cxd6; 12. Bb3+, Rh8; 13. Cc4, f4; 14. Cce5, Cxe5; 15. Cxe5, Dg5; 16. Bd2, Bh3; 17. Bd5, Tae8; 18. Tae1, Te6!; 19. Dd3;, e agora as Pretas, que de forma surpreendente jogaram 16. ... Be3!?, ao final obtiveram somente empate, enquanto poderiam ganhar um Peão simplesmente através de 19. ... Bxg2, seguido de 20. ... Txe5.

6. ... Cxe5

7. d4 Cxe4!

Posição após o 7° lance das Pretas.

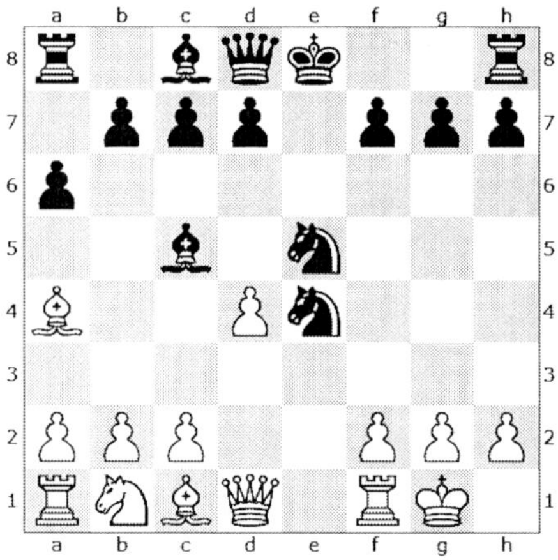

8. Te1

Após 8. dxc5, Cxc5; 9. Dd4 ou d5;, 9. ... De7!; 10. Bf4, f6; (Dr. Groen-Alekhine, Portsmouth 1923) as Brancas não têm compensação suficiente pelo seu Peão.

Se 8. De2; (Takacs-Alekhine, Viena 1922), então 8. ... Be7; 9. Dxe4, Cg6; 10. c4, 0-0; 11. Cc3, f5, com boas chances de ataque. A continuação dessa partida interessante foi: 12. Df3, Ch4; 13. Dd3, b5; 14. Bb3, Rh8; 15. Bf4, Cg6; 16. Bd2, Bb7; 17. Tfe1, bxc4; 18. Bxc4, d5; 19. Bb3, c5!; 20. dxc5, d4; 21. Ca4, Be4; 22. Dc4, Bg5; 23. Dc1, Bxd2; 24. Dxd2, Ch4; 25. f3, Bxf3; 26. g3, e as Pretas venceriam diretamente através da combinação de sacrifício 26. ... f4; 27. gxh4, Dxh4;, pois após 28. Bc2, d3!; 29. Bxd3, Tad8;, a posição é decisiva.

8. … Be7
9. Txe4 Cg6
10. Cc3 0-0
11. Cd5 Bd6!

Era mais importante manter esse Bispo. Agora que as Pretas superaram muitas das dificuldades da abertura, podem, em seguida, obter pelo menos um jogo igual.

12. Df3

Para 12. c4, as Pretas tinham a poderosa resposta 12. ... f5; 13. Te1, c5!, etc.

12. … f5

Mas, nessa posição, esse avanço é prematuro. As Brancas ganham um tempo importante ao jogar o seu Bispo do Rei para b3, e as Pretas perdem a chance de jogar … c5;. O jogo correto seria 12. ... b5; 13. Bc3, Bb7;, etc., oferecendo boas chances às Pretas.

13. Bb3! Rh8

Evidentemente, a Torre não poderia ser capturada devido ao mate em quatro:

13. ... fxe4; 14. Ce7+, Rh8; 15. Cxg6+, hxg6; 16. Dh3+, Dh4; 17. Dxh4 mate.

14. Te2 f4

Em preparação para 15. ... c6. Se 14. ... Dh4; 15. h3, Dxd4; 16. c3, Dc5; 17. Be3, Dc6; 18. Bd4;, com um forte ataque.

15. c4 c6

Na mira do sacrifício da Torre no lance 17, seria insuficiente 15. ... Dg5; 16. c5, Ch4; devido a 17. Dg3!, ou 15. ... c5;, devido a 16. Bc2;, um lance ameaçador em qualquer caso.

16. c5 Bb8
17. Cb6

Posição após o 17° lance das Brancas.

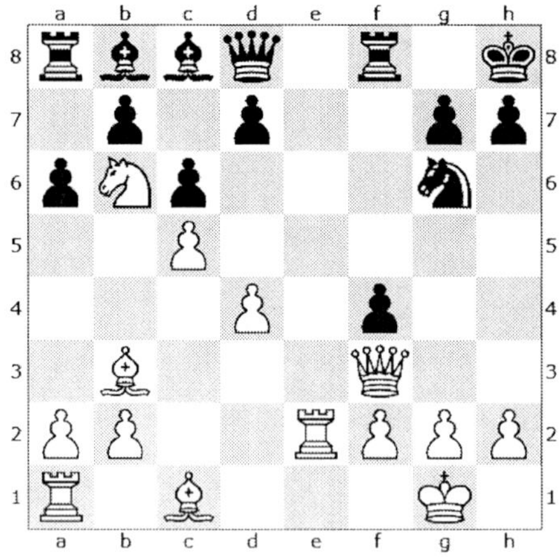

17. ... d5!!

Esse sacrifício de Torre é absolutamente sólido, e as Brancas seriam mais prudentes se não o aceitassem, jogando 18. Cxc8!; (não 18. Bc2 diretamente devido a 18. ... Dg5!, etc.) 18. ... Dxc8; 19. Bc2;, garantindo uma ligeira vantagem. É fácil compreender por que as Brancas seriam tentadas a capturar a Torre, considerando que o forte ataque das Pretas que segue não era evidente.

18. Cxa8 Ch4

Posição após o 18° lance das Pretas.

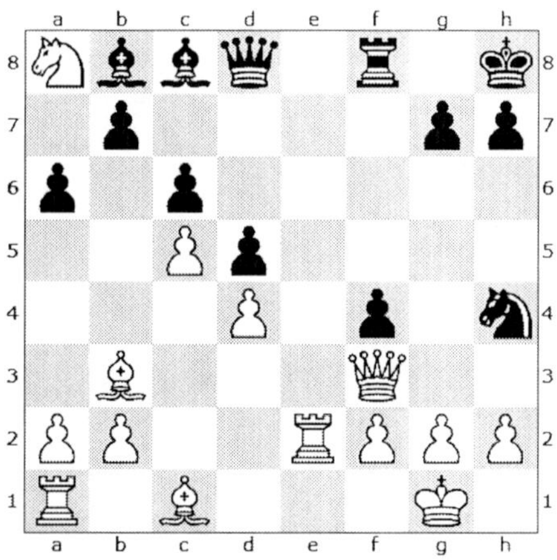

19. Dc3

Naturalmente, não 19. Dh5; devido a 19. ... g6; 20. Dh6, Cf5; seguido de 21. ... Cxd4;, etc. Se 19. Dd3!; ocorreriam complicações interessantes. A linha provável de jogo teria sido: 19. ... Bf5; 20. Dc3; (se 20. Dd1, Dg5!;) 20. ... f3; 21. Te3!; (se 21. gxf3, Df6; 22. f4, Bg4;) 21. ... fxg2; 22. f3!; Dg5!; (ameaçando Bxh2+;) 23. Te5, Bxe5; 24. Bxg5, Bxd4+; 25. Dxd4, Cxf3+; 26. Rxg2, Cxd4; 27. Cb6, Be4+; 28. Rg3, Tf3+; 29. Rh4, Bf5!;, e mate em poucos lances.

O lance do texto, de várias maneiras, facilita o ataque das Pretas, pois agora elas têm uma séria ameaça, incluindo um possível sacrifício da Dama.

19. … f3
20. Te5

Obrigatório. Após a resposta plausível 20. Te3;, a continuação seria: 20. ... Dg5!; 21. g3, Bxg3!; 22. hxg3, Dxg3+; 23. fxg3, f2+; 24. Rf1, Bh3+;, e as Pretas vencem.

20. … Bxe5
21. dxe5 Cxg2!

Ameaçando ... Dh4-h3;.

22. Dd4 Dd7

As Pretas também poderiam vencer através de 22. ... Cf4!; 23. Bxf4, Dh4!;, etc., mas a variante adotada é igualmente decisiva.

23. e6

Um lance desesperado. Mas após 23. Rh1, Dh3;, as Brancas não teriam defesa contra 24. ... Ce1!;, etc.

23. … Dxe6
24. Bd2

Posição após o 24° lance das Brancas.

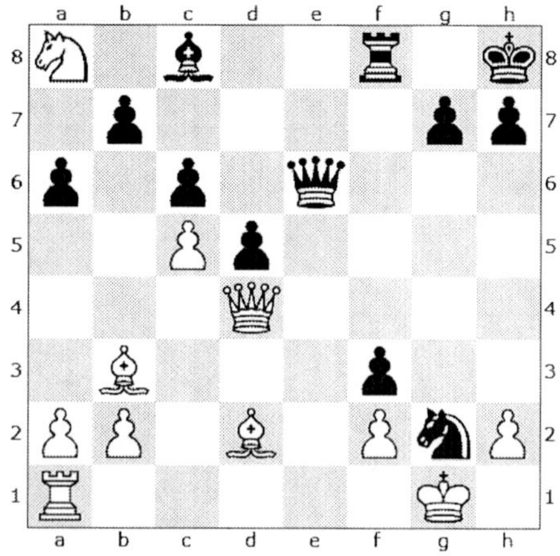

24. ... Dg6!

Mais forte do que 24. ... Dh3; 25. Bc3, Tg8; 26. De5, Cf4; 27. Dg5;, pois as Pretas não podem jogar 27. ... Bg4; devido a 28. Bxg7+!, com xeque perpétuo.

25. Bc2

E, ao invés disso, 25. Rh1;, então 25. ... Ce8;, ou se 25. Rf1, Bh6;, e as Pretas vencem.

25. ... Dxc2
26. Rh1 Dg6
27. Tg1

O único recurso.

27. ... Bh3
28. Cb6

Posição após o 28° lance das Brancas.

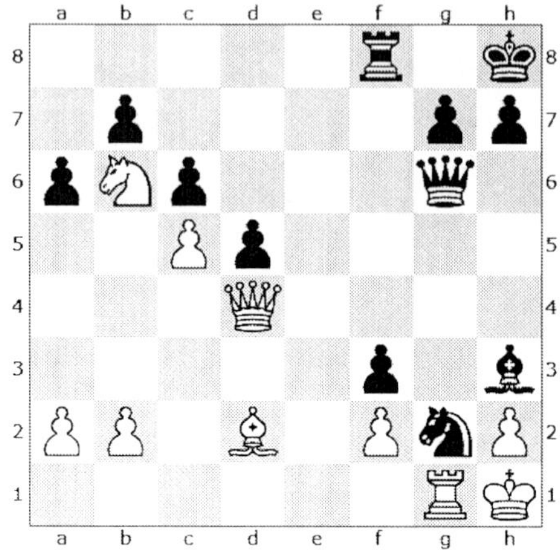

28. ... Cf4!

Essa manobra, cuidadosamente preparada pelos lances anteriores das Pretas, revela-se de efeito imediato e decisivo. Após a troca das Damas e a consequente perda da Qualidade, o jogo das Brancas permanece totalmente sem recursos.

29. Txg6 Bg2+
30. Txg2 fxg2+
31. Rg1 Ce2+
32. Rxg2 Cxd4

As Brancas abandonaram.

JOGO 35

Defesa Fianqueto da Dama

Brancas: A. Alekhine

Pretas: V. Rozanov

Torneio Local em Moscou, Setembro, 1908

1. e4 b6
2. d4 Bb7
3. Cc3 e6
4. Cf3 d5

Um lance que não corresponde ao espírito da abertura escolhida pelas Pretas, pois limita a ação do Bispo da Dama. Seria mais natural 4. … Bb4 5.Bd3 d6, seguido de … Cd7 e … Ce7.

5. Bb5+ c6
6. Bd3 Cf6

Relativamente melhor seria 6. ... dxe4; 7. Cxe4, Cf6, conduzindo a uma variante — ainda que não muito favorável às pretas — da Defesa Francesa. As brancas, porém, aproveitam o lance do texto para iniciar imediatamente um ataque contra a posição do Rei adversário.

7. e5 Cfd7
8. Cg5!

Ameaçando 9. Cxe6, fxe6; 10. Dh5+, seguido de Bg5+, etc.

8. … Be7

Se 8. ... h6; 9. Cxe6, fxe6; 10. Dh5+, Re7; 11. Dh4+, e as brancas vencem.

9. Dg4

Muito melhor seria 9. Dh5, após o qual as pretas teriam defesa suficiente com 9. ... g6; 10. Dg4, Cf8, etc. Depois do lance do texto, as pretas não encontram alternativa melhor do que 9. ... Bxg5; 10. Bxg5, Dc7; 11. Bh4!, g6; 12. Ce2, c5; 13. c3, e as brancas obtêm um belo ataque posicional.

9. Cf8

Isso possibilita uma combinação com sacrifício.

10. Cxh7! Txh7

Se 10. ... Cxh7; 11. Dxg7, etc.

11. Bxh7 Cxh7
12. Dxh7 Cf8

À primeira vista, pode parecer que as brancas possuem uma vitória simples com o avanço do Peão h, após g3, já que isso custaria às pretas pelo menos uma peça quando o peão chegasse à casa h7. No entanto, as pretas podem recorrer a um contra-ataque no centro para atrapalhar esse plano, ou até mesmo obter compensação em outro setor. Por exemplo: 13. g3, c5; 14. h4 (ou 14. Ce2, Cc6; 15. c3, cxd4; 16. cxd4, Ba6!, seguido de ... Cb4); 14. ... cxd4; 15. Ce2, d3; 16. cxd3, d4, no 17Torre move, Ba6, etc.

Assim, há apenas uma maneira para as brancas alcançarem uma vitória imediata a partir de sua vantagem posicional.

Posição após o 12° lance das Pretas.

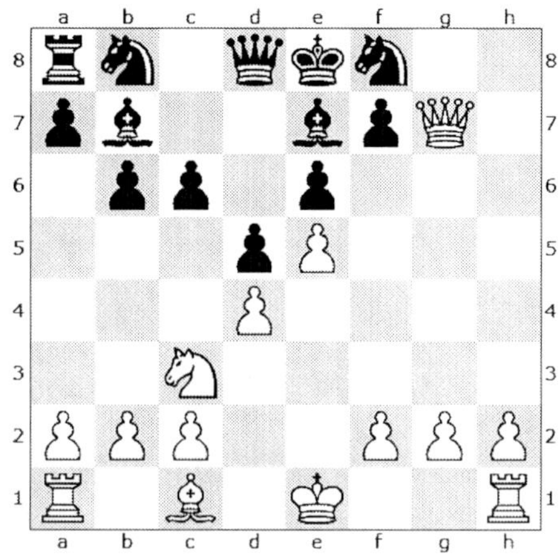

13. h4!

Um lance surpresa, que marca o primeiro elo da combinação que se seguirá, na qual as pretas serão forçadas a entregar a sua Dama.

13. … Bxh4
14. Txh4! Dxh4
15. Bg5

Sem conseguir afastar a Dama branca de f6 — que ameaça simultaneamente mate em e7 e d8 —, as pretas são obrigadas a ceder a Dama em troca do Bispo.

15. … Dh1+
16. Rd2 Dxg2
17. Df6 Dxg5+
18. Dxg5

O restante da partida se torna apenas uma questão de técnica.

18. … Cg6

19. f4 Ce7
20. Th1 Cd7
21. Cd1 Cf8
22. Ce3 Bc8
23. Cg4 Bd7
24. Th8 Ceg6
25. Cf6+ Rd8
26. Dxg6!

Na linha mais simples, as brancas mantêm uma Torre de vantagem.

As Pretas abandonaram.

JOGO 36

Abertura Philidor
Brancas: B. Blumenfeld
Pretas: A. Alekhine
2ª partida do Match, Moscou, Outubro, 1908.

1. e4 e5
2. Cf3 d6
3. d4 Cd7

É mais correto o lance de Nimzovitsch 3. ... Cf6, pois a variante 4. dxe5, Cxe4; 5. Bc4, c6 não apresenta dificuldades significativas para as pretas de forma geral. Entretanto, após o lance do texto, as brancas podem adotar a Variante Schlechter: 4. Bc4, c6; 5. Cc3, Be7; 6. dxe5, dxe5; 7. Cg5, Bxg5; 8. Dh5!, garantindo a elas uma ligeira vantagem para o final da partida.

4. b3

Após esse lance, as pretas não têm surpresas a temer e podem dedicar-se tranquilamente ao desenvolvimento das suas peças.

4. … c6
5. Bb2 Dc7
6. Cbd2

Pretendendo atacar o Peão e uma terceira vez com Cc4, as brancas tentam forçar o adversário a modificar a disposição dos seus Peões. As pretas frustram esse plano de maneira muito simples.

6. … Ce7

Esse Cavalo deve ser colocado em g6 e, ao mesmo tempo que assegura a defesa do Peão e a partir dessa casa, aguardará o momento oportuno para se estabelecer em f4, uma casa enfraquecida pelo desenvolvimento do Bispo da Dama das brancas em b2.

7. Be2

Certamente teria sido melhor perceber a ameaça das pretas através de 7.g6, seguido por Bg2, especialmente porque a ação do Bispo a partir de e2 é praticamente nula.

7. … Cg6
8. 0-0 Be7
9. a4

Perda de tempo. Nessa posição, o lance 9. ... b5 não deve ser temido.

9. … 0-0

10. Cc4 Td8

Na Variante Hanham da Defesa Philidor, a coluna d é de importância primordial, assim como a coluna e na Variante das Trocas da Defesa Francesa.

11. Dc1

A Dama das brancas, de forma razoável, escapa da oposição desconfortável da Torre adversária. Entretanto, teria sido mais urgente evitar a troca do Bispo do Rei, o qual poderia se mostrar mais útil na sequência, jogando primeiro 11. Te1, seguido de Bf1. As pretas exploram imediatamente esse pequeno erro estratégico.

11. ... Cf4
12. Te1 Cxe2+
13. Txe2 f6

Na ausência do Bispo do Rei das brancas, o enfraquecimento das casas brancas resultante do avanço do Peão f das pretas não representa mais perigo.

14. Ch4 Cf8

O Cavalo da Dama das pretas agora mira a casa f4.

15. Ce3 Ce6
16. dxe5

As brancas percebem que não conseguirão mais dificultar a abertura da coluna d, o que equivale à condenação da sua estratégia de abertura. Certamente a continuação 16. Chf5, Bf8; 17. c3, g6; 18. Cg3, Cf4; 19. Td2, Be6; 20. Dc2, Df7; etc., era até menos atraente do que a variante realmente adotada.

16. ... dxe5
17. Chf5

Posição após o 17° lance das Brancas.

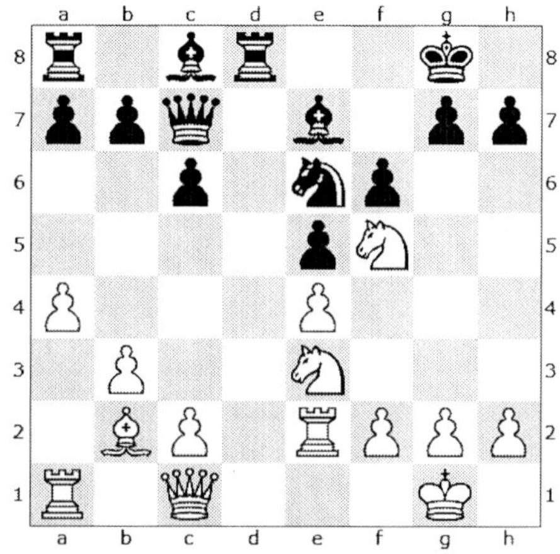

17. ... Bb4

Uma manobra bem concebida, com o objetivo de garantir o controle permanente da coluna d. A ameaça direta é 18. ... Cf4, provocando consequentemente 18. c3 e, com isso, enfraquecendo a casa d3.

18. c3

As alternativas eram:

I. 18. g3, Cg5;
II. 18. f3, Cf4; 19. Tf2, Bxf5; 20. exf5 (20. Cxf5, Bc5; 21. Ce3, Db6; 22. a5! Bxe3; 23. axb6, Bxc1; 24. Txc1, axb6) 20. ... Bc5; e as pretas, ameaçando 21. ... Cd5 e ... Db6, devem vencer.

18. ... Cf4

Ganhando um tempo precioso, as pretas poderão trazer rapidamente sua Torre da Dama para o jogo após 19. ... Bxf5. Tivessem as pretas jogado 18. ... Bf8, as brancas teriam uma defesa fácil com 19. Td2, Cf4; 20. Txd8, Dxd8; 21. Dd1, etc.

19. Td2 Bxf5
20. Cxf5 Bc5
21. b4

Sem essa precaução, as pretas, após 21. ... a5, assegurariam seu Bispo em uma posição dominante na diagonal g1-b7.

21. ... Bf8
22. Txd8

As brancas não tinham escolha, e o controle da coluna d está definitivamente perdido.

22. ... Txd8
23. Dc2 Dd7
24. Tf1

Para libertar a Dama das brancas, que no momento está imobilizada pela ameaça de mate em d1.

24. ... Dd3!
25. Db3+

Após 25. Dxd3, Txd3; 26. Cg3, c5; 27. bxc5, Bxc5; seguido de ... Td2 etc., a posição das brancas seria desesperadora.

25. … Rh8

26. Cg3

Evidentemente obrigatório, as pretas agora dominam o tabuleiro.

26. … h5

No entanto, esse não é o caminho mais curto para a vitória. Seria mais direto: 26. ... Ce2+; 27. Cxe2, Dxe2; 28. Bc1, Dxe4; 29. Df7, c5; 30. bxc5, Bxc5; 31. Dc7, Bb6; e as pretas, com uma bela posição e um Peão a mais, devem vencer facilmente.

Posição após o 26° lance das Pretas.

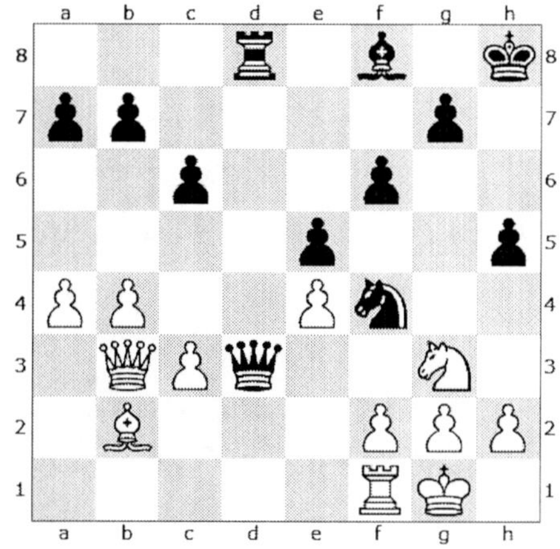

27. Bc1

As brancas, por sua vez, não adotam a melhor continuação e assim deixam escapar sua última chance: 27. h4!, após o que as pretas não podem jogar 27. ... g5, pois isso enfraquece consideravelmente a posição do seu Rei. Por exemplo: 28. Df7!, Bg7; 29. hxg5, fxg5; 30. Bc1, etc. Nesse caso, as pretas teriam se contentado com 27. ... Ce2+; 28. Cxe2, Dxe2; 29. Bc1, Dxe4; 30. Df7, c5!; 31. Dxh5+, Rg8, garantindo uma vantagem suficiente para vencer, mas ao custo de algumas dificuldades técnicas.

27. ... h4!

O final, por assim dizer, joga-se por si mesmo.

28. Bxf4 exf4
29. Cf5

Se agora 29. ... Dxe4, então 30. Cxh4, oferecendo algumas possibilidades defensivas. Porém, a resposta das pretas destrói as últimas ilusões do adversário.

Posição após o 29° lance das Brancas.

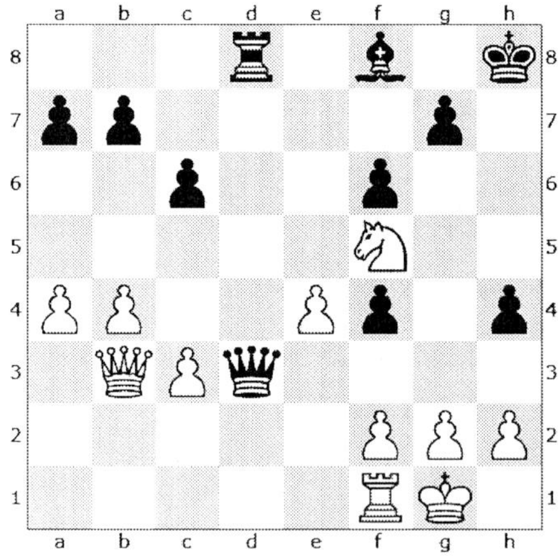

29. ... h3!
Decisivo, como mostram as variantes a seguir:

I. 30. f3, De2!; 31. gxh3, Td2, vencendo;

II. 30. gxh3, Dxe4; 31. Cd4, Td5!, vencendo, pois se 32. f3, De3+!; seguido de ... Txd4;

III.30. Te1, Dd2!; 31. Tf1, De2, vencendo.

30. De6 hxg2

31. Rxg2

Um lance desesperado. Se 31. Te1, Dxc3; 32. Tb1, Dc2; 33. Te1, Td1 (o mais simples); 34. Txd1, Dxd1+; 35. Rxg2, Dg4+; 36. Rf1, Bxb4; 37. Dc8+, Rh7; 38. Dxb7, a5; 39. Dxc6, f3!, vencendo.

31. ... f3+

32. Rg1 Dxf1+!

E mate no próximo lance.

JOGO 37

Abertura Ruy Lopez

Brancas: A. Alekhine

Pretas: S. Freymann

Exibição durante o torneio de Colônia, Junho, 1911.

1. e4 e5
2. Cf3 Cc6
3. Bb5 Cf6
4. 0-0 d6
5. Cc3 Bd7
6. d4 exd4

Essa captura é prematura e deveria ter sido precedida por 6. ... Be7; 7. Te1!, etc. A inversão de lances oferece às brancas possibilidades vantajosas de desenvolvimento.

7. Cxd4 Be7
8. Cxc6

Também seria muito forte 8. Bxc6, bxc6; 9. Df3!. Mas o sistema adotado pelas brancas conduz a uma posição ainda mais promissora.

8. ... Bxc6

Após 8. ... bxc6, a melhor resposta seria 9. Ba4, como jogado com sucesso por Marco contra Breyer no Torneio de Budapeste, 1913.

9. De2!

As brancas adiam a troca dos Bispos em c6 até assegurarem meios de enfraquecer a sólida formação de Peões pretos em c7, c6 e d6, ligados por essa troca. Esse é um ponto de vista estrategicamente correto.

9. ... 0-0
10. Bg5 Te8
11. Tfe1

Para evitar a ameaça imediata de 11. ... Cxe4.

11. ... h6

Aparentemente, a ideia das pretas com esse lance é prosseguir com 12. ... Nh6, no caso de 12. Bh4, forçando a troca dos Bispos, o que aliviaria sua posição. As brancas, portanto, escolhem outra casa de fuga para seu Bispo, evitando essa linha.

12. Bf4 Cd7

Se agora 12. ... Ch7, então 13. Bc4, e as pretas não podem mais trocar o seu Bispo (13. ... Bg5; 14. Bg3, Bh4; 15. Dh5). Após o lance do texto, as brancas podem executar o plano que haviam preparado com 9. De2: enfraquecer a ala da Dama adversária após a troca do Bispo da Dama.

13. Bxc6! bxc6
14. Dc4 Bg5

Uma defesa engenhosa, que no entanto, não atinge o resultado desejado. As brancas, porém, não podem jogar 15. Bxg5, Dxg5; 16. Dxc6?, devido a 16. ... Ce5 seguido de 17. ... Cf3+.

15. Bg3 c5
16. Tad1

Ameaçando e5.

16. … Bf6
17. b3 Ce5
18. De2 g6

Para manter o Bispo que atuará de forma efetiva nas casas pretas do adversário, as brancas precisam agora manobrar com a máxima precisão para conservar sua vantagem.

19. Cd5 Bg7

Posição após o 19° lance das Pretas.

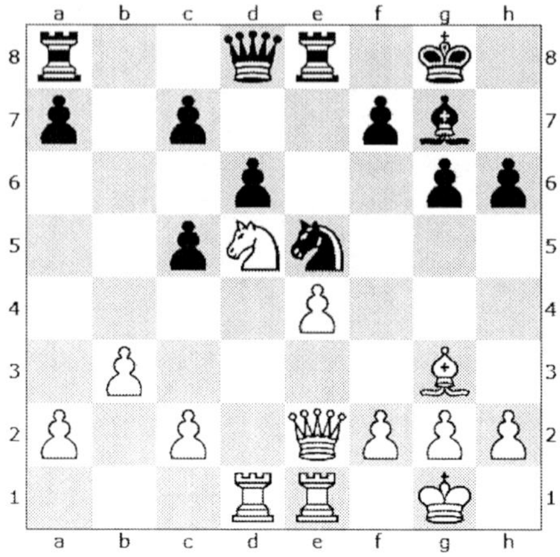

20. Da6!

A maneira mais efetiva de explorar as fraquezas da ala da Dama preta surge com a ameaça de ganhar um Peão através de 21. Bxe5 e 22. Db7. As pretas, portanto, são forçadas a responder com ...c6. É interessante notar como esse lance enfraquecedor as conduz, passo a passo, a comprometer sua posição até que ela se torne insustentável.

20. ... Dc8
21. Da5 c6
22. Ce3 Td8
23. Bh4!

Em seguida, as brancas obrigam as pretas a responder com 23. ... g5 ou ...f6, o que não é muito melhor, já que 23. ... Td7 é impossível devido a 24. f4.

23. ... g5
24. Bg3 De6
25. Cf5 Bf8
26. Dc3

Agora, a ameaça de 27. f4, Cg6; 28. fxg5, seguido de 29. Bxd6 etc., força as pretas a enfraquecerem ainda mais a sua ala do Rei.

26. ... f6
27. f4 Cg6

Se 27. ... Cf7, então as brancas levariam sua Dama até h5 via f3, com efeito decisivo. Após o lance do texto, elas garantem pelo menos um Peão.

28. Cxh6+! Bxh6
29. f5 De7
30. fxg6 Bf8
31. Dc4+ Rg7

Se 31. ... Rh8, então 32. Tf1, seguido por 33. De2, conduz a uma vitória tranquila para as brancas.

32. Bxd6!

As Pretas abandonaram.

JOGO 38

Defesa Siciliana

Brancas: P. Potemkin

Pretas: A. Alekhine

Torneio de Inverno da Sociedade de Xadrez de São Petersburgo, Março, 1912.

1. e4 c5
2. g3

Um bom sistema de desenvolvimento contra a Defesa Siciliana, muito estudado por Tchigorin e adotado com êxito pelo Dr. Tarrasch em diversos torneios recentes.

2. … g6
3. Bg2 Bg7
4. Ce2 Cc6
5. c3

Mas o avanço d4, preparado por esse lance, não está no espírito do sistema. As brancas poderiam simplesmente desenvolver suas peças através de 5. Nc3, d3; 6. 0-0, etc.

5. … Cf6
6. Ca3

Esse lance ilógico permite que as pretas alcancem uma posição superior de forma imediata. Certamente teria sido melhor jogar 6. d4, cxd4; 7. cxd4, d6, embora, mesmo assim, o centro de peões das brancas se tornasse fraco.

6. … d5

É claro!

7. exd5 Cxd5
8. Cc2 0-0
9. d4

Após esse lance, o peão d das brancas se torna fraco imediatamente. Mas 9. d3 não seria muito melhor.

9. ... cxd4
10. cxd4 Bg4
11. f3

A alternativa 11. Be3, seguida por Dd2 e Td1, também é insatisfatória, ameaçando capturar o peão d através de ... Bxc2, etc.

11. ... Bf5

Ameaçando ganhar o peão d através de ... Bxc2, etc.

12. Ce3 Da5+

Esse último lance impede o roque, pois, após 13. Dd2 ou 13. Bd2, a resposta 13. ... Cxe3 ganha uma peça.

13. Rf2 Cdb4

Há ainda a ameaça de capturar o peão **d** após Bd3.

14. Cxf5 Dxf5
15. g4 Cd3+
16. Rg3

Posição após o 16° lance das Brancas.

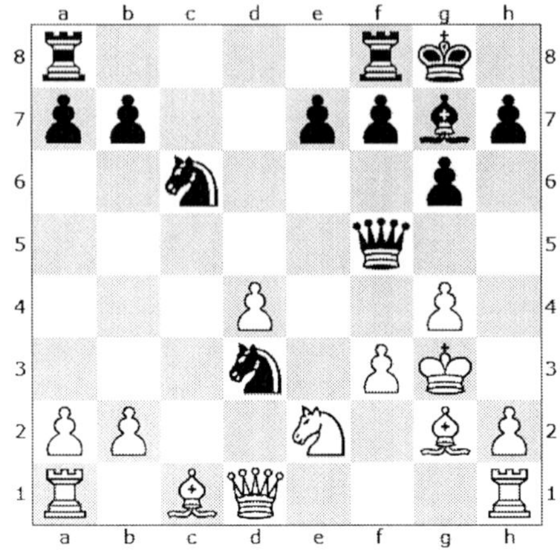

16. … Cxd4!

Decisivo.

17. gxf5

Para 17. Cxd4, De5+ etc., as pretas alcançariam uma vitória fácil.

17. … Cxf5+

E mate em dois lances: se 18. Rg4, h5+; mate no próximo lance com o bispo ou cavalo. Se 18. Rh3, Cf2, um "mate puro".

JOGO 39

Abertura do Peão da Dama

Brancas: A. Alekhine

Pretas: G. Levenfish

Torneio de Inverno da Sociedade de Xadrez de São Petersburgo, Março, 1912.

1. d4 c5

O avanço desse peão é considerado inferior, mesmo quando preparado por 1. ... Cc6; 2. Cc3. No primeiro lance, constitui, na minha opinião, um grave erro posicional, pois as brancas obtêm imediatamente uma grande vantagem ao avançar os peões centrais.

2. d5 Cf6
3. Cc3 d6
4 e4 g6

Se, em vez do lance do texto, as pretas respondessem com 4. ... e6, a continuação das brancas seria 5. Bc4, etc., e a sequência não seria satisfatória para as pretas devido à fraqueza da casa d6.

5. f4

já ameaçando e5.

5. ... Cbd7
6. Cf3

Posição após o 6° lance das Brancas.

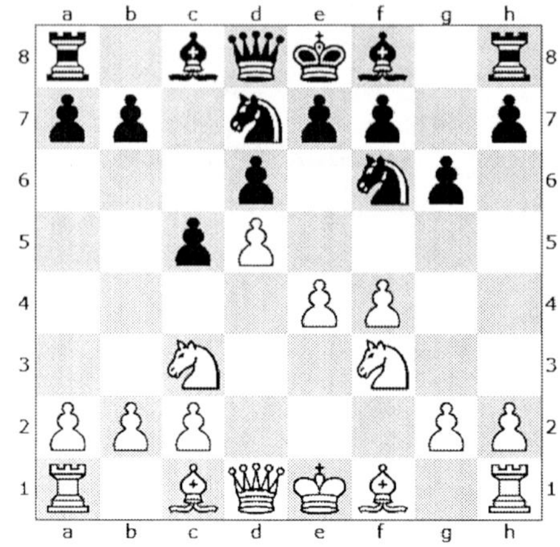

Se agora 6. ... Bg7, então 7. e5, dxe5; 8. fxe5, Ng4; 9. e6, Nde5; 10. Bb5+, etc. Foi por isso que as pretas jogaram.

6. … a6
7. e5 dxe5
8. fxe5 Cg4
9. e6!

Isso destrói a variante das pretas.

9. … Cde5
10. Bf4

Posição após o 10° lance das Brancas.

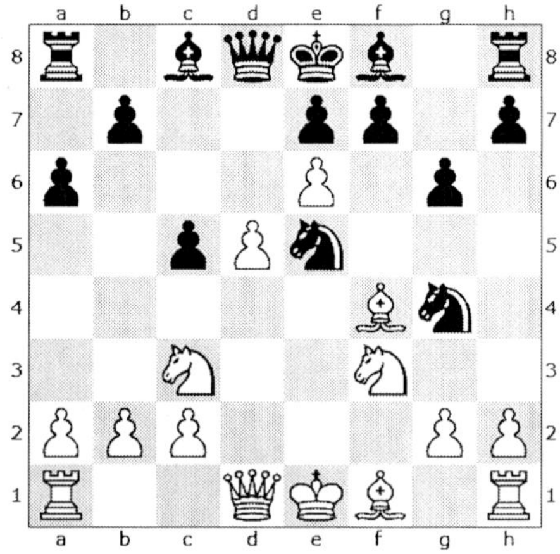

10. … Cxf3+

Ou 10. ... Bg7; 11. Qe2, Nxf3+; 12. gxf3, Nf6; 13. exf7+, Kxf7; 14. 0-0-0, etc., com vantagem esmagadora para as brancas. Após o lance do texto, provavelmente as pretas esperam pela resposta 11. Qxf3, sobre a qual obteriam uma partida jogável após 11. ... fxe6!.

11. gxf3! Cf6
12. Bc4!

Isso é preferível à captura imediata do peão f, captura que o lance do texto torna muito mais ameaçadora.

12. … fxe6
13. dxe6 Db6

A alternativa era 13. ... Dxd1+; 14. Txd1, Bg7; 15. Bc7, 0-0; 16. Bb6, e as brancas mantêm a pressão. O lance 13. ... Db6, ameaçando dois peões ao mesmo tempo, mostra-se insuficiente diante de uma combinação inesperada que inclui um sacrifício das brancas, que ganham um peão mantendo a iniciativa.

14. De2!

O lance inicial.

14. ... Dxb2

À primeira vista, essa captura parece pouco perigosa, pois 15. Rd2 seria frustrado por 15. ... Ch5; 16. Be5, Bh6+; 17. Rd3, Bxe6; 18. Bxe6, Td8+, etc. Porém, as brancas tinham em mente um esquema diferente.

Posição após o 14° lance das Pretas.

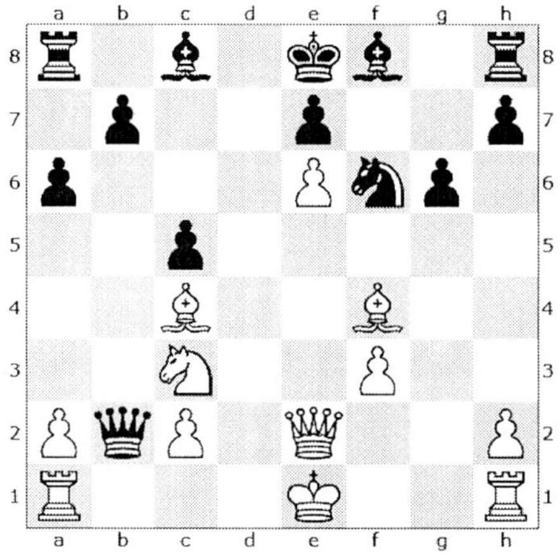

15. Cb5!

Esse ataque pelo cavalo (que não pode ser capturado devido a 15. ... axb5; 16. Bxb5+, Rd8; 17. Td1+) decide a questão em poucos lances. As pretas não têm nada melhor a fazer do que aceitar o sacrifício e capturar a torre.

15. ... Dxa1+
16. Rf2 Dxh1

17. Cc7+ Rd8
18. Dd2+ Bd7
19. exd7

Ameaçando Ce6 mate. As pretas abandonaram, pois: se 19. ... Cxd7, 20. Be6; ou se 19. ... e5, 20. Ce6+, Re7; 21. d8=D+, Txd8; 22. Dxd8+, Rf7; 23. Cxf8+,Rg7; 24. De7, mate.

JOGO 40

Gambito do Bispo

Brancas: A. Alekhine

Pretas: S. Levitsky

2ª partida do Match, São Petersburgo, Março, 1913.

1. e4 e5
2. f4 exf4
4. Bc4 Cf6

Essa defesa é hoje considerada a melhor. A linha antiga com 3. ... Dh4+; 4. Rf1, d5; 5. Bxd5, g5 é cada vez menos jogada por conta do ataque de Tchigorin: 6. g3, fxg3; 7. Df3!, etc.

4. Cc3 Bb4

As pretas têm agora uma "Ruy Lopez" com a defesa Schliemann (f4), mas com um lance a menos — uma diferença evidentemente importante. Muito interessante, e provavelmente melhor, é o lance de Bogoljubov 4. ... c6, como jogado por ele com sucesso contra Spielmann (Carlsbad 1923).

5. Cge2

Um lance novo, que esta partida não conseguiu refutar. Após 5. Cf3, 0-0; 6. 0-0, Cxe4; 7. Cxe4, d5, etc., as brancas teriam que sacrificar permanentemente um peão jogando 7. Nd5, com algumas chances de ataque.

5. ... d5

Se 5. ... Cxe4, as brancas poderiam rocar e obter um bom ataque em troca do peão sacrificado. Com o lance do texto, as pretas, por sua vez, planejam um ousado sacrifício de peão, cuja solidez, no entanto, permanece em aberto.

6. exd5 f3

Tentando comprometer a posição do rei branco. Mas, como a sequência mostrará, a abertura da coluna g não é isenta de perigos para as pretas e, por outro lado, as brancas ficam momentaneamente com um peão a mais.

7. gxf3 0-0
8. d4

Esse lance é inconsequente. Após 8. 0-0!, c6; 9. dxc6, Cxc6; 10. d4, Bh3; 11. Tf2, Tc8, etc., o desenvolvimento das pretas é favorável, mas o ataque não compensa a perda de um peão. Contudo, após o lance do texto, as pretas podem e devem recuperar o material através de 8. ... Cxd5; 9. 0-0, Be6, etc., alcançando um bom jogo.

8. ... Bh3

Posição após o 8º lance das Pretas.

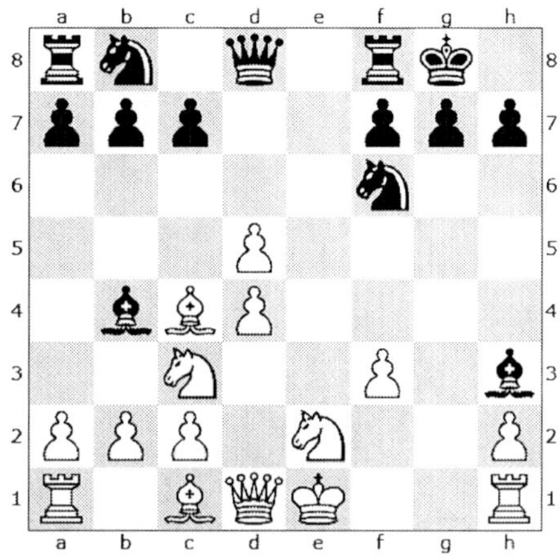

9. Bg5!

O lance mais plausível era 9. Cf4, tanto protegendo os Peões quanto atacando o Bispo. No entanto, as pretas tinham em vista o seguinte plano vencedor: 9. ... Te8+; 10. Rf2, Cg4+! (aparentemente inofensivo devido à resposta das brancas); 11. Rg3, Cf2!!, etc. Com o lance do texto, as brancas assumem a iniciativa de forma definitiva.

9. ... Bg2
10. Tg1 Bxf3
11. Dd2 Be7

Seria ruim 11. ... Ce4 devido a 12. Bxd8, Cxd2; 13. Bf6, etc. Por outro lado, as brancas ameaçavam 12. Df4, e a variante 11. ... Bxe2; 12. Bxe2, Bxc3; 13. Dxc3, Te8 seria refutada através de 14. 0-0-0, Txe2; 15. Df3, etc.

12. 0-0-0

Posição após o 12° lance das Brancas

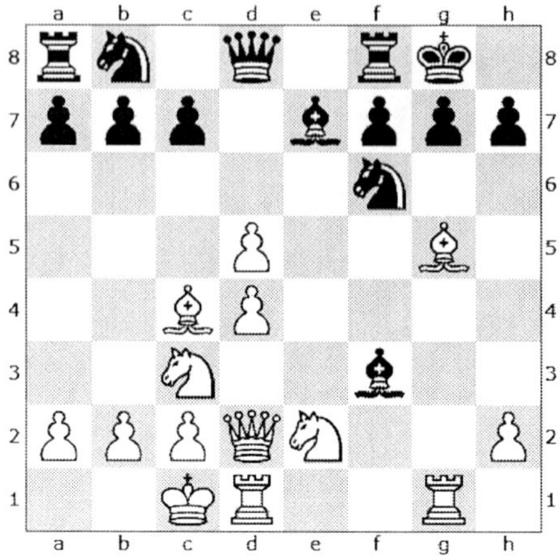

12. ... Bh5

Aqui novamente 12. ... Ne4 perderia para as pretas. Por exemplo: 13. Bxe7, Cxd2 (se 13. ... Dxe7, 14. Dh6!); 14. Bxd8, Cxc4; 15. Txg7+!, Rxg7; 16. Tg1+, Rh6; 17. Bg5+, Rg6 (se 17. ... Rh5, 18. Cf4 mate); 18. Be7+, seguido por Bxf8, etc. Agora as brancas têm um confortável jogo de ataque.

13. Tde1 Cbd7
14. Cf4 Bg6
15. h4!

Ameaçando obviamente 16. h5.

15. ... Te8
16. Dg2

Agora a ameaça é ainda mais aguda.

16. ... Bf8
17. h5 Bf5

O lance 17. ... Txe1+ ofereceria às pretas uma defesa um pouco mais prolongada, mas é evidente que, em qualquer caso, o ataque das brancas acabaria triunfando.

Posição após o 17º lance das Pretas.

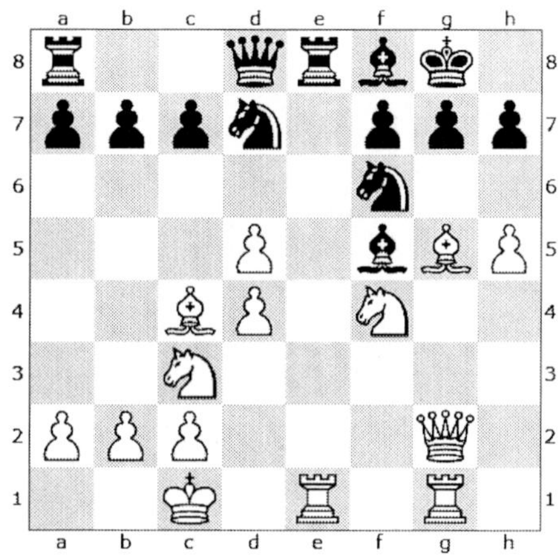

18. Ce6!

Essa irrupção abre novas linhas de ataque de caráter decisivo para as brancas. As pretas são forçadas a capturar o Cavalo, pois após 18. ... Dc8, as brancas venceriam com 19. Df3!.

18. ... fxe6
19. dxe6 Rh8
20. exd7 Txe1+
21. Txe1 Bxd7
22. h6

O lance vencedor: as pretas devem ao menos perder uma peça em f6.

22. ... Bc6
23. d5 Bd7
24. Tf1 b5
25. Bb3 De8
26. d6

Também era suficiente 26. Txf6.

26. ... Ch5

Ou 26. ... Bc6; 27. d7!, dando duas variantes:

I. 27. ... Bxg2; 28. dxe8=D, Txe8; 29. Txf6!, etc.
II. 27. ... Dxd7; 28. Df2!, Cg8; 29. Dxf8!, vencendo.

Foi em vista da última variante que as brancas jogaram 26. d6.

27. Bf7

As Pretas abandonaram.

JOGO 41

Abertura Vienense

Brancas: A. Alekhine

Pretas: S. Levitsky

8ª partida do Match, São Petersburgo, Março, 1913.

1. e4 e5
2. Cc3 Cf6
3. Bc4 Cxe4

Foi somente devido a essa resposta, que oferece às pretas uma igualdade com facilidade, que desisti, nesse momento, da Abertura Vienense.

4. Dh5

É claro que após 4. Cxe4, d5!; ou mesmo 4. Bxf7+, Rxf7; 5. Cxe4, d5, as pretas saem ilesas das complicações iniciais da abertura.

4. ... Cd6
5. Bb3

Aqui, as brancas apenas igualariam com 5. Dxe5+, De7; 6. Dxe7+, Bxe7, etc. Mas o sacrifício de um Peão, que o lance do texto implica, é de valor duvidoso.

5. ... Cc6!

A intenção era sacrificar a qualidade na seguinte variante: 6. Cb5, g6; 7. Df3, f5; 8. Dd5, Df6; 9. Cxc7+, Rd8; 10. Cxa8, b6!, assegurando às pretas um ataque muito forte e provavelmente irresistível. O lance simples 5. ... Be7 também seria amplamente suficiente e resultaria, por transposição, em uma posição idêntica à da partida atual.

6. d3 Be7

Também deve ser considerado 6. ... g6, seguido por ... Bg7. Como se vê, as pretas têm uma ampla escolha de lances nessa linha.

7. Cf3 g6

Esse lance, que já havia sido jogado no Torneio de Paris 1900 (Mieses–Marco), não parece natural, especialmente após ... Be7, e de fato não é o melhor. As pretas poderiam simplesmente ter rocado, já que a variante 7. ... 0-0; 8. Cg5, h6; 9. h4, Cd4! não é suficiente. Após o lance do texto, as pretas ficam impedidas de realizar o roque.

8. Dh3 Cf5
9. g4

Esse lance também já havia sido tentado em várias ocasiões, com diferentes continuações.

9. ... Cfd4
10. Bh6 Cxb3

Trata-se de uma ideia interessante, voltada para um contra-ataque, mas ainda assim prematura, pois as pretas não estão suficientemente desenvolvidas. O lance correto seria 10. ... Bf8!, já que após 11. Bxf8, Txf8 as brancas não conseguiriam recuperar o Peão com 12. Cxd4, exd4; 13. Dxh7, devido à forte resposta 13. ... Dg5!, que impede o roque no lado da Dama e deixa as brancas com perspectivas de ataque muito duvidosas.

11. axb3 f5

Esse lance revela a lógica da troca anterior, que de outra forma pareceria inexplicável. Se as brancas tentassem 12. gxf5, as pretas alcançariam um ótimo desenvolvimento com 12. ... d6 seguido de 13. ... Bxf5.

12. Bg7! fxg4
13. Dh6!

O sacrifício de um segundo Peão promete às brancas um ataque não apenas vigoroso, mas também duradouro.

13. ... Bf8

O próximo lance é obviamente forçado.

14. ... Bxf8 Txf8
15. Cg5 Cd4!

Esse contra-ataque oferece, no conjunto, as melhores chances. Já a defesa 15. ... Df6 seria totalmente insuficiente, pois seguiria 16. 0-0!, etc.

16. Cxh7 Tg8

Posição após o 16° lance das Pretas

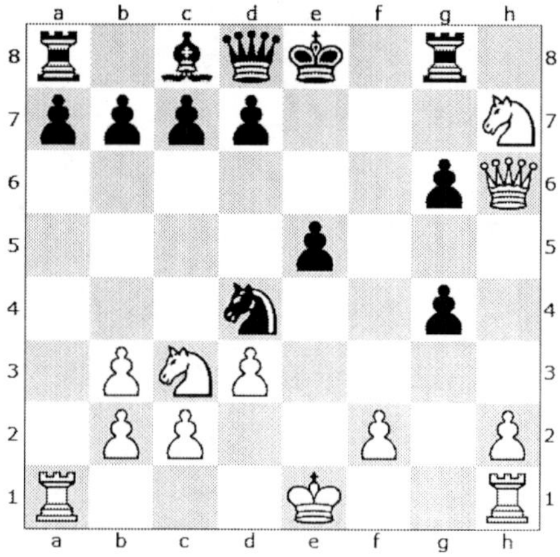

17. Cd5!

A única continuação correta de ataque, cujo ponto ficará evidente no 23º lance das brancas. Após o plausível 17. 0-0-0, as pretas poderiam se defender com 17. ... Cf5; 18. Dd2, Dh4; etc., e o ataque branco seria neutralizado com sucesso.

17. ... Cxc2+

Como a ameaça 18. Cf6+ não pode ser evitada, as pretas são forçadas a buscar compensação capturando a Torre adversária.

18. Rd2 Cxa1
19. Txa1 c6

Ou, se 19. ... d6; 20. Chf6+, Rf7; 21. Cxg8, Dxg8; 22. Cxc7, seguido de 23. Cb5, etc., as brancas teriam um ataque decisivo.

20. Chf6+! Rf7
21. Cg8 Dxg8

Se 21. ... cxd5; 22. Dh7+, Rf8; 23. Dxg6, De8; 24. Dg5!, Df7; 25. Cf6!, d6; 26. h3!, gxh3; 27. Tg1, etc., o ataque das brancas seria vencedor.

22. Cb6 Tb8

Posição após o 22° lance das Pretas.

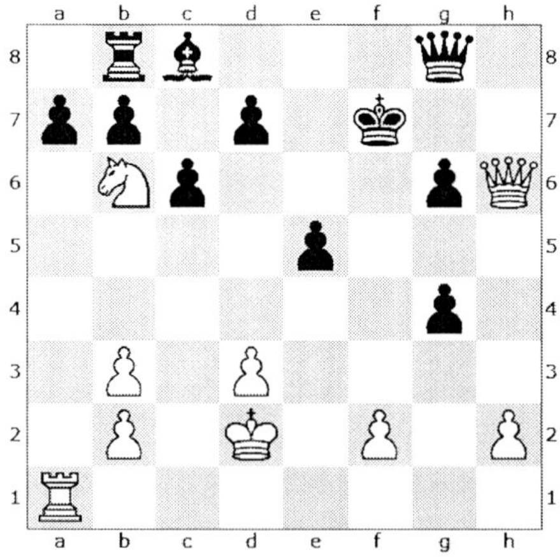

23. Cc4!

O lance vencedor, já que as pretas não conseguem evitar a abertura da coluna e, o que se mostrará decisivo.

23. ... d6

Se 23. ... Re6; 24. Cxe5, Rxe5; 25. Dg5+, e as brancas conquistariam a Torre com um xeque em e5 ou f4.

24. Cxd6+ Re7
25. Cc4 Bf5
26. Te1 Dh8
27. De3! Td8

Após 27. ... Rd7, as brancas venceriam com Dxa7, etc. O lance do texto, no entanto, permite uma finalização ainda mais rápida.

28. Cxe5 Rf6
29. Cxg4+! Bxg4
30. De5+

As Pretas abandonaram.

JOGO 42

Abertura do Cavalo do Rei
Brancas: J. de Rodzinsky
Pretas: A. Alekhine
Paris, Agosto, 1913.

1. e4 e5
2. Cf3 Cc6
3. Bc4 d6

Embora raramente empregado, esse lance não é inferior a 3. ... Be7, que caracteriza a Defesa Húngara. A presente partida ilustra bem os perigos aos quais as brancas ficam expostas ao tentar refutá-la de imediato.

4. c3 Bg4
5. Db3 Dd7

Posição após o 5° lance das Pretas.

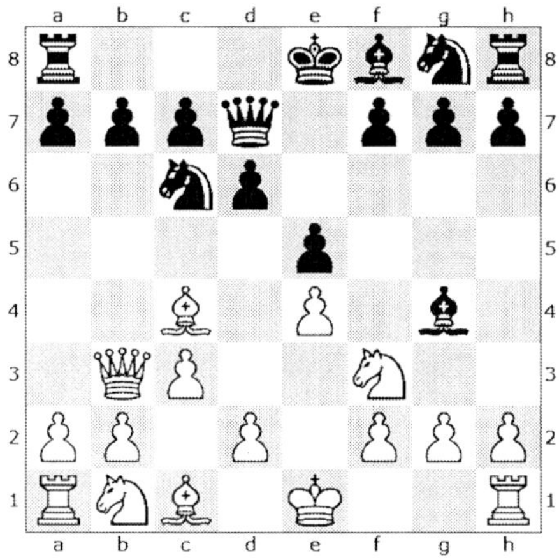

6. Cg5

Antecipando o ganho de dois peões. Se diretamente 6. Bxf7+, Dxf7; 7. Dxb7, Rd7; 8. Dxa8, Bxf3; 9. gxf3, Dxf3; 10. Tg1, Dxe4+; 11. Rd1, Df3+, e as pretas alcançam ao menos o empate, já que o rei branco não pode se deslocar para c2 devido a 11. ... Cb4+, etc.

6. ... Ch6
7. Bxf7+

Após 7. Dxb7, Tb8; 8. Da6, Tb6; 9. Da4, Be7, seguido por 10. ... 0-0, as pretas obteriam compensação em desenvolvimento suficiente em troca do peão sacrificado.

7. ... Cxf7
8. Cxf7 Dxf7
9. Dxb7 Rd7!

O sacrifício da qualidade é plenamente sólido e garante às pretas um forte contra-ataque.

10. Dxa8 Dc4!
11. f3

Evidentemente forçado.

Posição após o 11° lance das Brancas.

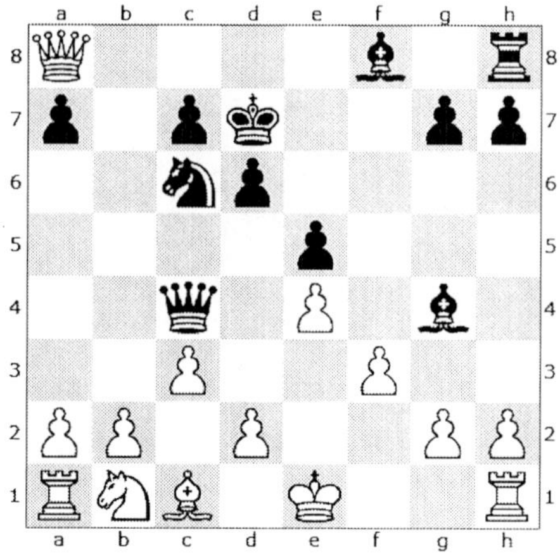

11. ... Bxf3!

Através dessa combinação inesperada, as pretas asseguram a vantagem em qualquer circunstância. Entretanto, seria incorreto 11. ... Cd4 devido a 12. d3, Dxd3; 13. cxd4, Bxf3; 14. Cc3!, etc.

12. gxf3 Cd4!
13. d3

Esse lance perde diretamente. A única chance talvez fosse 13. cxd4, Dxc1+; 14. Re2, Dxh1; 15. d5, Dxh2+; 16. Rd3, Dg1; 17. Dc6+, Rd8, etc., mas a posição das pretas permanece claramente superior.

13. ... Dxd3
14. cxd4 Be7!

Com esse lance, as brancas ficam diante da escolha entre perder a dama ou sofrer o mate. Optaram pela segunda alternativa.

15. Dxh8 Bh4#

Xeque-Mate.

JOGO 43

Gambito da Dama Recusado

Brancas: A. Alekhine

Pretas: M. Prat

Um dos vinte jogos simultâneos disputados em Paris, Setembro, 1913.

1. d4 d5
2. Cf3 Cc6
3. c4 e6

A Defesa Tchigorin só é realmente viável quando o bispo da dama é desenvolvido em g4. O lance do texto, ao contrário, bloqueia esse bispo e apenas cria dificuldades para as pretas.

4. Cc3 dxc4

Trata-se de mais uma concessão: as pretas agora abandonam o centro, e não surpreende que, em poucos lances, as brancas conquistem uma posição avassaladora.

5. e3 Cf6
6. Bxc4 Bb4
7. 0-0 Bxc3
8. bxc3 0-0
9. Dc2 Ce7
10. Ba3 c6
11. e4 h6

Esse lance procura se opor à ameaça 12. e5 seguido de 13. Cg5, mas ao custo de um considerável enfraquecimento no roque.

12. Tad1 Bd7
13. Ce5 Te8

A ideia é liberar a dama, mas uma catástrofe em f7 já se anuncia.

14. f4 Dc7
15. f5 Tad8

Posição após o 15° lance das Pretas.

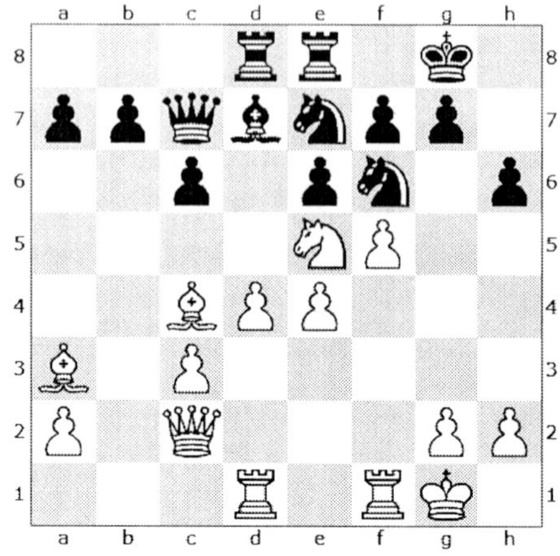

16. Cxf7!

Isso dificilmente pode ser chamado de sacrifício, pois as brancas estão em posição de recuperar a peça com clara vantagem. Na verdade, trata-se do lance inicial da elegante combinação final.

16. … Rxf7
17. e5 Ceg8
18. Bd6

As brancas poderiam recuperar a peça por 18. exf6, gxf6! (se em vez disso 18. ... Cxf6 19. fxe6+, Bxe6; 20. Txf6+, etc.) 19. fxe6+, Rg7!, mas de forma muito correta preferiram mirar diretamente o mate.

18. … Dc8
19. De2 b5
20. Bb3 a5
21. Tde1!

A sequência demonstra claramente o objetivo desse lance.

21. ... a4

Posição após o 21° lance das Pretas.

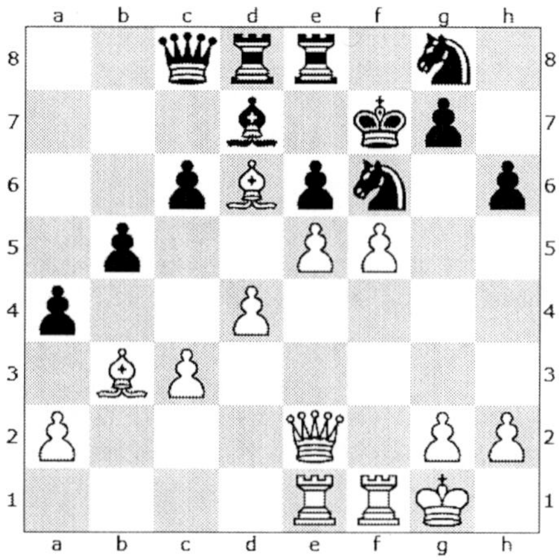

Aqui as brancas anunciaram mate em dez lances na seguinte sequência: 22. Dh5+!!, Cxh5; 23. fxe6+, Rg6; 24. Bc2+, Rg5; 25. Tf5+, Rg6!; 26. Tf6+, Rg5; 27. Tg6+, Rh4; 28. Te4+, Cf4; 29. Txf4+, Rh5; 30. g3!, qualquer lance; 31. Th4 mate.

JOGO 44

Abertura Vienense

Brancas: A. Alekhine

Pretas: Ed. Lasker

Partida de Exibição, Paris, Setembro, 1913.

1. e4 e5
2. Cc3 Cf6
3. Bc4 Cc6

4. d3 Bc5
5. Bg5

Atualmente eu preferiria 5. f4, d6; 6. Cf3, trazendo a posição para um Gambito do Rei Recusado favorável às brancas. O lance do texto, ao contrário, permite às pretas igualarem a partida com facilidade.

5. ... d6
6. Ca4

A continuação 6. Cd5, Be6; 7. Cxf6+, gxf6; 8. Bxe6, fxe6; 9. Dh5+, Rd7 etc., deixa as brancas sem qualquer vantagem.

6. ... Bb6

Em posições similares, é muito mais vantajoso jogar 6. ... Be6, com a intenção de abrir as colunas centrais. No entanto, a retirada do Bispo para b6 não é incorreta.

7. Cxb6 axb6
8. Ce2 Be6
9. Cc3

Mais importante aqui é manter o domínio da casa d5.

9. ... h6
10. Bh4 De7

Posição após o 10° lance das Pretas.

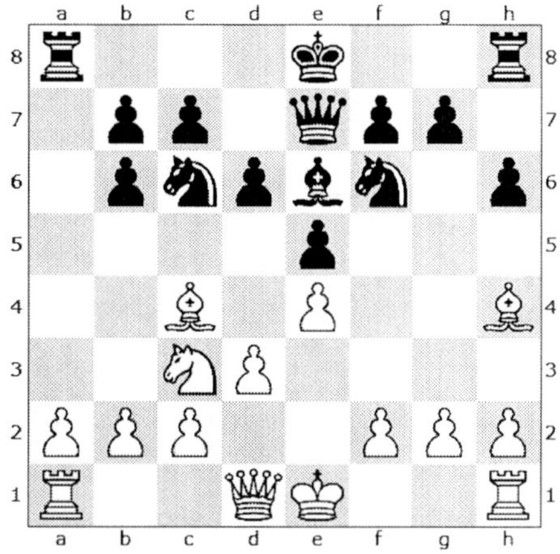

11. f3!

Esse lance posicional, fruto de análises exaustivas, reserva às brancas total liberdade de ação na ala oposta, enquanto força o adversário a decidir em qual lado rocar para poder organizar um plano de ataque coerente. Além disso, o avanço do Peão f é plenamente justificado: o Bispo do Rei possui uma retirada segura caso as pretas joguem ... g5, e, nesse cenário, haveria um ataque imediato com g4 caso as pretas optassem por rocar na ala do Rei. Nas seguintes variantes, as pretas teriam a vantagem:

I. 11. Dd2, Bxc4; 12. dxc4, Cxe4;
II. 11. 0-0, g5; 12. Bg3, h5.

11. ... 0-0-0

Como a sequência demonstra, o ataque das brancas, favorecido pela iminente abertura da coluna d, amadurecerá mais rapidamente que o contra-ataque das pretas na ala do Rei. Assim, é preferível 11. ... Td8, embora nesse caso as brancas assegurariam um jogo excelente com 12. Cd5!.

12. Cd5

Forçando a troca de várias peças, as brancas passam a ter um campo bem definido e condições de lançar um ataque contra o roque adversário com o avanço coordenado dos seus Peões.

12. ... Bxd5
13. Bxd5 g5
14. Bf2 Cxd5
15. exd5 Cb4

É um pouco melhor 15. ... Cb8, embora igualmente insuficiente.

16. c4

É interessante notar que, a partir deste ponto até alcançar uma vantagem decisiva, o plano de ação das brancas consistiu quase exclusivamente em lances de Peões. Na condução desta partida, as brancas se inspiraram no exemplo do grande mestre do século XVIII, o imortal Philidor.

16. ... f5
17. 0-0 h5

Ganharia um tempo 17. ... Tdg8. Mas a posição das pretas era tão comprometida que o ganho de um tempo não seria suficiente para restaurá-la.

18. a4 Tdg8
19. a5 bxa5
20. Txa5

Ameaçando 21. Ta8+ e 22. Da4+.

20. … Ca6
21. b4! Rd8
22. c5

Seria igualmente satisfatório: 22. b5, Cc5 (se 22. ... Cb8 23. Ta7); 23. d4. No entanto, como as brancas pretendiam ganhar uma peça, optaram pelo lance do texto.

22. … Re8
23. d4 Rf7

A fuga forçada do Rei evidencia claramente o erro das pretas ao rocarem para a ala da Dama.

24. b5

Posição após o 24° lance das Brancas.

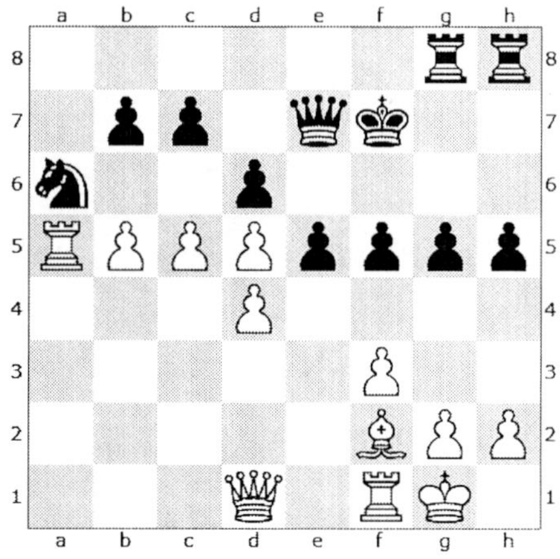

24. … dxc5

Obviamente, a única chance era 24. ... Cb8. Mas após 25. dxe5, dxe5; 26. Ta7, a posição das pretas caminharia para um desastre imediato.

25. bxa6 b6
26. d6

O lance do texto é interessante e suficiente para assegurar a vitória. Entretanto, 26. Ta2, cxd4 (ou 26. ... exd4; 27. Te1, Dd6; 28. Tae2); 27. Db3, Rg7; 28. Tc1 e 29. Tac2 teria sido ainda mais simples e direto.

26. ... Dxd6

Se 26. ... cxd6; 27. Db3+, e 28. Dxb6, inicia-se a ação decisiva contra os Peões fracos do adversário na ala do Rei.

27. Db3+ De6
28. d5 Dd6
29. Ta2 Ta8
30. Te1

O lance marca o início da ação decisiva contra os Peões fracos do adversário na ala do Rei.

30. ... Thd8
31. Dd3 Df6

A única defesa seria: se 31. ... Rf6, então 32. f4!; ou se 31. ... Rg6, então 32. g4!, garantindo vitória fácil em ambos os casos.

Posição após o 31° lance das Pretas.

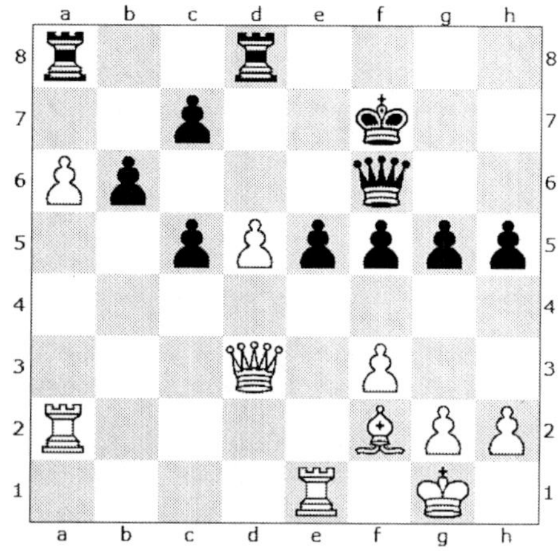

32. g4!

O plano utiliza o Bispo da Dama contra os Peões das pretas em e5 e g5, tornando a posição adversária rapidamente insustentável.

32. ... c6
33. gxf5 Txd5

Se 33. ... cxd5; 34. Bg3, c4; 35. Dd1, vitória inevitável.

34. De4 h4

Prevenindo 35. Bg3.

35. Dg4 Dh6
36. Be3 Rf6
37. Tg2 Tg8
38. f4!

O coup de grâce.

38. ... exf4
39. Bxf4!

Foi mais forte do que 39. Bd4+, ao qual as pretas ainda poderiam responder com 39. ... Rf7.

As Pretas abandonaram.

JOGO 45

Abertura Escocesa

Brancas: A. Alekhine

Pretas: Em. Lasker

Partida de Exibição, Moscou, Março, 1914.

1. e4 e5
2. Cf3 Cc6
3. d4

Ao adotar, em meu primeiro encontro com o Campeão Mundial, essa abertura relativamente pouco jogada, meu objetivo era simplesmente evitar os caminhos bem trilhados da Ruy Lopez e do Gambito da Dama, ambas aberturas posicionais para as quais, naquela época, não me julgava suficientemente maduro.

3. ... exd4
4. Cxd4 Cf6
5. Cc3 Bb4
6. Cxc6 bxc6
7. Bd3 d5

Esses últimos lances constituem a melhor defesa para a Abertura Escocesa.

8. exd5 cxd5
9. 0-0 0-0
10. Bg5 Be6

Aqui, o lance mais comum, que oferece as melhores chances, é 10. ... c6. Após o lance do texto, as brancas já podem buscar o empate com 11. Bxf6, Dxf6; 12. Cxd5 (não 12. Dh5 g6 13. Cxd5 Dd8! que daria vantagem às pretas); 12. ... Bxd5; 13. Dh5, g6; 14. Dxd5, Dxb2; 15. Tab1, preparando a combinação que vem a seguir.

11. Df3 Be7
12. Tfe1

Preparando a combinação que se seguirá.

12. ... h6

Posição após o 12° lance das Pretas.

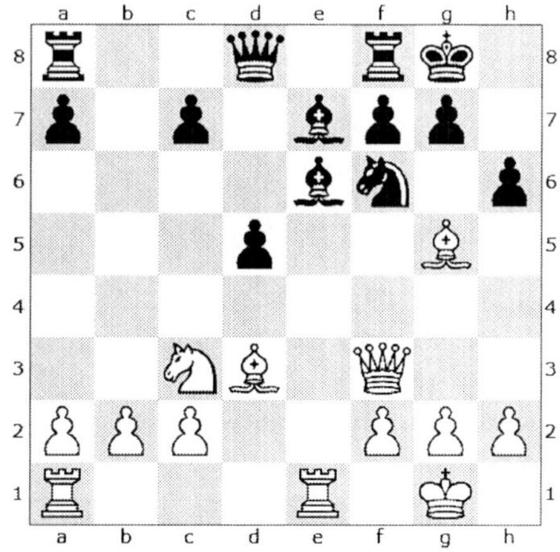

13. Bxh6!

Com esses pequenos recursos táticos, as brancas forçam o empate.

O fato de que essa combinação, tão intimamente ligada a essa abertura, nunca tivesse ocorrido na prática magistral ou sido indicada por algum analista, é tanto curioso quanto surpreendente.

Esses comentários foram escritos antes da partida Romanovski-Capablanca, Moscou 1925, na qual uma combinação análoga conduziu a um empate.

13. ... gxh6
14. Txe6 fxe6
15. Dg3+ Rh8

Não 15. ... Rf7, devido a 16. Dg6 mate.

16. Dg6!

O ponto é que as pretas não podem evitar o xeque perpétuo através de 17. Qxh6+ e 18. Qg5+, etc. As pretas poderiam tentar prolongar o jogo jogando, por exemplo, 16. ... Qe8, mas o resultado ainda seria empate.

JOGO 46

Abertura Escocesa

Brancas: A. Alekhine

Pretas: Em. Lasker

Partida de Exibição, Moscou, Março, 1914.

1. d4 Cf6
2. c4 e6
3. Cc3 Bb4
4. Dc2 b6

Nessa posição, o fianqueto dificilmente se justifica, pois permite que as brancas consolidem um forte domínio central. O lance correto seria 4. ... c5, dificultando 5. e4.

5. e4! Bb7
6. Bd3 Bxc3+

Para assegurar pelo menos alguma chance diante do Peão dobrado das brancas, a continuação poderia ser: 6. ... d5; 7. cxd5, exd5; 8. e5, Cg4; 9. Cge2, etc., mantendo a superioridade das brancas.

7. bxc3 d6
8. Ce2 Cbd7
9. 0-0 0-0
10. f4

As brancas já ameaçam capturar um Peão com 11. e5, 13. ... Cxh2!.

10. … h6
11. Cg3 De7
12. De2!

Preparando 13. Ba3, o qual, se jogado imediatamente, causaria complicações desnecessárias após 12. ... Cg4, ameaçando 13. ... Cxh2!.

12. … Tae8

As pretas completaram rapidamente seu desenvolvimento, mas nenhuma de suas peças possui escopo. É fácil prever que não conseguirão resistir ao ataque central que o adversário prepara.

13. Ba3

A forte ameaça 14. e5 força as pretas a enfraquecer ainda mais sua posição,

13. ... c5
14. Tae1 Rh8

Criando espaço para o Cavalo e ampliando a iniciativa do adversário.

15. d5!

Tomando vantagem do fato de que as pretas não podem jogar 15. ... exd5 devido a 16. Cf5.

15. ... Cg8
16. e5 g6

Preparando a captura do Peão d, ainda impossível no momento por causa do lance anterior.

17. Dd2

Posição após o 17° lance das Brancas.

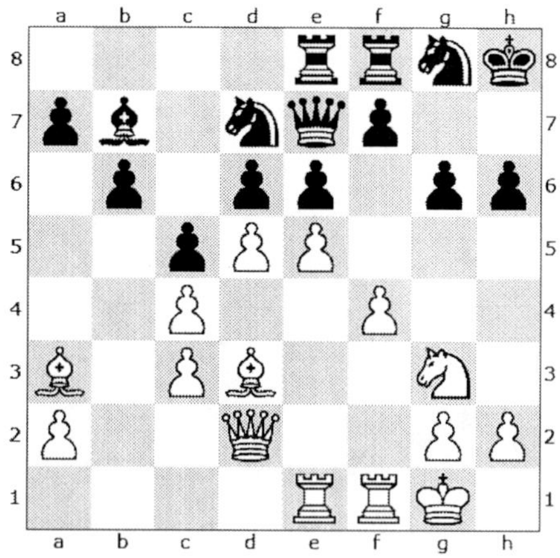

17. … exd5

Se 17. ... dxe5; 18. fxe5, exd5; 19. e6! fxe6; 20. Bxg6, Txf1+!; 21. Cxf1, Tf8; 22. cxd5, a vantagem das brancas é suficiente para garantir a vitória.

18. cxd5 dxe5
19. c4!

A abertura da grande diagonal para o Bispo da Dama decide a partida em poucos lances.

19. … Rh7
20. Bb2 Cgf6

Se 20. ... f6; 21. Bxg6+, Rxg6; 22. Dd3+, f5; 23. Cxf5, Txf5; 24. fxe5, as brancas vencem com facilidade.

21. fxe5 Cg4
22. e6 Dh4

A última esperança das pretas seria 22. ... fxe6; 23. Bxg6+.

Posição após o 22° lance das Pretas.

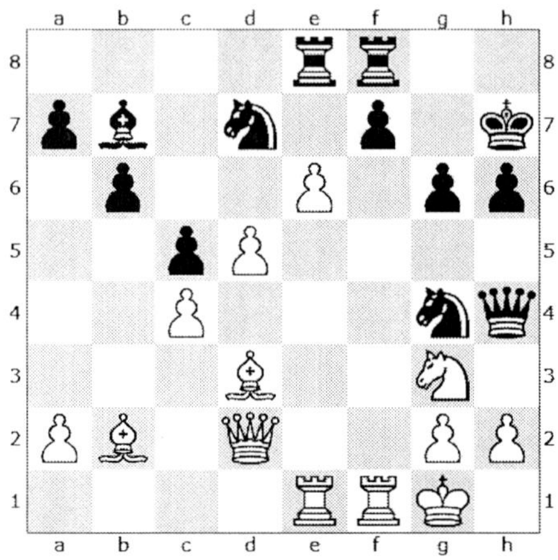

23. Txf7+

Essa combinação força o mate em doze lances, levando as pretas a abandonarem.

23. ... Txf7
24. Bxg6+ Rxg6
25. Dd3+ Rg5
26. Bc1+

Se 26. ... Tf4, 27. Df5 mate; ou 26. ... Rf6, 27. Df5+ e mate em poucos lances.

JOGO 47

Abertura Philidor

Brancas: A. Evensohn

Pretas: A. Alekhine

Partida de Exibição, Kiev, Maio, 1916.

1. e4 e5
2. Cf3 d6
3. d4 Cf6

Esse lance, introduzido por Nimzovitsch na prática magistral, é atualmente considerado mais forte do que 3. … Cd7 (a Variante Hanham, veja a Partida 36).

4. Cc3 Cbd7
5. Bc4 Be7

O lance usual, na minha opinião, seria 5. ... g6, considerado mais prudente.

Posição após o 5° lance das Pretas.

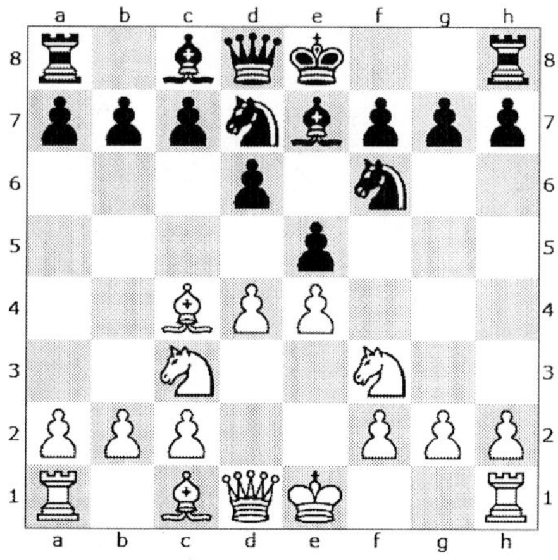

6. 0-0

Por enquanto, as brancas poderiam assegurar uma ligeira vantagem para o final através de 6. dxe5!, Cxe5! (não 6. ... dxe5 devido a 7. Bxf7+, Rxf7; 8. Cg5+, Rg8; 9. Ce6, De8; 10. Cxc7, seguido de 11. Cxa1); 7. Cxe5, dxe5; 8. Dxd8+, Bxd8; 9. Bg5, e as brancas, além de terem melhor desenvolvimento, passam a controlar a única coluna aberta.

O sacrifício imediato, entretanto, seria pouco sólido, por exemplo: 6. Bxf7+, Rxf7; 7. Cg5+, Rg8; 8. Ce6, De8; 9. Cxc7, Dg6; 10. Cxa8, Dxg2!; 11. Tf1, exd4!; 12. Dxd4, Ce5, e as pretas obteriam um ataque vencedor.

6. ... 0-0
7. dxe5

Essa troca de Peões apenas libera o jogo das pretas. Seria melhor: 7. De2, c6; 8. a4!, mantendo a vantagem para as brancas (veja a Partida 9).

7. ... dxe5
8. Bg5 c6
9. a4

Esse lance é essencial nessa variante para prevenir a eventual possibilidade de um contra-ataque das pretas através de ... c5.

9. ... Dc7
10. De2 Cc5

Agora o jogo das pretas é preferível, pois elas têm a perspectiva de ocupar as casas d4 e f4, sem conceder contra chances às brancas na ala do Rei ou no centro.

11. Ce1

Sem necessidade, as brancas assumem uma postura defensiva. Seria mais apropriado para igualar a partida: 11. Dad1, seguido pela dobradura das Torres na coluna d. Em geral, a retirada de um Cavalo para a primeira fileira — onde corta a linha de comunicação entre as Torres — só é admissível em casos muito especiais.

11. ... Ce6
12. Be3 Cd4!
13. Dd1

Ou 13. Bxd4, exd4; 14. Cd1, Be6; 15. g3, Bh3; 16. Cg2, Tae8, resultando em acentuada vantagem para as pretas.

13. ... Td8
14. Cd3 Be6
15. Bxe6

Após a troca obrigatória desse Bispo, cujo desenvolvimento é a dificuldade mais séria dessa variante, o jogo das pretas torna-se muito superior.

15. ... Cxe6
16. De1

Em vista da ameaça 16. ... c5 e também para preparar o eventual avanço f4 das brancas, as pretas, de forma correta, ignoram esse contra-ataque e simplesmente aumentam a pressão no centro.

16. ... Td7!

17. f3

Se agora 17. f4, segue ... Cg4!, e as brancas não podem jogar 18. f5 devido a ... Txd3, seguido de 19. ... Cxe3 e 20. ... Bc5.

17. ... Tad8
18. Bf2 Ch5
19. Ce2 c5!

Esse lance prepara a troca subsequente, cujo objetivo é enfraquecer as casas pretas na posição adversária.

20. b3

Se 20. Cc3, c4; 21. Cd5, Dd6; 22. Cc1, Chf4, esse último lance seria até mais poderoso do que o realizado na partida.

Posição após o 20° lance das Brancas.

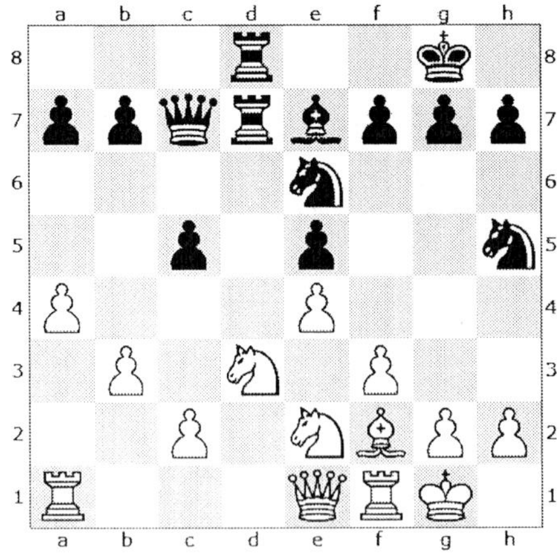

20. ... Chf4!

Estratégia simples e decisiva: as pretas, através da troca das duas peças menores que poderiam neutralizar sua pressão na coluna d, deixam as brancas apenas com um Bispo, cuja ação é manifestamente nula. A segunda fase da partida é um exemplo típico de um bloqueio regular conduzindo ao sufocamento da posição das brancas.

21. Cdxf4 Cxf4
22. Cxf4 exf4
23. c3

As brancas estavam ameaçadas por 23. ... c4; 24. b4, c3, seguido de ... Td5.

23. ... De5
24. Ta2 Td3
25. Tc2 b6
26. Dc1 De6

Libera-se a casa e5 com a intenção de ali colocar o Bispo.

27. Db1 Bf6
28. b4

Uma tentativa desesperada por liberdade. Se as pretas capturassem o Peão, as Torres brancas poderiam ocupar a coluna c.

28. ... c4

No entanto, as pretas se opõem firmemente ao plano adversário.

29. Dc1 g5

Antes do assalto às trincheiras inimigas, é essencial bloquear completamente a ala do Rei e assegurar o domínio da diagonal g1–a7.

30. h3 Be5
31. Da1

Outra tentativa de se libertar, desta vez através da abertura da coluna a. Assim como a tentativa anterior, está condenada ao fracasso.

31. … h5
32. a5 g4
33. axb6 axb6

Posição após o 33° lance das Pretas

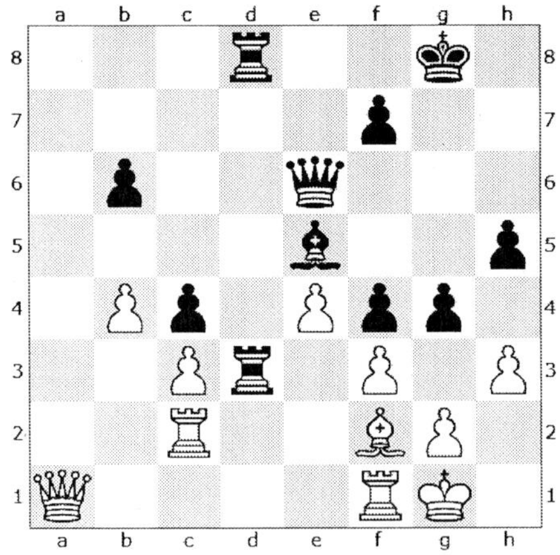

34. Bh4

Se 34. hxg4, hxg4; 35. fxg4, Dxg4; 36. Bxb6, Td2; 37. Txd2, Txd2; 38. Bf2, f3, as pretas vencem.

34. ... f6
35. Be1

De outra forma, as pretas jogam 35. ... g3, e o Bispo das brancas ficaria trancado pelo restante da partida.

35. ... g3
36. Da6

Essa escaramuça apenas retarda momentaneamente o avanço do Peão para b5, seguido da entrada da Dama em e3 via b6.

36. ... Dc6!

Ameaçando 37. ... Ta8.

37. Da3 b5
38. Db2 Db6+
39. Rh1 Td1
40. Tc1

Posição após o 40° lance das Brancas.

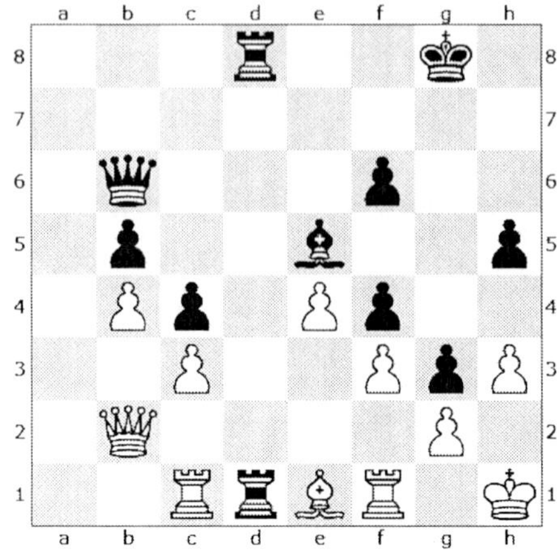

40. ... De3!

Mantendo permanentemente uma Torre em d1 após a troca da outra, o que sela o destino do Bispo das brancas e da partida.

41. Ta1 Txa1
42. Dxa1 De2
43. Tg1 Td1!

As pretas vencem diretamente, pois não há possibilidade de xeque perpétuo.

44. Da8! Rg7
45. Da7+ Rg6
46. De7 Dxe1!
47. De8+ Rg5
48. Dg8+ Rh4

As Brancas abandonaram.

JOGO 48

Defesa Francesa

Brancas: A. Alekhine

Pretas: M. Feldt

Partida às cegas, Tarnopol, Setembro, 1916.

1. e4 e6
2. d4 d5
3. Cc3 Cf6
4. exd5 Cxd5
5. Ce4

É mais comum 5. Cf3, mas o lance do texto, que tem por objetivo prevenir 5. ... c5, é igualmente respeitável.

5. … f5

Segue então um enfraquecimento no centro, que mais adiante se revelará fatal. O melhor seria 5. ... Cd7, preparando … c5 em seguida.

6. Cg5!

Um bom lance. As pretas planejam colocar o Cavalo em e5, explorando o enfraquecimento central causado pelo movimento anterior das brancas.

6. … Be7
7. C5f3 c6

Porém, uma perda de tempo. Melhor teria sido 7. ... 0-0.

8. Ce5 0-0

9. Cgf3 b6
10. Bd3 Bb7
11. 0-0 Te8

Se 11. ... Cd7, então 12. c4, C5f6; 13. Cg5, etc.

12. c4 Cf6
13. Bf4 Cbd7
14. De2 c5

Aqui era essencial 14. ... Cf8. O lance do texto, contudo, permite uma finalização brilhante.

Posição após o 14° lance das Pretas

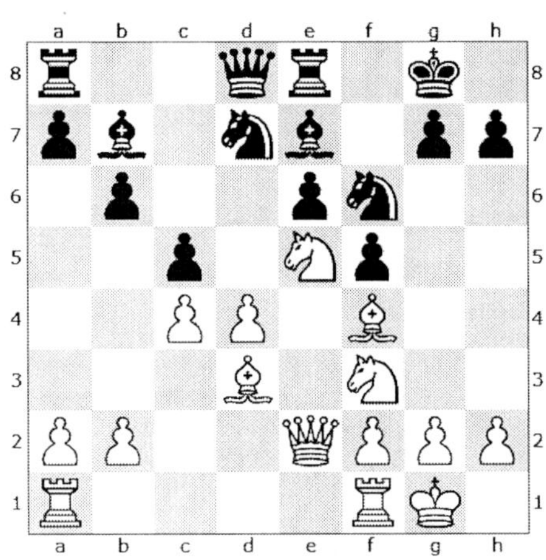

15. Cf7!

Isso ameaça 16. Dxe6, seguido por mate sufocado caso a Dama se mova.

15. ... Rxf7

16. Dxe6+!

É o ponto central da combinação.

16. … Rg6

Se 16. ... Rxe6, então 17. Cg5 mate; ou se 16. ... Rf8, 17. Cg5, e as pretas vencem. As brancas, no entanto, anunciaram mate em dois com 17. g4!, Be4; 18. Ch4 mate.

JOGO 49

Defesa Francesa

Brancas: A. Alekhine

Pretas: M. Gofmeister

Conclusão da partida adiada, Petrogrado, Dezembro, 1917.

Posição Inicial

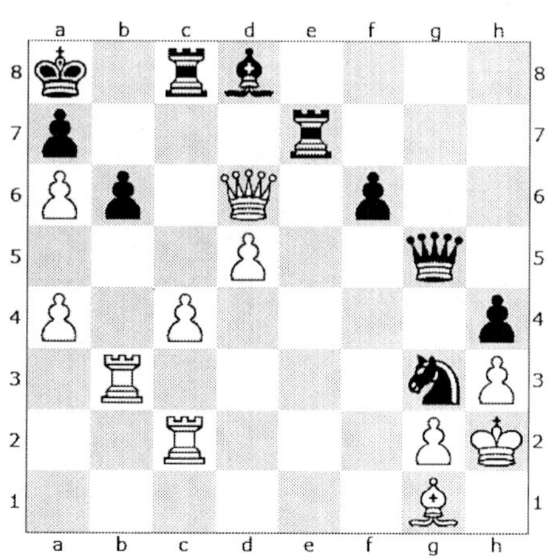

As pretas, nessa posição, ameaçam 1. ... Ce4 seguido de 2. ... Bc7+; ao mesmo tempo, também possuem a ameaça de xeque perpétuo com 1. ... Cf1+ 2. Rh1, Cg3+ etc.

Apesar dessas duas ameaças, as brancas conseguem forçar a vitória da seguinte forma:

1. c5!

A ideia é abrir a coluna "c" com efeito decisivo, como demonstram as variantes:

I. 1. ... Cf1+; 2. Rh1, Cg3+; 3. Txg3, Dxg3; 4. cxb6, Dxd6 (ou 4. ... Txc2 5. Dxd8+, Db8; 6. Dxe7, axb6; 7. Dxf6, e as brancas vencem) 5. Txc8+, Db8; 6. b7+, Txb7; 7. axb7+, Rxb7; 8. Txb8+, Rxb8; 9. Bf2, f5; 10. g3, e as brancas entram em um final vencedor com um Peão a mais.

II. 1. ... Ce4; 2. cxb6, Cxd6; 3. b7+, Txb7; 4. axb7+, Cxb7; 5. Txc8 mate.

Para evitar esses perigos, as pretas são forçadas a jogar:

1. ... b5

Posição após o 1° lance das Pretas.

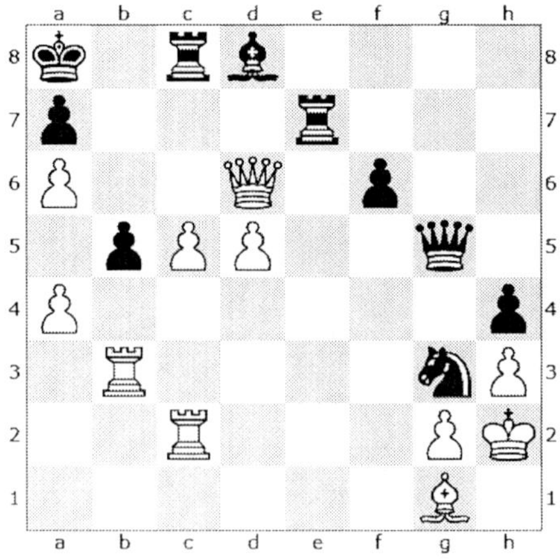

Esse lance mantém as ameaças das pretas, que parecem ainda mais fortes.

2. axb5!

Surge então uma nova surpresa. Assim como no lance anterior, a tentativa de xeque perpétuo se mostra ineficaz. Por exemplo: 2. ... Cf1+; 3. Rh1, Cg3+; 4. Txg3, Dxg3; 5. b6, Dxd6 (ou 5. ... axb6 6. cxb6!) 6. cxd6!, Txc2; 7. dxe7, Bxe7; 8. b7+, Rb8; 9. Bh2+, Tc7; 10. Bf4!, Bc5; 11. g3, hxg3; 12. h4, Bd4; 13. Bxc7+, Rxc7; 14. d6+, Rb8; 15. d7, Bb6; 16. h5, e as brancas vencem.

Dessa forma, as pretas são obrigadas a buscar contra chances com seu próximo lance.

2. … Ce4
3. b6! Cxd6

Já aqui não há muita escolha, pois se 3. ... axb6 4. cxb6!, as brancas vencem.

4. cxd6

Uma posição verdadeiramente extraordinária! Apesar de estarem com uma Dama inteira de vantagem, as pretas não conseguem mais salvar a partida.

Posição após o 4° lance das Brancas.

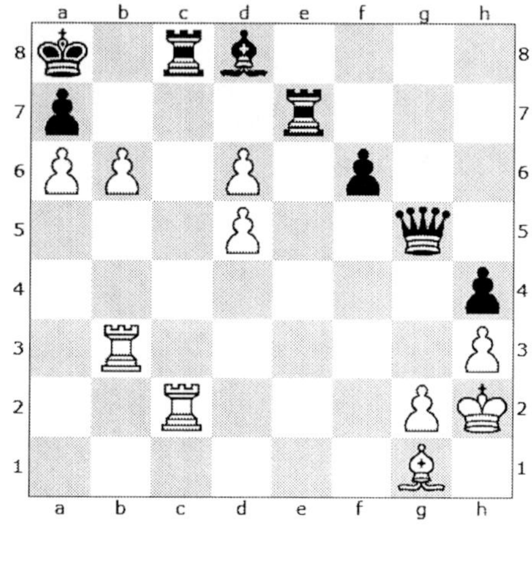

4. ... Tec7

Todos os outros lances possíveis levam inevitavelmente à derrota, por exemplo:

I. 4. ... Txc2; 5. b7+, Txb7; 6. axb7+, Rb8; 7. Bxa7+, e mate em dois.
II. 4. ... Tb8; 5. b7+, e mate em três.
III.4. ... axb6; 5. Txc8+, Ra7; 6. dxe7, Bxe7 (mesmo 6. ... De5+ ou 6. ... Df4+ não mudaria o resultado inevitável, pois a Dama continuaria en prise após o xeque descoberto) 7. Bxb6+, Rxa6; 8. Ta8+, vencendo graças ao xeque descoberto em 9. Be3.
IV.4. ... Bc7; 5. b7+, Kb8; 6. dxc7+, Rexc7 (se 6. ... Rcxc7? 7. Bxa7+!) 7. Rxc7!, Qf4+ (a Torre branca não pode ser capturada pela Torre devido a 8. Bxa7+, nem pelo Rei devido a 8. Rc3+; e se 7. ... Rg8, então 8. Rc2 com a ameaça de 9. Kh1 e 10. Bh2, vencendo) 8. Kh1, Qxc7; 9. Bh2, Qxh2+; 10. Kxh2, e as brancas vencem facilmente no final.

5. b7 Rb8
6. d7!

O coup de grâce.

6. ... Dg3+
7. Rh1

As Pretas abandonaram.

Posição Final

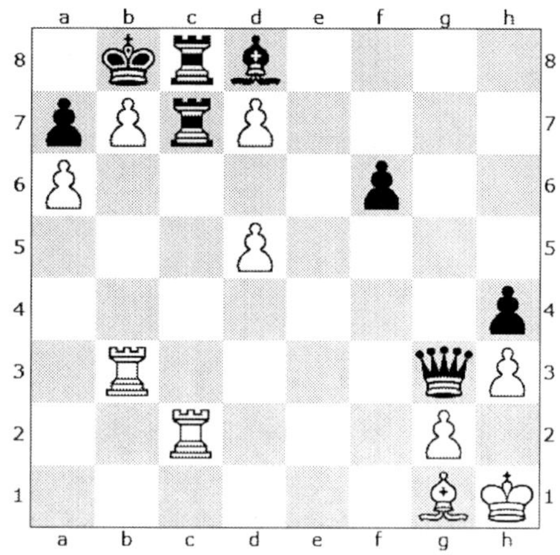

JOGO 50
Defesa Pretov
Brancas: A. Alekhine
Pretas: A. Rabinovich
Torneio Triangular de Mestres, Moscou, Maio, 1918.

1. e4 e5
2. Cf3 Cf6
3. Cxe5 d6
4. Cf3 Cxe4
5. Cc3 d5

Esse engenhoso sacrifício de Peão não é particularmente sólido, mas não pelas razões indicadas na oitava edição do Handbuch e em outros trabalhos. A variante escolhida pelas brancas nesta partida parece ser a única que assegura vantagem.

6. De2 Be7
7. Cxe4 dxe4
8. Dxe4 0-0

9. Bc4

Não 9. d4, ao qual as pretas poderiam responder 9. ... Te8; porém, esse lance seria agora inútil devido a 10. Ce5.

9. ... Bd6

Posição após o 9° lance das Pretas.

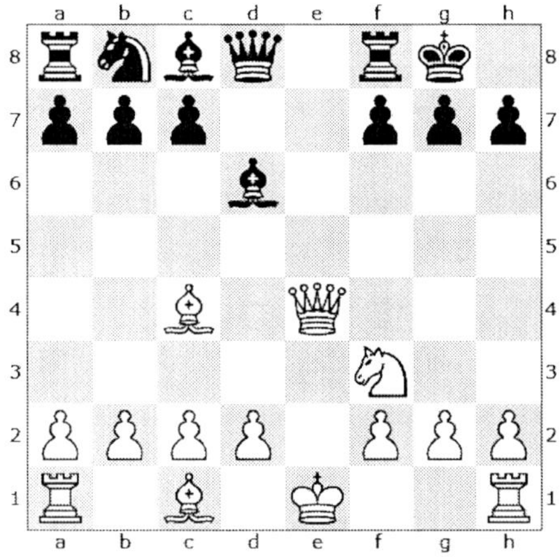

10. 0-0

Uma inovação.

Na partida Leonhardt–Schlechter (Barmen 1905) – que, de acordo com o *Handbuch*, refutaria o quinto lance das pretas – as brancas continuaram: 10. d4, Te8; 11. Ce5, Bxe5; 12. dxe5, De7; 13. f4, Bf5; 14. Dxf5, Db4+; 15. Bd2, Dxc4; 16. Dd3, mantendo o Peão e uma posição excelente.

Mas simplesmente com 12. ... Cc3 (em vez de 12. ... De7), as pretas teriam obtido igualdade, como mostra a seguinte variante principal: 12. ... Cc6; 13.

Bf4 (se 13. f4, Dh4+; 14. g3, Dh3; 15. Bf1, Dh5, com forte ataque das pretas), 13. ... Dh4; 14. 0-0-0, Txe5; 15. Td8+, Dxd8; 16. Bxe5, De7; 17. Te1, Cxe5; 18. Dxe5, Dxe5; 19. Txe5, Rf8.

10. ... Te8
11. Dd3 Cc6

À primeira vista, as perspectivas das pretas parecem muito promissoras, já que o adversário enfrenta sérias dificuldades de desenvolvimento. No entanto, graças à manobra que segue, a qual, por si só, justifica toda a tática adotada até aqui, as brancas não apenas superam todos os obstáculos, como também asseguram uma iniciativa duradoura.

12. b3! Df6

Posição após o 12° lance das Pretas.

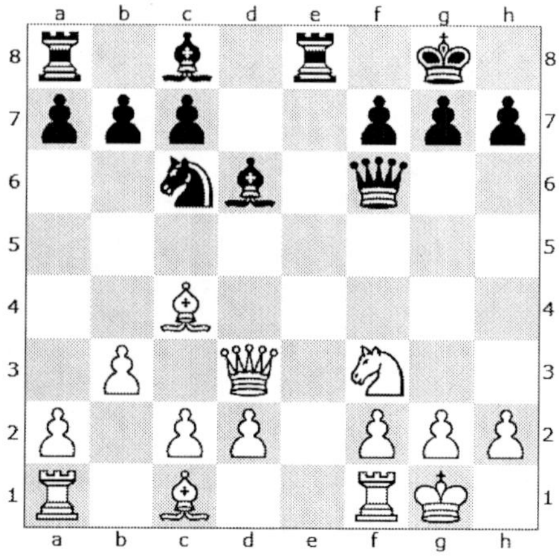

13. Bb2!

Um sacrifício inesperado, que as pretas são forçadas a aceitar. Caso contrário, após 13. ... Dh6; 14. Tfe1, Bg4; 15. h3, não teriam qualquer compensação pelo peão perdido. Por exemplo: 15. ... Bxh3; 16. gxh3, Dxh3; 17. Bxf7+, etc.

13. ... Dxb2
14. Cg5 Be6

Outra alternativa dificilmente seria melhor: 14. ... g6; 15. Bxf7+, Rg7 (ou 15. ... Rf8; 16. Bxe8, Rxe8; 17. Tae1+, seguido por 18. c3!, com ataque decisivo para as brancas); 16. Bxe8, De5; 17. Dc3, Cb4; 18. f4!! — e as brancas mantêm o ganho da qualidade.

15. Bxe6 fxe6
16. Dxh7+ Rf8

Posição após o 16° lance das Pretas.

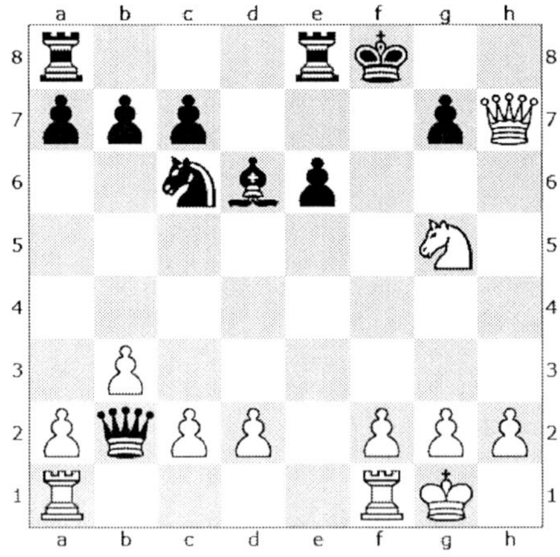

17. Tae1

Ainda mais decisivo seria 17. c3!, por exemplo:

I. 17. c3!, Dxd2; 18. Dh8+, Re7; 19. Dxg7+, Rd8; 20. Tad1, Df4; 21. g3! — e a dama preta cai na armadilha. Se 21. ... Df8, então 22. Cxe6+, vencendo; ou 21. ... Df5; 22. Cf7+, Rc8; 23. Txd6!, também vencendo.

II. 17. c3!, Be5; 18. Dh5!, Rg8; 19. Df7+, Rh8; 20. f4, Bf6; 21. Tf3!, Dxa1+; 22. Rf2, Bxg5; 23. fxg5, com vitória das brancas.

O lance do texto também conduz à vitória, ainda que com um pouco mais de dificuldade.

17. ... Df6!
18. Dh5

Aqui seria insuficiente 18. Dh8+, Re7; 19. Txe6+, Rd7!.

18. ... Rg8
19. Te3!

A continuação fortalece o ataque e, ao mesmo tempo, prepara uma armadilha que pegará as pretas desprevenidas.

19. ... Bf4

Seria relativamente melhor: 19. ... Cd4; 20. Th3, g6; 21. Dh7+, Rf8; 22. Dd7!, Te7 (o único lance, pois se 22. ... Rg8, então 23. Th8+! e as brancas vencem); 23. Ch7+, Rg7; 24. Cxf6, Txd7; 25. Cxd7, Td8; 26. Td3, Ce2+; 27. Rh1, Txd7 (ou 27. ... Cf4; 28. Ce5, etc.); 28. g3, e5; 29. c3, e as brancas mantêm a vantagem.

20. Dh7+ Rf8
21. Dh8+ Re7

22. Txe6+ Dxe6

Agora é obrigatório jogar dessa forma, pois se 22. ... Rd7, então 23. Txf6, seguido de 24. Txf4, etc., garante às brancas o controle da partida.

23. Dxg7+ Rd6
24. Cxe6 Txe6

As três peças das pretas pela Dama não constituem uma compensação suficiente, pois com os Peões a mais, as brancas mantêm perspectivas de um ataque direto ao Rei adversário.

25. d4 Tae8
26. c4 T8e7
27. Df8 Te4

Posição após o 27° lance das Pretas

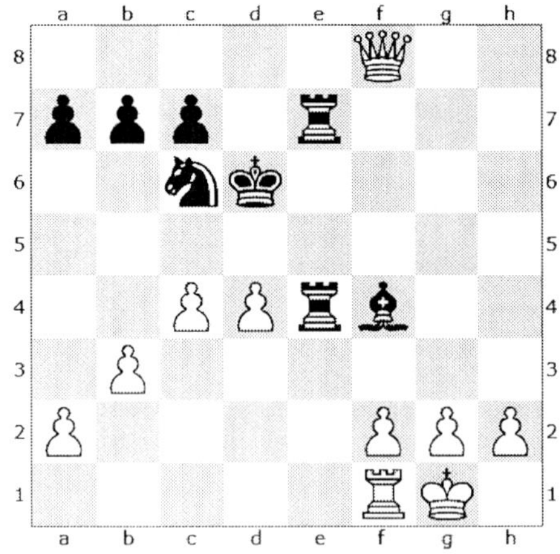

28. Df5!

As brancas ganham pelo menos mais uma peça. A única defesa possível seria 28. ... T7e6, após o que seguiriam 29. Dc5+ e 30. d5. No entanto, as pretas optam pelo caminho mais direto.

28. … Txd4
29. c5#

Xeque-mate.

JOGO 51

Defesa Berlinense

Brancas: W. Gonssiorovski

Pretas: A. Alekhine

Silmultânea às cegas, 6 mesas, Odessa, Dezembro, 1918.

1. e4 e5
2. Bc4 Cf6
3. d3 c6!

A linha de jogo mais enérgica contra a abertura escolhida pelas brancas apresenta grande pressão desde o início.

4. De2 Be7
5. f4 d5
6. exd5

Se 6. fxe5, então 6. ... Cxe4.

6. … exf4
7. Bxf4 0-0
8. Cd2

As brancas, já atrasadas no desenvolvimento, não podem permitir mais concessões ao seu adversário, como ao jogar 8. dxc6, Cxc6, etc.

8. … cxd5
9. Bb3

Posição após o 9° lance das Brancas.

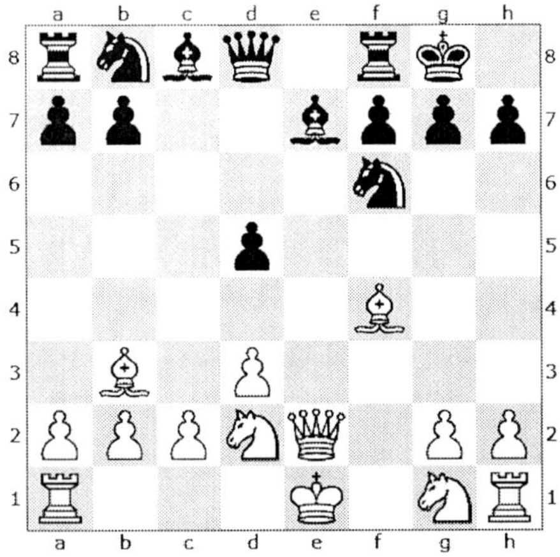

9. … a5!

Para induzir o enfraquecimento da ala da Dama das brancas, busca-se forçar a resposta 10. c4. É menos forte 9. ... Te8, devido a 10. 0-0-0.

10. c3

Esse lance conduz à perda de um Peão importante. Uma alternativa comparativamente melhor seria 10. a4.

10. … a4
11. Bc2 a3

12. b3 Te8
13. 0-0-0

Não há nada melhor.

13. ... Bb4
14. Df2 Bxc3
15. Bg5 Cc6
16. Cgf3 d4!
17. The1

Este lance plausível leva a uma catástrofe imediata. Mesmo assim, a partida está virtualmente perdida.

17. ... Bb2+
18. Rb1 Cd5!

Uma surpresa desagradável: a ameaça de mate imediato só pode ser contida às custas da perda de uma peça.

19. Txe8+ Dxe8
20. Ce4 Dxe4!
21. Bd2

Posição após o 21° lance das Brancas.

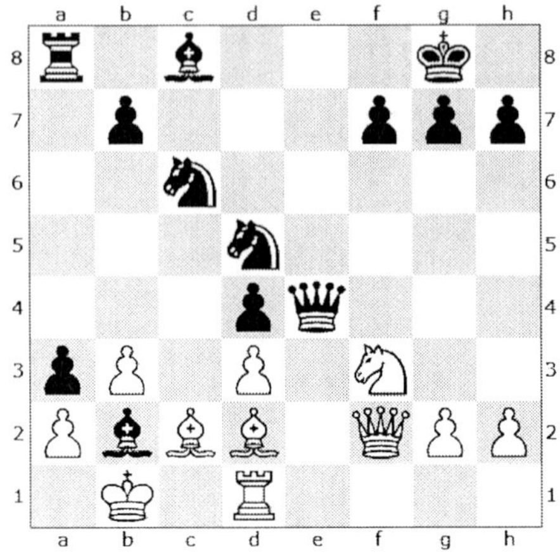

21. ... De3!
22. Te1!

As brancas devolvem o elogio ao deixar a sua Dama en prise, pois ameaçam mate através de Te8. Contudo, o perigo é passageiro.

22. ... Bf5!
23. Txe3 dxe3
24. Df1

As pretas anunciam mate em três através de: 24. ... exd2; 25. Bd1, Ccb4; 26. qualquer lance, 26. ... Cc3 mate.

JOGO 52

Gambito Dinamarquês

Brancas: A. Alekhine

Pretas: K. Isakov

Campeonato de Moscou, Outubro, 1919.

1. e4 e5

2. d4 exd4
3. c3 dxc3

É preferível, na minha opinião, recusar o gambito através de 3. ... d5 ou 3. ... Ce7.

4. Cxc3!

As brancas, através da entrega de apenas um Peão, asseguram um ataque vigoroso, como no Gambito Dinamarquês, que tem sido negligenciado desde a descoberta de Schlechter: 4. Bc4, cxb2; 5. Bxb2, d5!; 6. Bxd5, Cf6!.

4. ... Bb4

Na partida Alekhine-Verlinski, jogada em Odessa 1918, as pretas jogaram 4. ... Cc6. Seguiu-se: 5. Bc4, d6; 6. Cf3, Cf6; 7. Db3, Dd7; 8. Cg5, Ce5 (é melhor 8. ... Cd8); 9. Bb5, c6; 10. f4, cxb5; 11. fxe5, dxe5; 12. Be3!, Bd6; 13. Cxb5, 0-0; 14. Td1, Ce8; 15. 0-0, De7; 16. Cxd6, Cxd6; 17. Da3! (não 17. Db4 devido a 17. ... Cf5); 17. ... Td8; 18. Cxf7, Bg4; 19. Txd6, Te8; 20. Bg5, Dc7; 21. Db3, Be2; 22. Cxe5+, Rh8; 23. Tc1, Tf8!

Um recurso engenhoso que por muito pouco salva a partida.

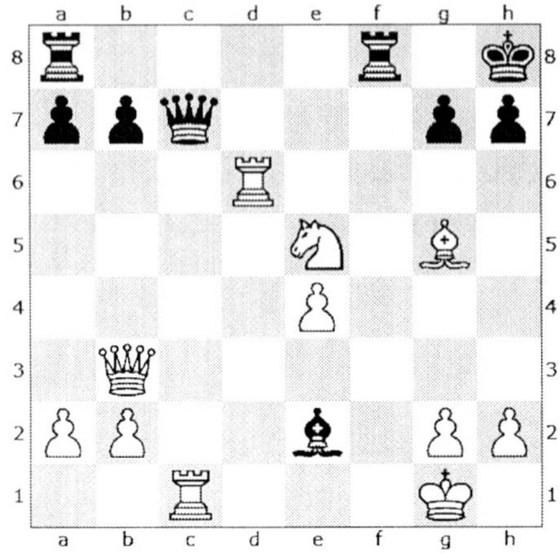

24. Dd1!! (o único lance), da5; 25. Dxe2, Dxe5; 26. Dh5, e as pretas abandonaram.

5. Bc4 d6

As pretas não devem temer 6. Bxf7+, Rxf7; 7. Db3+, Be6; 8. Dxb4, Cc6!; 9. Dxb7, Ce5, que ao contrário lhes daria um ataque muito forte.

6. Cf3 Bxc3+
7. bxc3 Cc6
8. 0-0 Cf6
9. Ba3

Posição após o 9° lance das Brancas.

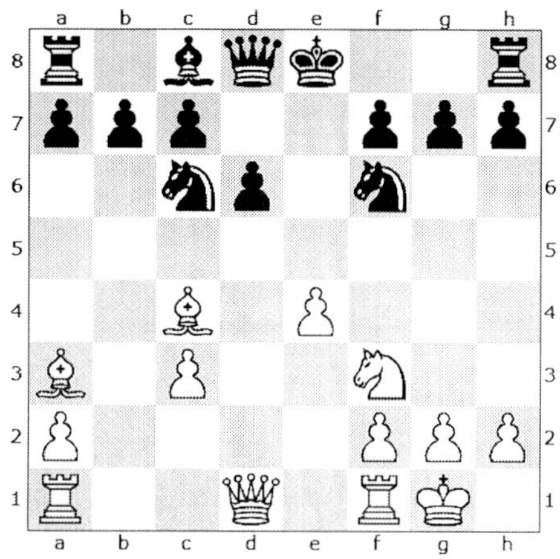

Mais no espírito da abertura seria direto 9. e5, e se 9. ... dxe5, 10. Db3, com perspectivas de um forte ataque das brancas. Após o lance do texto, as pretas assegurariam um jogo satisfatório através de 9. ... Bg4; 10. Db3, Ca5!; 11. Bxf7+, Rf8; 12. Da4, Bxf3; 13. gxf3, Rxf7; 14. Dxa5, Te8, etc.

9. ... 0-0
10. e5 Cg4

Após 10. ... Ce8; 11. h3!, Bf5; 12. Te1, etc., as pretas teriam um jogo muito precário, com a Torre e o Cavalo do Rei imobilizados. Preferiram então devolver o Peão para completar o seu desenvolvimento.

11. exd6 cxd6
12. Bxd6 Te8
13. Te1!

Preparando o eventual sacrifício do Bispo do Rei. É claro que as pretas não podem jogar 13. ... Txe1+; 14. Dxe1, Dxd6; 15. De8+, Df8; 16. Bxf7+, Rh8; 17. Dxf8 mate.

13. ... Bf5

Seria preferível, entretanto, 13. ... Txe1+; 14. Dxe1, Bf5; 15. Td1, De8; 16. Cd4!, e as pretas, embora com um jogo ligeiramente inferior, estariam salvas de um desastre imediato.

Posição após o 13° lance das Pretas.

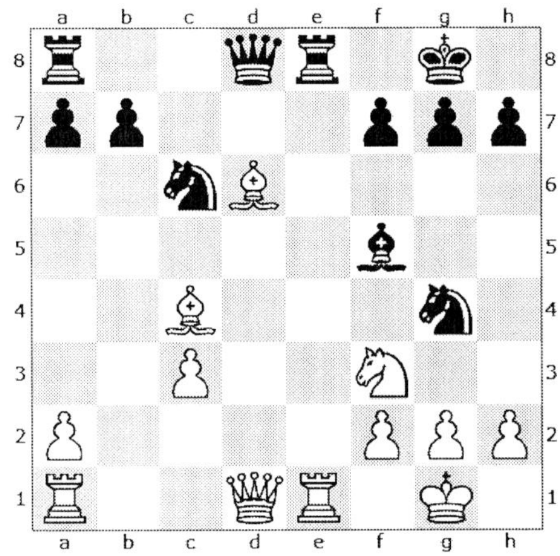

14. Bxf7+!

Uma bela combinação. Seu objetivo é tomar o Cavalo do Rei, forçando o Rei das pretas a ocupar a casa f6.

14. ... Rxf7
15. Dd5+ Rf6

Claramente obrigatório. Se 15. ... Be6; 16. Cg5+, etc., e se 15. ... Rg6; 16. Txe8, seguido de 17. Ch4+ e as brancas vencem.

16. h3 Be6

Ou se 16. ... Ch6; 17. g4, etc..

17. Dd2! Ch6
18. g4

Recuperando forçadamente a peça sacrificada.

Posição após o 18° lance das Brancas.

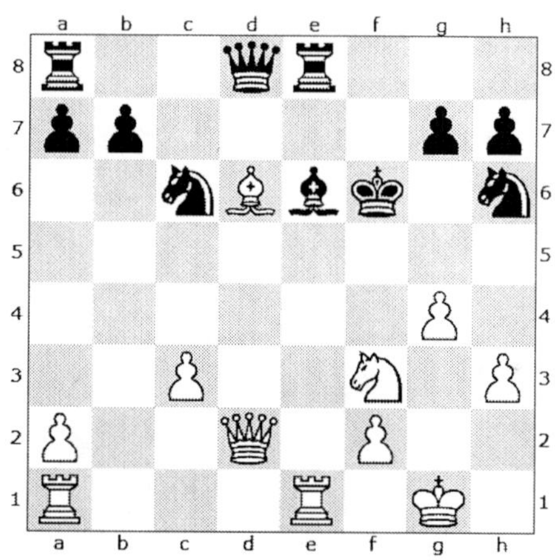

18. … g6!

O único recurso. Se 18. ... Cf7 ou 18. ... g8, as brancas vencem com a seguinte variante de problema: 19. Df4+, Rg6; 20. Be7!!, Dxe7; 21. Txe6+ e mate em seguida.

19. g5+

Também seria muito forte: 19. Dxh6, Dxd6; 20. g5+, Rf7; 21. Dxh7+, Rf8; 22. Dxg6, com um ataque vencedor.

Após o lance do texto, que recupera a peça, o Rei das pretas tenta fugir do perigo temporariamente.

19. ... Rf7
20. gxh6 Df6
21. Cg5+ Rg8
22. f4 Tad8
23. Tad1 Bc4

As pretas esperam aproveitar o fato de que o Bispo da Dama das brancas está cravado para conquistar a coluna aberta, mas a resposta das brancas destrói essa última esperança.

Posição após o 23° lance das Pretas.

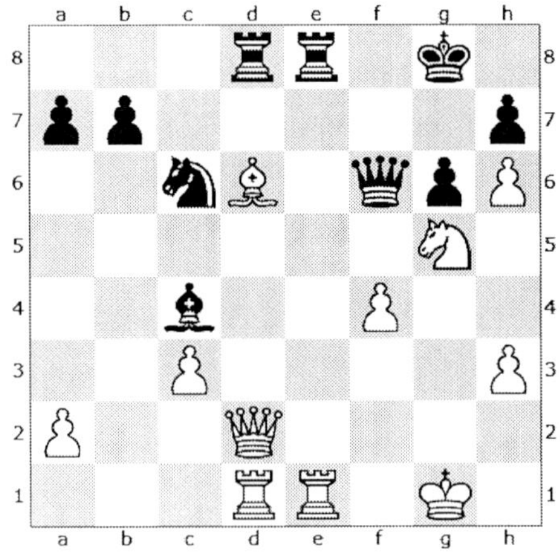

24. Be7!

O mesmo lance da variante referida após o 18° lance das pretas, porém com um objetivo inteiramente diferente.

24. … Txd2

Obrigatório, pois se 24. ... Cxe7; 25. Dxd8, e se 24. ... Dxe7; 25. Txe7, e as brancas vencem.

25. Bxf6 Txe1+
26. Txe1 Bf7
27. Ce4!

Ganhando pelo menos o Peão h e, ao mesmo tempo, criando uma posição de mate.

27. … Txa2
28. Bg7 Bb3
29. Cf6+ Rf7
30. Cxh7

As Pretas abandonaram.

CAPÍTULO 12

TORNEIO RUSSO DE MESTRES, MOSCOU, OUTUBRO, 1920

JOGO 53

Abertura do Peão da Dama

Brancas: I. Rabinovich

Pretas: A. Alekhine

1. d4 Cf6
2. Cf3 b6
3. c4 e6
4. Cc3

O Sistema Rubinstein 4. g3 e 5. Bg2, aqui ou no próximo lance, é considerado melhor.

4. ... Bb7
5. e3

Isso permite às pretas controlar efetivamente a casa e4, garantindo pelo menos um jogo equilibrado.

5. .... Bb4
6. Dc2 Ce4
7. Bd3 f5

Dessa maneira, as pretas alcançam uma posição favorável dentro da Defesa Holandesa.

8. 0-0

As brancas poderiam optar por outra linha: 8. Bd2, Bxc3; 9. Bxc3, 0-0; 10. 0-0-0, após o que as pretas assumem a iniciativa com 10. ... a5 e 11. ... Ca6 (Saemisch-Alekhine, Pistyan 1922).

8. ... Bxc3
9. bxc3 0-0
10. Cd2

É a única forma de forçar o avanço do Peão "e".

10. ... Dh4!

Um lance importante de desenvolvimento, ao qual as brancas não podem responder com 11. g3 sem perder vantagem, pois 11. ... Cg5! seguido de 12. e4, 12. ... fxe4! dá plena compensação às pretas.

11. f3 Cxd2
12. Bxd2 Cc6

Não seria adequado 12. ... c5, pois 13. d5! mantém a iniciativa das brancas.

13. e4 fxe4
14. Bxe4

As brancas parecem superestimar a força de sua posição.

Seria mais correto: 14. fxe4, e5!; 15. d5, Ce7; 16. c5!, Cg6 (não 16. ... bxc5 devido a 17. d6 e 18. Db3+) 17. cxb6, axb6, com jogo praticamente igual.
14. ... Ca5

Assegura uma ligeira vantagem caso as brancas escolham a melhor variante: 15. Bxb7, Cxb7; 16. Tfe1, em razão dos peões das brancas dobrados na coluna c.

15. Tae1

Este lance plausível leva à perda de um peão.

15. ... Bxe4!
16. Txe4 Dh5
17. Da4

Não há defesa satisfatória para o peão c, por exemplo: 17. Re5, Rf5!; 18. Rxf5, Qxf5; 19. Qxf5, exf5, e as pretas têm virtualmente um final vencedor.

17. .... Cxc4!

Agora, as pretas têm todas as justificativas para antecipar a vitória, que, apesar da vantagem material, ainda é difícil de alcançar, pois a posição do adversário não apresenta pontos fracos.

18. Te2

Claramente, se 18. Dxc4, d5; 19. Db5, a6, e as pretas vencem.

18. ... b5
19. Db3 Df5
20. Tfe1 Tab8
21. Bc1 a5
22. Te4 a4
23. Dd1 Tbe8

Ao consolidar a posição dominante de seu cavalo, as pretas agora preparam uma ação central, capaz de quebrar a posição inimiga, embora permitam ao adversário compensações aparentes.

24. De2 c5!

Embora isso aumente temporariamente o campo de ação do bispo da dama das brancas, mais tarde o bispo se tornará alvo de ataque. Esse plano exige um exame exaustivo das possibilidades táticas da posição e só foi executado quando as pretas estavam totalmente convencidas de que o resultado final lhes seria favorável.

25. Be3 cxd4
26. Bxd4

Posição após o 26° lance das Brancas.

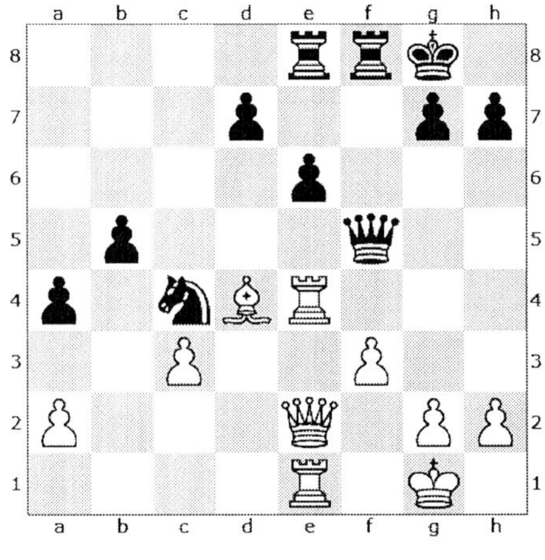

26. ... e5!

O início de uma série de complicações extremamente interessantes. O peão não pode ser capturado pelo bispo devido a 27. ... d5!, e a variante 27. Bc5, d5; 28. Txc4, bxc4; 29. Bxf8, Dxf8 também seria favorável às pretas.
27. f4!

Sem dúvida, a melhor chance. As brancas pretendem responder 27. ... d5 com 28. Txe5, Cxe5; 29. Bxe5, que lhes daria um jogo bastante defensável.

27. ... d6

Suficiente para a proteção do peão, devido ao mate em dois lances após 28. fxe5, dxe5; 29. Bxe5?, Cxe5; 30. Txe5, Txe5; 31. Dxe5, etc.

28. h3

Ameaçando novamente o peão das pretas, que será defendido de maneira indireta.

28. ... Te6!
29. fxe5 dxe5
30. Bc5!

Não 30. Bxe5 devido a 30. ... Tfe8; 31. Tf1, Dg6; 32. Txc4, Txe5, vencendo. O lance do texto parece cheio de promessas, considerando que a torre das pretas não pode abandonar a coluna f, por exemplo: 30. ... Td8; 31. Tf1, Dg6; 32. Tg4, Dh6; 33. Df3!, vencendo.
30. ... Tf7!

O lance inicial de uma combinação com sacrifício, destinado a produzir um ataque decisivo. Como defesa meramente sólida, 30. ... Tff6 seria adequado, pois as brancas não podem responder 31. Tb1 devido a 31. ... Cd2!.

31. Tb1

Aparentemente recuperando o peão com um bom jogo, pois 31. ... Cd2 agora é impossível devido a 32. Dxd2, ameaçando Dd8+, etc.

31. … h6

Isso estanca a ameaça de mate e obriga o adversário a perseverar no caminho arriscado em que está prosseguindo.

32. Txb5 Cd2!
33. Txa4

As brancas já não têm qualquer defesa, pois se 33. Tg4, as pretas venceriam de maneira análoga ao do texto.

Se 33. Te3, então 33. ... Tg6; (essa manobra foi o ponto especial de jogar a torre do rei a f7 ao invés de f6 no 30º lance) 34. Tb8+, Rh7; 35. Tb2 (ou 35. Dxd2, Df1+; 36. Rh2, Tf2 vencendo) 35. ... Cf3+; 36. Rh1, Dxh3+!, e mate no próximo lance.

Posição após o 33° lance das Brancas.

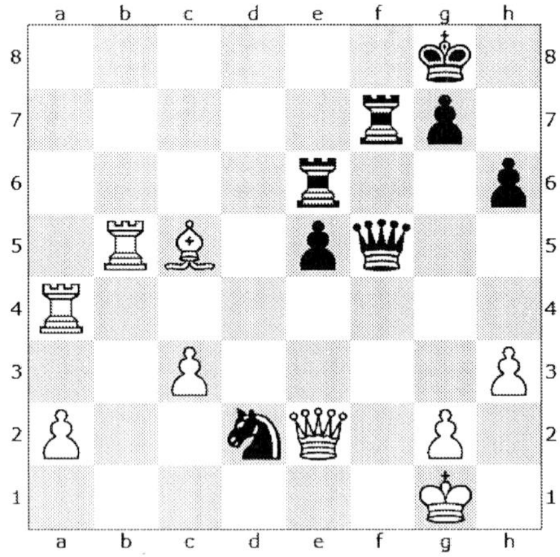

33. … Dc2!

Após esse lance, que explica os sacrifícios de dois peões anteriormente expostos, as brancas estão perdidas, devido à incapacidade de recolocar suas torres para proteger a primeira fileira.

34. Tb8+ Rh7
35. Rh1 Tf1+
36. Bg1 Txg1+!

Uma bela combinação final.

37. Rxg1 Dc1+
38. Rf2 Tf6+
39. Re3

Se 39. Rg3, Cf1+. Agora, o próximo lance das pretas ganha a dama ou dá mate.

39. ... Cb1+

As Brancas abandonaram.

CAPÍTULO 13

TORNEIO INTERNACIONAL DE TRIBERG, JULHO, 1921

JOGO 54

Abertura do Peão da Dama

Brancas: A. Selezniev

Pretas: A. Alekhine

1. d4 Cf6
2. Cf3 b6

Esse lance é possível antes de ...e6 devido às brancas terem jogado 2. Cf3, mas após 2. c4 não é bom devido a 3. Cc3, Bb7; 4. Dc2! (veja a Partida 77).

3. g3

Em minha opinião, este é o melhor, pois o bispo das brancas em g2 é pelo menos tão forte quanto o das pretas em b7.

3. ... Bb7
4. Bg2 d6

Esse sistema de desenvolvimento foi introduzido pelo autor em um de seus matches contra Teichmann em Berlim, 1921. Seu único defeito é que a casa c6 eventualmente pode se tornar fraca, uma fraqueza que, no entanto, não apresenta grandes inconvenientes.

5. 0-0

No curso do mesmo torneio, a partida Brinckmann-Alekhine continuou da seguinte forma: 5. b3, Cbd7; 6. Bb2, e5; 7. dxe5, dxe5; 8. 0-0, e4!; 9. Ce5, Bd6; 10. Cxd7, Dxd7; 11. Cd2, De6; 12. e3, h5!; 13. De2, h4; 14. Cc4, Bc5; 15. Tfd1, Bd5; 16. Ca3, hxg3; 17. hxg3, a6; 18. c4, Bb7; 19. Cc2, Df5; 20. Ba3, Bxa3; 21. Cxa3, Cg4; 22. Cc2, Th2; 23. Dd2, Re7!; 24. Cb4, Tah8; 25. De2, Df3!! e as brancas abandonaram.

5. ... Cbd7
6. Bf4

Com o intuito de evitar 6. ... e5.

6. ... h6

Ameaçando ...g5 em algumas variantes combinatórias, mas a intenção real é avançar somente quando as pretas assegurarem uma vantagem imediata e decisiva.

7. Cc3

Permitindo a demonstração em seguida, destinada ao peão d.

7. ... c5
8. d5

Após 8. dxc5, Cxc5, as pretas também assegurariam uma posição promissora.

8. ... b5!

De outra forma, se as brancas jogassem 9. a4!, impediriam que as pretas tomassem a iniciativa na ala da dama.

9. Ce1

O peão d das brancas certamente é mais valioso do que o peão c das pretas.

9...a6
10. a4 b4
11. Ce4 Cxe4
12. Bxe4 g6

De modo a desenvolver o bispo em g7, o objetivo da manobra começa com 7. ... c5.

13. c4 bxc3

Absolutamente essencial para evitar o bloqueio da ala da dama pelas brancas, o que lhes permitiria lançar um forte ataque através do avanço dos peões centrais, sem medo de serem molestadas.

14.bxc3 Bg7
15.Tb1 Tb8
16.c4 0-0
17.Dc2 a5

Preparando o sacrifício de qualidade em seguida.

18. Cf3 Dc7
19. Bd2 Ba6
20. Bd3

Posição após o 20° lance das Brancas.

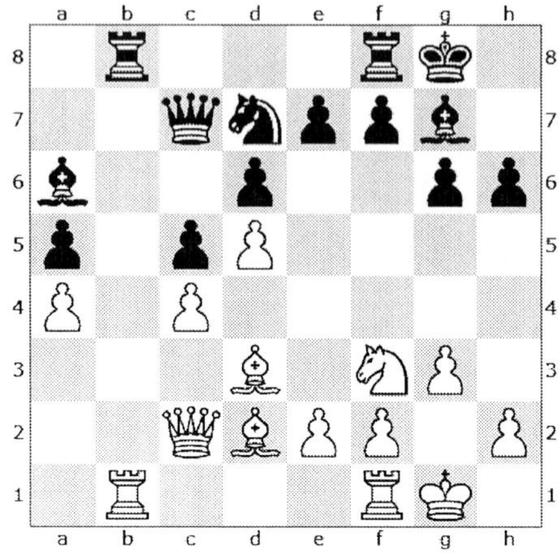

20. ... Tb4!!

Absolutamente correto. O forte peão passado assim resultante, apoiado pelo bispo em g7 e com a possibilidade de atacar o peão c das brancas, é, no conjunto, de maior valor do que a qualidade.

21. Bxb4 cxb4
22. Cd2 Cc5

Mas esse lance não é lógico. As pretas poderiam demonstrar a correção do seu sacrifício através de 22. ... Tc8, seguido por 23. ... Cb6, ou alternativamente 23. ... Ce5, e se necessário, 23. ... Bc3.

23. Cb3!

Posição após o 23° lance das Brancas.

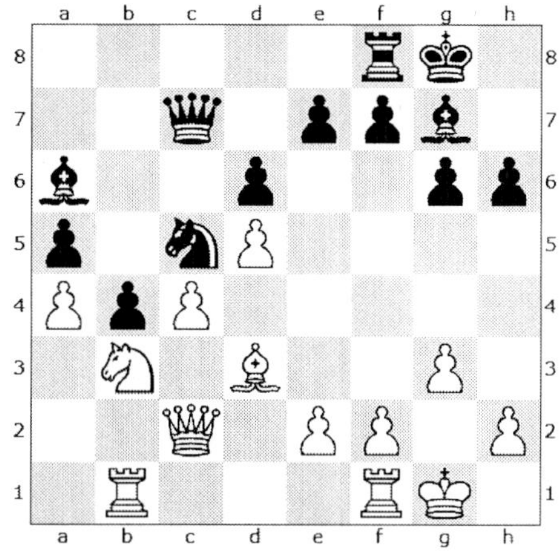

Um lance forte, cujo valor não foi apreciado no momento adequado. Se as pretas respondessem através de 23. ... Cxa4 24. Ta1, Cc5 25. Cxa5, Bxa1 26. Txa1, Rh7 (também 27. Bxg6!) 27. Cc6; ou se 23. ... Tc8 24. Cxc5, Dxc5 25. Tfc1, Bc3 26. Db3 (não 26. Tb3, Bxc4 27. Txc3, bxc3 28. Bxg6 devido a 28. ... Rg7!) 26. ... Dd4 27. Txc3, bxc3 28. Tc, as brancas não poderiam perder.

23. ... Cd7

Então, as pretas precisam se submeter a essa retirada temporária, enquanto ameaçam 24. ... Tc1. Mas as brancas aproveitam a oportunidade para eliminar o peão c fraco através de um contra-sacrifício, abrindo novas linhas e, ao mesmo tempo, criando excelentes chances.

Posição após o 23° lance das Pretas.

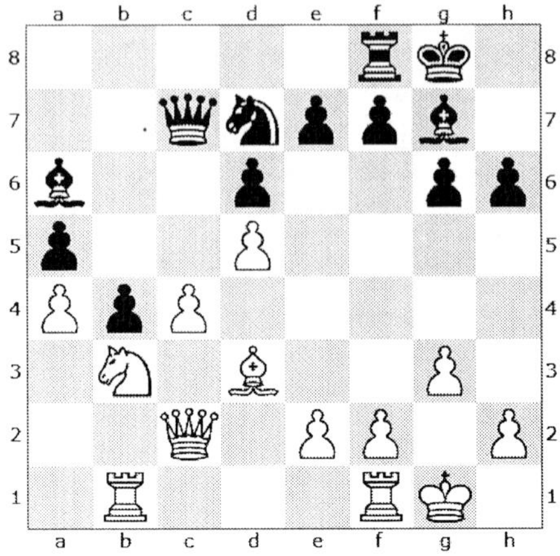

24.c5! Bxd3
25. exd3!

Após 25. Dxd3, dxc5, os peões passados das pretas em breve decidiriam a partida. O lance do texto estanca esse perigo, enquanto abre a coluna e fortalece a posição das brancas. Por outro lado, há uma leve desvantagem: o enfraquecimento da posição do rei, particularmente da casa c6, uma fraqueza que poderá ser explorada pelas pretas mais tarde.

25. ... dxc5
26. Te1

Contra o lance plausível 26. Dc4, igualmente considerado, as pretas responderiam 26. ... Qd6! 27. Cxa5, Ce5 28. Db3, Ta8, mantendo excelentes chances.

26. ... Ce5
27. Te3

A tentativa de devolver a qualidade, por sua vez, seria insuficiente: 27. Dxc5, Cf3+ 28. Rf1, Dxc5 29. Cxc5, Cd2+! 30. Re2, Cxb1 31. Txb1, Td8!, e as pretas ganham um peão.

27. ... Tc8
28. Tc1 Dd7
29. d4 Cg4
30. Te4

Se 30. dxc5, Cxe3 31. fxe3, Dxa4!, mas não 31. ... Dxd5.

30. ... c4!

Agora, os peões das pretas na ala da dama se tornam extremamente ameaçadores. A questão é: como mantê-los! A partida entra em sua fase mais crítica.

31. Cc5

Se 31. Cxa5, obviamente 31. ... Dxd5, e as pretas vencem rapidamente.

31. ... Df5
32. De2!

Posição após o 32° lance das Brancas.

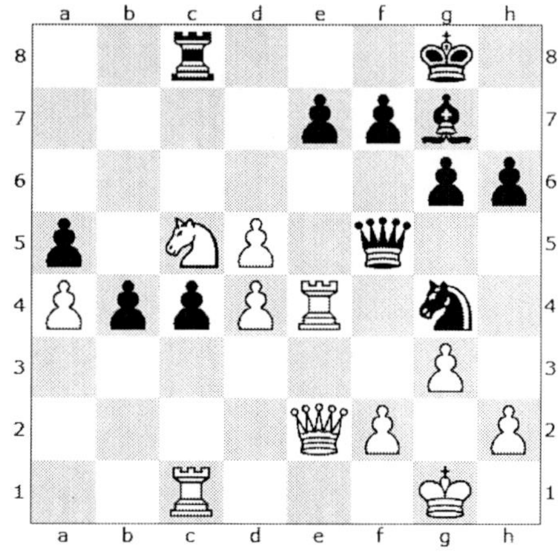

32. ... b3!!

Antes de decidir por este lance surpreendente, as pretas precisaram visualizar as seguintes variantes, sem contar a continuação do texto:

I. 33. Tf4, Dh5 34. Txg4, b2 35. Tb1, d1 ou e1 (se 35. Dxb2, Dxg4 como na partida) 35. ... Bxd4, e os peões das pretas se tornam irresistíveis;
II. 33. Dxg4, b2 34. Tb1, Dxg4 35. Txg4, c3 36. Cd3, Tc4 37. Cxb2! Tb4! 38. Te4, Rf8, com vantagem para as pretas, pois se 39. Tc1, f5! 40. Cd3, fxe4 41. Cxb4, axb4 42. a5, Bxd4 43. a6, Rf7! vencendo.

33. Txg4 b2
34. Dxb2 Dxg4
35. Txc4

Aparentemente, as brancas optaram pelo método mais simples de se livrar de suas dificuldades, eliminando os peões passados e permanecendo com um peão a mais. Entretanto, o próximo lance das pretas cria novas complicações para elas.

35. ... h5!

Aproveitando-se da imobilidade das peças inimigas, as pretas ameaçam um ataque de mate através de ... h4 - ... h3, seguido de ... Dc3.

36. Dc2

O único recurso defensivo das brancas consiste em jogar a dama para d3.

36. ... h4

Naturalmente, não … Bxd4 devido a 37. Rg2!.

37. Dd3 Td8!

Seria insuficiente 37. ... h3, pois após 38. f3, Dh5 (38. ... Dg5?; 39. Ce4!) 39. De4, Dh6 40. Tc2, as brancas conseguiriam se defender satisfatoriamente.

38. f3 Dh5

Não 38. ... Dh3 devido a 39. g4, Tb8 40. Ce4, Tb2 41. Tc8+! Bf8 42. Cf2, e as brancas ganhariam a qualidade.

39. De4 hxg3
40. hxg3 Dg5!
41. Rg2 Dd2+

Após 41. ... Txd5, as brancas forçariam a troca das damas através de 42. f4, Dh5 43. D3, e as pretas teriam dificuldades para assegurar a vitória.

42. Rh3 Bf6!

Para ocupar a coluna h com a torre, este é o único meio de garantir o triunfo.

43. Tc2 Dh6+
44. Rg2 Rg7
45. g4

De outra forma, esse peão seria perdido sem qualquer compensação.

45. … Th8
46. Rf2!

Deve-se admitir que as brancas se defendem com uma frieza notável.

Posição após o 46° lance das Brancas.

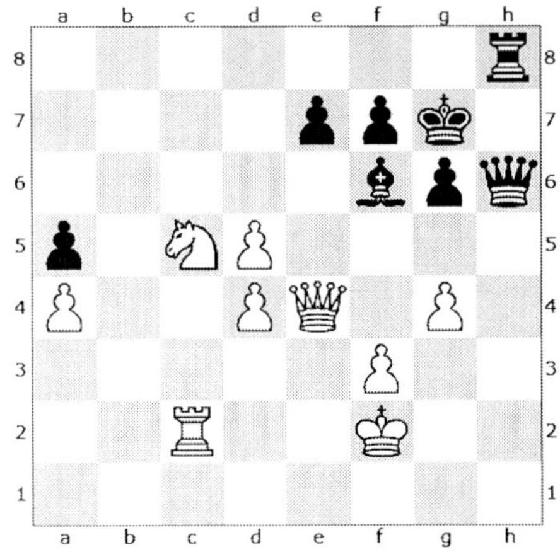

46. .... Tb8!!

O ponto da manobra iniciada por 42. ... Bf6 é claro. A torre das pretas foi trazida para a coluna h apenas para forçar a entrada da dama na posição inimiga através desse meio. Com a missão cumprida, a torre retorna para a ala da dama e contribui para um ataque ao ponto chave da posição adversária, o peão em d4, uma manobra contra a qual as brancas estão absolutamente indefesas.

47. Re2 Tb4
48. Td2 Dh2+
49. Re3

Ou 49. Rd3, Dg1!.

49. ... Dg1+
50. Re2 Bxd4

Agora, as brancas poderiam muito bem abandonar, mas, ao contrário, tentam um lance desesperado e, através de sua tenacidade, conseguem um sucesso parcial.

51. Cd3 Tb1

Seria imediatamente decisivo 51. ... Bc3! 52. Cxb4, Dg2+.

52. Cc1! Bc3!

Com 52. ... Tb4 53. Cd3 (não há nada melhor), as pretas chegariam à mesma posição após o 51º lance das brancas; mas preferiram aceitar o fait accompli, pois a variante do texto parecia-lhes suficientemente clara para a vitória.

53. Dxb1 Dg2+
54. Rd3 Dxd2+
55. Rc4 Dd4+
56. Rb3

Posição após o 56° lance das Brancas.

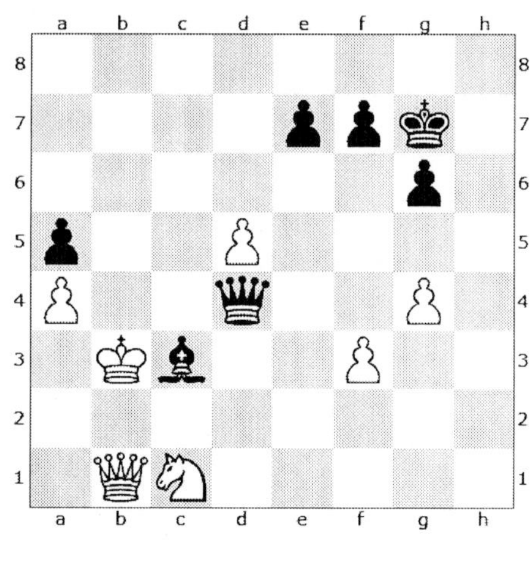

56. ... Ba1!

A continuação que as pretas tinham em vista ao jogar 52. ... Bc3 mostra que, a partir deste momento, as brancas acharão impossível defender seus peões. Por exemplo: 57. Cd3, Dxd5+; 58. Ra3, Bf6; 59. Dd1, g5!; 60. De2, Dc4!; 61. Dd1, Dc3+; 62. Ra2, e6!, e as pretas vencem com facilidade.

57. Ra3 Dc5+
58. Ra2 Bf6
59. g5

Outra tentativa desesperada. Como a sequência demonstra, as brancas seguem um plano que lhes promete uma salvação ilusória.

59. ... Dxd5
60. Cb3 Dxg5
61. De1

A última esperança reside no peão "a", mas o adversário rapidamente destruirá essa ilusão através do sacrifício do bispo sobre esse peão. A partir desse momento, os peões passados das pretas na ala do rei se tornam decisivos e vencerão a partida com facilidade.

61. ... Dg2+
62. Dd2 Dxf3!
63. Dxa5 g5
64. De1 Dc3
65. Dxc3 Bxc3
66. a5 Bxa5
67. Cxa5 g4
68. Cc4 g3

69. Cd2 Rg6
70. Rb2 Rf5
71. Cf3 Rf4
72. Cg1 Re3
73. Rc2 Rf2
74. Ch3+ Rf1

Brancas abandonaram.

Uma partida muito difícil e interessante em todas as fases.

Impressão e acabamento
Gráfica da Editora Ciência Moderna Ltda.
Tel: (21) 2201-6662